クリエイティブという神話

私たちはなぜそれを崇拝するのか

The Cult of Creativity
A Surprisingly Recent History

Samuel W. Franklin
サミュエル・フランクリン
加藤洋子 訳

河出書房新社

クリエイティブという神話――目次

The Cult of Creativity:
A Surprisingly Recent History

by Samuel W. Franklin

クリエイティブという神話

はじめに

わたしは大人になるまで、自分は創造的《クリエイティブ》だと信じて疑わなかったし、それはよいことだと思っていた。わたしが育った一九八〇年代は、創造性がもてはやされる時代だった。両親はわたしを陶芸教室と音楽教室に通わせ、〝オデッセイ・オブ・ザ・マインド〟と呼ばれるコンテストにも参加させた。寸劇や、〝赤煉瓦の奇抜な使い方〟といった問題に瞬時に解決策を挙げて競い合う対校試合だ。もっとも、創造性は自分のアイデンティティの一部にぴったりはまっている、と自覚するのはもう少し後のことだ。教室では好き放題だった。作文の宿題が出ればジオラマを造るといった具合に。サックスをやりはじめてバンドに入ると、創造性に磨きがかかった。態度の悪さも弱点も、創造性で補えばお釣りがくる。クラスの調和を乱す？　数学ができない？　スポーツが苦手でおかしなヤツだって？　だから、創造的なんだよ。

ありがたいことにわたしが大学を卒業した当時、社会通念を逸脱するのが大好きな連中の共通認識は、創造性がすべて、創造的な人間こそが〝地を受け継ぐ〟だった。〝右脳人間〟や〝ブルジョワ・ボヘミアン〟それに〝クリエイティブ・クラス（創造性に優れた知識労働者階級）〟を扱った話題のノンフィクションは、規則に固執する〝組織人間〟の時代は終わり、これからは既存の体制に反逆する者たちの時代だと書き立てた。アメリカから工場は消え失せ、ホワイトカラーの頭脳労働はコンピュータによって自動化され、脱工業化〝無重力〟経済の原材料となるのは、鉄鋼と石炭ではなくアイディアだ。この〝無重力〟で〝ますます複雑化する世界〟では、長きにわたり屋根裏部屋やボヘミアン・カフェに閉じ込められていた創造的人間たちが、ついに輝かしい未来のリーダーとなるのである。資格をとるならMBA（経営管理修士）よりMFA（美術学修士）。[*1]

こういった世紀転換期の予言はじきに教義《ドグマ》となった。まずシリコンバレーからはじまってアメリカ企業全般に広がったのが、フレックスタイム制や無料のランチ、卓球台の導入だった。場所を好きに移動する創造的な働き方に合わせるためという触れ込みで。また都市という都市が、ライブミュージックや職住共存のスタジオ・アパートといったファンキーな文化施設を売り物に、創造的な労働者を惹きつけようと躍起になった。カジュアルな服装の、タトゥーをどんどんいれる建築家やデザイナーやミュージシャンが、広告業界など向上心とやる気を求めるメディアに殺到する。二〇一〇年の世論調査で、一五〇〇人のCEO（最高経営責任者）が、〝リーダーに求められるもっとも重要な資質〟として挙げたのは、清廉潔白さやグローバルな思考よりも創造性だった。[*2]

全米教育協会と教育省、それにアップル、マイクロソフト、シスコなどの大手ハイテク企業が参加する委員会、二一世紀型スキル・パートナーシップは、創造性を〝四つのC〟のひとつと位置づけた。ほかの三つのCとは、コミュニケーション、コラボレーション、クリティカル・シンキングである。二〇二〇年には、世界経済フォーラムが、創造性は〝労働市場で将来を保証してくれるスキル〟であるとお墨付きを与えた。[3] いまさら言われるまでもないことだ。世界最大級のビジネス特化型SNSのリンクトインで二〇一一年にはすでに、求職者が自らを形容するのに〝創造的〟という言葉をごく普通に使っていた。

これらはすべて好ましいニュースだった。ITやバイオテクノロジーなどの技術革新を背景に生まれた新産業構造《ニューエコノミー》は、有意義な仕事や自己表現、社会的束縛からの解放といったわれわれの奥深い欲求に寄り添うものだ。しかし、そこには新たな懸念が生まれる。ネットの動画無料配信プロジェクト、TED Talksで一番人気の動画『Do Schools Kill Creativity（学校教育は創造性を殺してしまっている）』の中で、イギリスの能力開発・教育アドバイザー、サー・ケネス・ロビンソンが憂慮しているのは、西欧の教育システムが古い産業モデルを基に構築されているため、将来仕事をするうえで必要とされる自由な表現や試行錯誤をする力を磨く場がないことだ。著名な心理学者ミハイ・チクセントミハイが一九九六年に著したベストセラー『クリエイティヴィティ』（世界思想社）で述べているように、かつては〝選ばれた少数の贅沢〟だった創造性が、〝いまやすべての人に必要なもの〟となっている。[4]

増殖しつづけるジャンルを扱う本やブログ、記事、ワークショップ、それに大学の修士課程でさえも、こういった懸念に言及するようになった。そのうえで、われわれの創造性を〝活用し〟〝解放し〟〝堰《せき》を切り〟〝汲み出し〟〝始動させる〟手助けをしてくれるというのだ。ビジネススクールの創造性を育てるコースはつねに満員の盛況ぶりだ。オンライン講義サービスを行うコーセラも、創造性に関する大学の講義や企業のセミナーを数多く提供している。ジョナ・レーラーの『Imagine: How Creativity Works（想像してみよう：創造性はどう機能するのか）』やスコット・バリー・カウフマンとキャロリン・グレゴワールの『FUTURE INTELLIGENCE これからの時代に求められる「クリエイティブ思考」が身につく10の習慣』（大和書房）といった書物は、最先端の神経科学や心理学、それにダ・ヴィンチやピカソ、マーティン・ルーサー・キング・ジュニア、ボブ・ディラン、スティーヴ・ジョブズの逸話を用いて〝創造力の謎を解明し〟、〝きわめて創造的な人びとの一〇の特性と習慣〟を明らかにしている。[5] これらの本は一様に、創造性は天才や芸術家の専売特許ではなく、万人の生得権だと主張して社会通念を覆す。つまり、創造性は謎でもなんでもなく、理解し応用できるものなのだ。

そうは言っても、創造性はジョブ・スキル以上のものだ。空港の書店で売っているようなビジネス専門のハウツー本ですら、創造性は個人の幸福や自己実現の鍵であり、それ自体が人道的なものだと謳っている。アメリカ心理学会（APA）は『Character Strengths and Virtues（性格の強みと美点）』の中で、創造性を〝正気の診断と統計マニュアル〟の第一番に掲げた。[6] 創造性を題材にした文学は概してスピリチュアルなものになりがちだ。例えばジュリア・キャメロンのベストセラー『ずっとやりたかったことを、やりなさい。』（サンマーク出版）は、仏教の瞑想とアルコホーリクス・アノニマスの一二ステップのプログラムを融合させた内容で、創造性は人を神に結び付けるものと捉えている。創造性とは働きではなく、アインシュタイン曰く〝遊び心を持った知性〟だ。[*7] 雇用者がいちばん求めているのが創造的な人材だとしても、創造性はもともと実用的で商業的な世界の埒外《らちがい》にあるものという気がしてならない。だから、無理に仕事で使おうとすれば、傷つけ汚してしまう。チクセントミハイが書いているように、創造性は〝人生の意味の源泉〟であり、動物王国に於《お》いて人間とその他の動物を根源的に分けるものだ。[*8]

それはそうだが、創造性は個人的価値、あるいは専門的価値以上のものでもある。世界を救いうると言う人もいるほどだ。〝学校や医療機関、市や町、経済、国、そして世界が直面する数多の問題に、創造性をもってあたれば解決できる見込みはあるし、創造性は、文明を前進させる主要な要素のひとつである〟と、二人の優れた心理学者が書いている。[*9] われわれが創造性について抱く感情を端的に表現しているのが、アディダスがサッカーのスーパースター、リオネル・メッシや音楽プロデューサー、ファレル・ウィリアムスを起用して二〇一八年に展開した広告キャンペーンのスローガンだ。〝CREATIVITY IS THE ANSWER（答えはひとつ、じゃない。）〟。創造性が何に対する答なのかは曖昧なままだから、期待させて焦《じ》らしている感は否めないが、あらゆるものを暗示しているのだろう——ディフェンスの裏をかくことから、新曲をプロデュースすること、さらには深刻な社会問題まで。

こういった創造性を讃える言葉——ビジネスを、個人を、人類を、地球を癒す万能薬——には、反駁《はんばく》も異議申し立てもできず、自明の理のようだ。だが、大風呂敷を広げすぎにも思えて面食らう。ピカソがアインシュタインが、ガンディーがスティーヴ・ジョブズが、それに一〇歳のわたしが煉瓦の奇抜な使い方を考えるとして、頼みにする創造性はおなじ質のものだろうか？　踊りを習った子どもは、最近の資本主義の大混乱を生き抜いていけるのか？　創造性は、神聖で奪うことのできない個人的経験であると同時に、経済成長の原動力たりうるのか？　創造性がほんとうに巷《ちまた》で喧伝《けんでん》されるようなもので、人がすべからく持っている潜在能力なのだとしたら、人種や階級間の不平等が広がるばかりなのはどうしてなのか？　現代社会が抱える問題の多くは、新しいものが大量にすごい速さで出回ることに起因するとして、それは創造力が不足しているからで、創造力にもっと磨きをかければ問題の多くは解決できると単純に信じていいのだろうか？

そういった疑問が辿り着く先は、創造性はきわめて曖昧な概念であるという結論だ。学んで身につくスキルとみなされることもあれば、生まれ持った個性とみなされることもある。創造性とは芸術である、あるいはデザインやマーケティングのようなビジネスの〝創造的〟側面であるという言い方をされることもあれば、社会の隅々に広がっているものと捉えられる場合もある。偉大な天才の傑作を評する言葉にもなれば、小学三年生の日々の行いを指す言葉にもなる。何より困るのは、ときに相反することが、いろいろなテキストで並べて使われていることだ。[*10]

にもかかわらず、われわれはいまだに創造性を信じている。その目覚ましい魅力――楽しいばかりか利益につながり、並外れていながら普遍的かつ人間的、人類発展の原動力でありながら、そこからわれわれを救い出してくれるものでもある——ゆえに創造性は崇拝の対象となって神秘性すら備え、人はそこに己の欲望や不安を投影する。貶《けな》すことはもはや許されない。この分断の時代にあって、なんとも驚くべきことに、誰一人それを悪く言わない。まさにわれわれ全員が〝創造性崇拝〟の信者なのである。幼稚園の先生も、市長も、CEOも、デザイナーも、技術者も、活動家も、売れないアーティストも、創造性はよいもので、よりいっそう磨きをかけるべきものだと思っている。

ビッグバン

日常生活でも創造性が求められるようになってまだ日が浅いが、詩人や哲学者は遥か昔からそれについて熟考していた。creativity《創造性》という言葉が普通に使われるようになったのは、二〇世紀の半ばからだ。creativityが最初に活字になったのは一八七五年のことで、言葉としてはまだ未熟だった。[*11] 形容詞creativeの名詞形〝creativeness〟の登場はもう少し早く、一九四〇年までは〝creativity〟よりも一般的だったが、どちらも使われることは稀《まれ》で、限定的な使われ方をしていた。一九五〇年以前には、新聞の記事、書物、エッセイ、論文、頌歌《しょうか》、授業、百科事典の見出し語などで、〝creativity〟を取りあげたものはひとつもない（わたしが調べたかぎりでは、辞書にこの語が載るようになったのは一九六六年からだ）。[*12] プラトンもアリストテレスも（その著書の翻訳版でも）使っていない。カントも同じく。ワーズワースもシェリーも、アメリカ人ならエマーソンも、ウィリアム・ジェイムズも、ジョン・デューイも然《しか》り。博識な歴史学者ポール・オスカー・クリステラーは、われわれが時代を超越した概念と考えがちな創造性は、〝哲学からも歴史からもほぼ認められていない〟言葉だと述べている。[*13]

それなのに、第二次世界大戦が終結した直後から、創造性は一気に多用されるようになった——まさに創造性のビッグバンである。[*14]

めったに口にしなかった言葉を、頻繁に使うようになったのはなぜか？　時代を支配する価値として崇《あが》めさえしているのはどうして？　戦後の黎明期《れいめいき》には、新しいスイス製アーミーナイフのような万能の言い回しが必要になったから？　それは雨後《うご》の筍《たけのこ》のようにいっせいに生まれたのか、それとも社会の一隅から現れたのか？　時代の社会的文化的変換期にいかにしてはまったのか？　誰の役にたったのか？

本書ではわれわれが創造性を信じるようになったいきさつを——われわれが抱えるほとんどすべての問題に対する答とみなし、創造性という現象を鵜呑《うの》みにしたいきさつを——紐解いてみる。それゆえ、創造性がどう働くか、創造性を磨くにはどうすればいいかを指南する本ではない。長い歴史の中で、われわれが芸術や発明をどう捉えてきたかを概観する本でもない。[*15]そうではなくて、第二次世界大戦後のアメリカで、創造性と呼ばれる何かが話題となって、学問的研究や議論の対象となり、人格特性として正式に認められ、教育政策や経済政策の目標とされ、個人の変容の理想となった歴史を解き明かす本なのである。平たく言えば、創造性がいろ

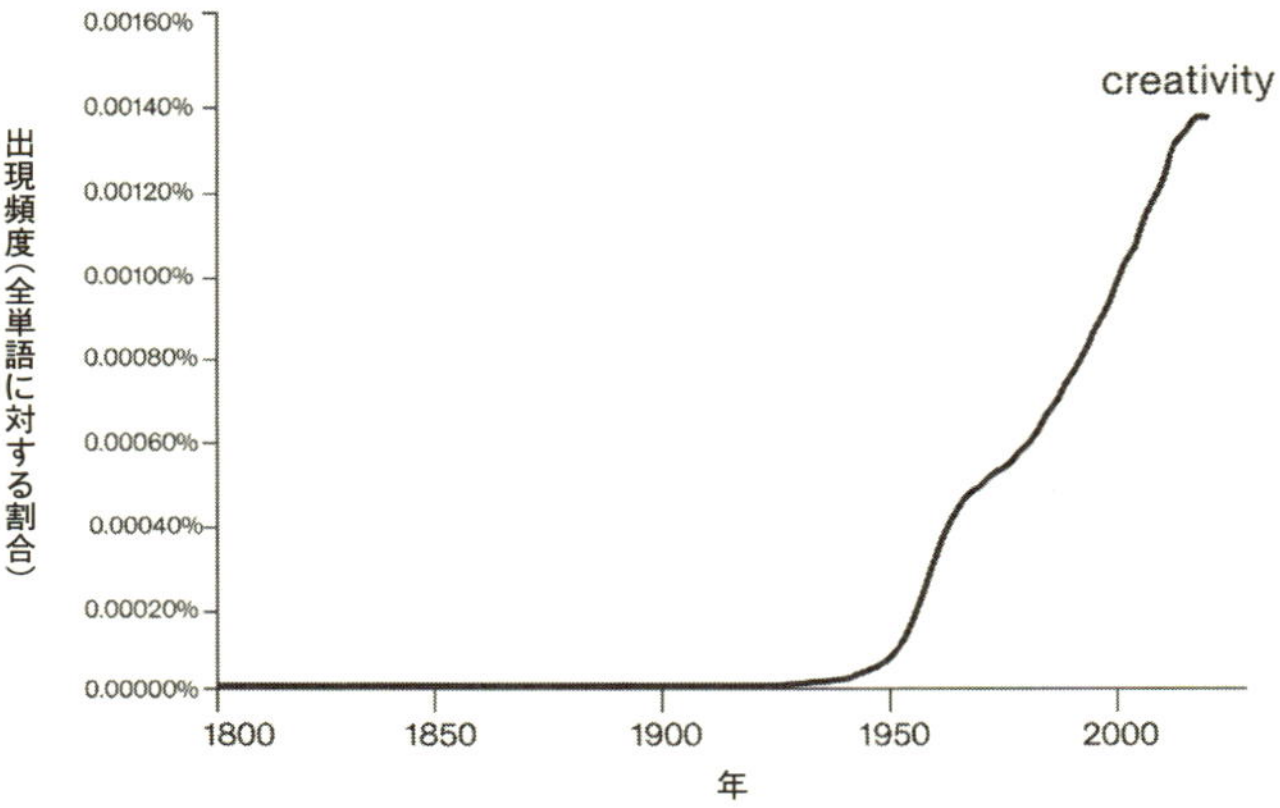

1800年から2019年までに英語で書かれた書物に“創造性”という用語が登場した頻度を比較したグラフ。

いろな意味でもてはやされた訳を考える本だ。

本書が語る物語は意外性に満ちている。創造性のビッグバンを調べはじめたときには、そのルーツは未熟な若者のカウンターカルチャー——一九六〇年代に全盛を迎え、一〇年間に独特の爪痕を残した自己表現と実験と反抗の精神——にあると思っていた。ところが、創造性の熱狂がはじまったのはもっと前の一九五〇年代、大勢順応と官僚政治と郊外化の時代だった。しかも、その時代の異端分子だった芸術家やボヘミアンが言い出したのでもなかった。機知と風刺で知られる作家で評論家のドロシー・パーカーが一九五八年、戦後の創造性の熱狂が頂点に達した頃にこんな言葉を発している。作家が腰を据えて書くことに集中すれば、〝創造性なんて言葉をやたらと口にする輩《やから》に関わらずにすむ〟[*16]。戦後アメリカの芸術界は自己表現と実験を受け入れたが、それは創造性と呼ばれる何か――〝創造的能力〟や〝創造的個性〟、〝創造的プロセス〟といった考えも含まれる――の正体を知ろうとする試みであり、そもそもは、芸術そのものではなく、科学やテクノロジー、消費財や広告で発揮される独創性を不安視したからこその試みだった。そういった独創性から生み出されたものを〝芸術まがい〟と見下したのも無理はない。戦後の創造性崇拝が目指したのが、もともと芸術家の資質とみなされていた創造性を、科学やテクノロジー、消費文化にまで浸透させることだったのだから。それは新しいものへの偏向はむろんのこと、非協調や、創作意欲、人間的で倫理的ですらある感受性といった資質だ。[*17]

本書で追いかけたのは、今日、われわれが思い浮かべるような創造性の概念を協力して創りあげた種々雑多な集団であり、その構成員は学究肌の心理学者やマネジメントの第一人者、広告担当重役、それに技術者だ。彼らは、創造性と呼ばれる人間の能力を定量化し、解釈し、順序だてて再生し、そこに各自の矛盾する欲望をも注ぎ込んだ。個人と大衆社会、非凡と平凡、精神性と愚鈍さ、反逆と現状維持のあいだの根深い緊張を緩和するためだが、そういった緊張をひと括りにして表す言葉を作り出すのは容易ではなかった。まさに彼らのせいで、創造性の概念は崩れ去った。それでも、全体的に見れば、彼らは成功したと言える――時代が抱える本質的なパラドックスを解決できなかったとしても、今日にいたるまで、テクノロジーや消費者主義や資本主義を考える叩き台となる青写真を示してくれたのだから。[*18]

以前はそれを何と呼んでいたか？

わたしが〝創造性〟は新しい言葉だと言うと、必ずと言っていいほど「だったら、以前はそれを何と呼んでいたの？」と質問される。「何を指して〝それ〟と言ってるんですか？」とわたしが切り返すものだから、相手は嫌な顔をするが、何も嫌みで言っているのではない。最初の質問にはふたつの仮定が隠れていて、どれも正しい。第一に、言葉と概念は同じではないということ。新しい言葉の出現あるいは大衆化は、かならずしも新たな概念の出現を意味しない。例えば、アルコール依存者と大酒飲みは、おなじ人間――過度な飲酒が習慣になっている人間――を指す言葉が、時代に合わせて変化しただけのことだ。第二に、われわれが創造性について語るときには、そのものの特性――この場合なら過度な飲酒――について語っているということだ。創造性は、場合によるが、もとからあった概念、例えば想像力や着想、空想、天才、独創性、あるいは創造性そのものよりも前からあった創造的想像力や創造力といった概念の新しい呼び名だと言ってもあながち間違いではない。

だが、現代における創造性の概念は、古い言葉の概念とぴたりと一致するわけではない。創意とか創作力ではあまりに実用的すぎる。芸術っぽさに欠けるというものだ。創造性は、芸術や科学の分野での記念碑的業績を想起させるが、おなじような意味の天才は、あまりにも排他的で大げさだ――子どもだって創造的たりうるのだから――一方、賢さは、豚小屋から逃げ出す方法を見つけた豚を褒める言葉みたいで、いささか陳腐だ。独創性はかなりちかいが、情緒に欠ける――誰も、独創性こそが人生を豊かにする鍵だ、などとは言わないだろう。想像力は創造性の代わりによく使われる言葉だが、生産性に乏しい。空想とおなじで、頭と切り離せないものだし荒唐無稽だ。創造性のプロのあいだでは、創造性とは〝新しくて有用なものを創り出す能力〟であるというのが定説となっている[*19]（この言い回しは――当然と言えば当然だが――アメリカの特許法から引用した）。創造性とは、既存の言葉では考えられない、あるいは言い表せない事柄を考えたり言ったりするための言葉だ。既存の概念を言い表す新しい言葉ではなく、これまでは表現できなかった考えを言い表す言葉だ。戦後に〝創造性〟という言葉を好んで使うようになったとき、人びとはその意味を、全世界的に古くなった概念とはなんとなく区別して考えていた。言葉の意味が明確でないのは、矛盾する概念をふたつながら含んでいるからだ。光が粒子であり波であるように、創造性も観念的でありつつ物質的、遊び心があるけれど現実に即しており、芸術っぽくてなおかつ技術的、例外的でありながら平凡でありうるのだ。矛盾する意味や含意が組み合わさり、ひとつの定義や理論におさまりきらないからこそ、創造性は戦後アメリカで人びとの心を捉えた。矛盾するふたつのもののバランスをとるのは難しい。だが、その不安定さは欠陥ではなく特性なのである。

創造性のビッグバンからいまに至るまで、エッセイや書物や講演会で創造性についてはさんざん語られてきたが、だいたいが以下のような話からはじまる。

創造性は芸術家の作品のみならず科学者の業績にも見出されるし、思想家ばかりかエステティシャンにも求められている。最新のテクノロジーはむろんのこと、親子関係でも創造性は重要視されている。[20]

絵を描くのも交響曲を作曲するのも、新しい殺しの道具を考案するのも、科学理論を構築するのも、その創造的プロセスに大きな差はない。それは、人間関係を築くあらたな方法を発案する場合でも、はたまた独自の個性を発揮する場合でも同様だ。[21]

芸術と科学における創造性は類似しており、同様の心理プロセスによって特徴づけられる。[22]

創造性のプロセスは、発揮される分野がちがっても、基本的には同じだ。ゆえに、あらたな芸術形式にも、最新のガジェットにも、最新の科学原理にも共通の要素が組み込まれている。[23]

人が創造性を発揮できる舞台は、絵画や詩や科学理論だけに留まらない。料理でも大工仕事でも、フットボールの試合でも、愛を交わすときだって、創造性を発揮できる。[24]

以上の例に見られるような、ありふれた日常生活に結び付いた創造性は、何も実証的事実ではない。むしろ出発点であり、仮定であり、願望だ。この七五年のあいだに、創造性がなぜこれほど顕著なトピックスになったのかを理解するには、創造性が、芸術とテクノロジー、非凡と平凡の両方を説明しうる一般概念でありながら、社会や事象に対立するものとしての個人へと、すべてを帰結しうる狭義の概念でもあることの有用性とは何かを問う必要がある。その答を見つけるには、戦後アメリカの核をなす、イデオロギーと実用主義の無茶な混同を理解しなければならない。

大衆社会と永続革命

第二次大戦後に、アメリカは政治的にも経済的にも地上最強の国として頭角を現した。だが、大成功の裏には不安が隠れている。あらたに身につけた大きな力をどう揮《ふる》えばいいのか、力を揮うことにはたして意味はあるのかという不安だ。大恐慌の記憶も新しいときに、共産主義ソ連が歴史的挑戦に乗り出してきた。対するアメリカの政策立案者や労働者の代表や実業家たちは、消費者主義を原動力とする持続的な経済発展と繁栄、産業と雇用の安定、それに軍事費を維持するための計画を練ってきた。一九五一年に〈フォーチュン〉誌が指摘したように、それは〝永続革命〟であり、アメリカ資本主義のみが提供しうる生活水準の向上を実現するシステムだ。[*25] 高い賃金、高い利潤、目新しい消費財と軍事テクノロジーの安定的な流れを生み出すことにより、戦後の設計者たちは国内外で社会主義を撃退し、近代的な輝かしい未来を実現しようとしたのである。[*26]

戦後経済はアメリカのブルーカラー労働者に絶頂期をもたらした。製鉄工場や建設現場、自動車工場で働く労働組合に加入する労働者たちだ。しかしそれは、ホワイトカラーの世界を大きく広げることでもあった。大企業はこぞって大卒の男性（ときに女性）を雇い、工場の管理やサプライチェーンの監督、新製品の設計、新興中産階級向け商品の宣伝と販路拡大にあたらせた。復員軍人援助法と高等教育機関への莫大な政府投資の後押しを受けて、一九四〇年から六四年にかけ、専門学位や技術的学位をもつ人の数は倍以上に増え、全労働力に占める割合も倍増した。科学者や技術者は中でも抜きんでている。一九三〇年から五五年までに、科学者の数は五倍になり、その多くが軍事産業や製造業に就職した。一九五六年には、アメリカ史上はじめて、ホワイトカラー労働者がブルーカラー労働者を数で上回った。[*27]

　技術者や広告マン、それに巨大組織からなるあらたな戦後世界は、〝大衆社会〟を生み出して国中をパニックに陥れた。生活水準の向上は悪魔の取引ではないかとささやく声がして、一九六〇年代半ばにはそれが大合唱となったのだ。カクテルパーティーで話題にのぼるのは、デイヴィッド・リースマンの『孤独な群衆』（みすず書房）、あるいはヴァンス・パッカードが指摘したマディソン・アヴェニュー（広告代理店や広告関連の会社が軒を連ねる）の分解と自動車産業の欺瞞《ぎまん》、ヘルベルト・マルクーゼの『一次元的人間』（河出書房新社）だ。ホロコーストとヒロシマとスターリンの矯正労働収容所を引き合いに出すまでもなく、現代の制度は不吉な光を帯びている。戦前世代は、官僚政治と技術者主義を自由市場の狂気に結び付け、戦後の批評家たちは、現代の合理性が制御不能となった例と捉える。効率を求めるあまり、生活そのものが魂の抜けた機械と化す。

〝科学〟に絶対的信頼を置けば、精神性や道徳性はなおざりにされる。この〝豊かな社会〟は快適かもしれないが、職場における大衆社会的疎外と家庭における受け身な消費、それに社会をよくしようという感覚の欠如の上に築かれたものだ。推定される進歩はすべて本質的に無意味であり、それどころか不道徳ですらあるという強い感覚がそこにはあった。歴史学者のセオドア・ローザックは、現代社会において、〝不必要に大量な物を生み出すことと、大量殺戮兵器の生産のあいだを右往左往する技術の進歩〟のせいで、〝人知を超えた超越的存在に最後を委ねる伝統〟が廃れた、と述べている。[*28]

大衆社会の最悪の病は〝大勢順応〟で、これに異を唱える者はまずいないだろう。〝時代の趨勢《すうせい》は、個人の崇高な価値を否定する群れ社会へと向かっている〟と、心理学者のオーヴァル・ホバート・マウラーは警鐘を鳴らした。[*29]〈フォーチュン〉誌の編集者ウィリアム・ホワイトは、アメリカの伝統的な個人主義の衰退は、自作農の時代に逆戻りすることだ、と警告し、〝個人主義――独立独行――が三世紀にわたってスローガンだった国で、その人自身には何の意味もないという考え方が受け入れられつつある〟と述べている。[*30]

デイヴィッド・リースマンは、〝内部志向〟の個人主義者は〝外部志向〟の社会的存在に取って代わられつつあると書いた。右派の人びとはニューディール政策と集産主義の知的擁護者を非難する。全体主義的支配の記憶も新しいヨーロッパからの移民を含む左派の人びとは、株式会社資本主義と、それにまつわる弱体化した官僚制やマスメディア主導の消費者主義、絶えることのない功利主義をやり玉にあげる。リベラルな中道派にとって、大勢順応は民主主義を腐らす毒であり、よその国の共産主義を映す鏡だ。右派も左派も、社会主義者も作家もフェミニストも黒人解放論者も、みんなひっくるめたアメリカ社会にあって、戦後の思想家たちは一丸となり、大衆社会の泥沼から自立した個人を救い出そうと躍起になったのである。[*31]

大衆社会を牽引《けんいん》する者たちですら、大勢順応がイノベーションに与える影響を危惧している。大手コンサルティング会社マッキンゼーの重役、ジョン・コーソンによれば、〝大企業の経営者たちは、秩序と安定と予測性を維持しつつ……同時に、あらゆる企業が依存するイノベーションを刺激し育成するにはどうすればいいかというジレンマに日々直面している〟。ウィリアム・ホワイトは、〝社会倫理〟がアメリカの資本主義から創意と独創性を奪った、と看破した。過去の経済発展は孤高の天才たちによってもたらされた、と彼は言うが、これはオーストリアの経済学者ヨーゼフ・シュンペーターの受け売りだ。

一九四〇年代に、シュンペーターは警告している。協調組合主義はイノベーションを害し、自称イノベーターたちをサラリーマン化し、資本家の成長の原動力である起業家のやる気を削ぐ、と。そしていま、ホワイトは概観する。責任は〝創造的な個人〟ではなく、〝行政〟にある、と。〝秩序と客観的目標と同意〟を叩きこまれた行政官は、〝まとまりのない直感や漠然とした思考や、物の役に立たない疑問〟を敵視する。ホワイトと同様にコーソンも、〝アイディアを生み出すのは人〟であって組織ではなく、もっと言うと〝慣習に惑わされないイノベーターであって、組織人間ではない〟[*32]と言っている。

異口同音の大勢順応批判は、とりわけ東西冷戦の色合いが強い。彼らはこう言う。ソ連が技術面で優位にたてたのは、市民を無理やり働かせたせい、有体《ありてい》に言えば〝才能を奪い取ってきた〟おかげだ。その一方、〝自由社会〟では、機密扱いだったトルーマン政権期の国家安全保障会議報告第68号にある一九五〇冷戦マニフェストに謳われたように、〝個人がすべからくその創造力を発揮できる環境を整え維持すべく試みている〟。一九五七年のスプートニク号打ち上げ後でさえ、タカ派は数学と科学を重視すべきと言っているのに、自由教育改革者たちは、芸術や文学も学ばせて生徒に自分の歩む道を見つけ出させる先進的取り組みに固執した。ソ連では、よく言われるように、目的の達成は手段を正当化する。だが、アメリカの偉大さは、個人尊重のうえに築かれるべきだ。文化的意図に裏付けられてこその技術力。終始一貫して自由の価値を認めるからこそ、アメリカは世界の支配者になれる。ようするに、共産主義者みたいにならずに共産主義者に打ち勝つにはどうすればいいのか？

個人の悲運を嘆きながらも、大衆社会の拡大に異を唱える者はいない。〝現代社会の行く末には複雑に絡まり合った問題が残されるが、そこから逃れる術はない〟と、一九六一年版のロックフェラー兄弟基金報告書は結論づけている。アメリカの独立独行精神がこの世界で生き残るためには、〝組織という括りの中でそれを維持する道を探る必要があり……巨大で複雑な組織にいれば染まらざるをえないやる気のなさや退屈や凡庸さから、いったいどれだけの才能ある個人を救い出せるのだろう？〟[*33]。つまり、戦後の挑戦とは、いかにして秩序を乱さずに個人主義を解き放つかだった。はたして、現代企業の迷路の中で、孤高の発明家精神を甦らせることはできるのだろうか？

しかも、産業のニーズは変化している。個人の基本的ニーズを満たす以上の生産力を達成したために、経営者は、効率よりもマーケティングやイノベーションや順応力を重視するようになった。ピーター・ドラッカーが言うように、経営者にとって、製造よりも〝イノベーションとマーケティング〟のほうが優先順位が高い。しかも、コンピュータが退屈な事務仕事を肩代わりするようになったため、労働者に合理性と秩序の価値を叩き込んだ半世紀の後、専門化の波に直面した経営者は、苛立ちを募らせるばかりで、あらたな現実に対処する技術を持たない労働者は置き去りにされるばかりだ。消費者経済の需要を満たすために、戦時工場が設備の一新を余儀なくされたように、ホワイトカラー労働者も自己変革を余儀なくされた。

ここにいたり、なんとなく芸術家や天才の特性あるいは思考経路とみなされていたが、理論上は誰もが持っていてどんな分野にも応用できる創造性の概念が、戦後秩序の構造的政治的矛盾を解消する心理的治療法として浮上してきたのである。おもに軍事や企業のR&D（研究開発）のために、心理学者たちは〝創造的人間〟を見分けるテストを開発したが、それは心理的抑圧から個人を救うためでもあった。同様に、ブレインストーミングに代表される初期の創造的思考は、もともとは産業発展や商品開発のために考案されたが、職場での疎外感を訴える手段にもなった。広告のプロは〝創造的な広告〟こそ、売り上げを伸ばすばかりか、個人のビジョンを広告業界に引き戻す特効薬だと豪語する。多くの企業が、創造性はイノベーションに拍車をかけるだけでなく、産軍複合体への反発が募る時代に、より人間的に見せるための手段になりうると考えている。このような例からわかるのは、R&Dに人材を集め、新製品のアイディアを生み出し、製品を売るという行為の裏には、大勢順応や疎外感や職業倫理といった大きな問題があることだ。
創造性は、功利主義と人間性あるいは超越的存在とのあいだの、慢性的な緊張を緩和してくれる。一九六二年、著名な心理学者ジェローム・ブルーナーは、〝現代人は自分に創造性があるのかどうか不安でならず、悲鳴をあげている〟と記した。心理学者は、科学者ほど純粋ではなく〝倫理学者の副官として〟、〝創造性〟の本質の解明を求められる。創造性の研究ににわかに関心が集まったのは、とりわけ科学者や専門家が、ホワイトカラーの仕事内容に不安を抱いているせいだ、とブルーナーは指摘する。ホワイトカラーはプロ意識や効率といったドグマを教え込まれ、自らを大きなソーシャルマシーンの一部と見なしてきた。だが、〝マシーンにおける自らの機能をパターン化しても、個人の尊厳を測ることはできない〟。〝マシーンは役に立ち、システムは……効率的だが、人間は？〟。[*34]
ブルーナー曰く、広告やテクノロジーや科学研究といった仕事を創造的だと考えるのは、〝個人の尊厳が大事にされているように感じるからだ〟。ゆえに、〝創造的な広告とか、創造的なエンジニアリングとか、創造的な問題解決といったものが存在する――いずれも、われらが時代の尊厳を求める必死な闘いだ〟。技術者や広告のプロにとって、創造的であることは生産的であることほど単純ではない。彼らが手本にするのは、マシーンではなく、芸術家あるいは詩人だ。彼らが追い求めるのは、内発的動機や創造活動へ情熱的に突き動かされる仕事だ。より人間的でなければならない。それで出来あがる製品が必ずしも別物になるわけではないが、そういった労働者は開発やデザインや販売部門に配属され、比重を製品から製造過程そのもの、つまり創造性にシフトすることで、仕事に精神的オーラを纏《まと》わせることができる。

心理学者と創造的思考のプロが発展させた創造性の概念に則って、主観のあらたな形、つまり創造的人間が出現した。創造的人間は消費者社会のプロデューサーだ。無能で低俗な実業家や寄生虫みたいな事務員とちがって、創造的人間は反逆者であり自由な考えの持ち主だ。彼らは創造するために生きている。こういった人間は、概して男に多いと思われているが、古いモデルよりも感情面で繊細だ。そして白人に多いと思われているこの新しい創造的人間は、〝洗練されすぎた〟同僚たちよりもはるかに素朴だ。彼らは還元的であって中流意識が強いから、頭脳労働にこそ価値があると思い込みがちだ。[*35] 一九六〇年代の女性解放運動において、国民生活に参加する権利を議論するのに創造性という言葉が用いられたのも、あながち驚くことではない。例えば、ベティ・フリーダンは一九六三年にこう書いている。女性は〝創造的な仕事〟をすることによってのみ自己実現できる。彼女が言う創造的な仕事とは、ジャーナリズムのような伝統的に男が担ってきた仕事、報酬や名声が伴う価値ある仕事のことだ。[*36]

フリーダンはもうひとつの重要な問題を提起した——楽観主義と悲観主義のあいだの緊張だ。彼女は世界の現状を徹底的に批判したが、世界がなりうる姿には大きな希望を抱いていた。創造性に焦点を当てること、その美点や刺激や喜びについて語ることは、多くの人たちにとって希望だ。心理学者は、創造性を研究するのに、専門分野である精神疾患や精神機能障害を引き合いに出す。一方、創造的組織運営のコンサルタントは、より人間的な労働環境の形成をイメージする。彼らは、自動化と豊かさが繁栄の機会を提供するばかりか、伝統的な資本主義的雇用関係を超越すると期待している。[*37]

ＩＢＭのトマス・ワトソンが言うように、〝ペリクレスの新時代〟、つまり物質的欲求が満たされ、われわれの精神がより高い芸術的かつ知的な探求に自由に加われるような時代を目指すことは可能なのか？　それとも、歴史哲学者アーノルド・トインビーが警告したように、アメリカを運命づける贅沢と停滞が進んで、崩壊した古代文明とおなじ道を辿るのか？　なんとか名前をつけ、理解し操れるようになった、この個人の活力の源泉、つまり創造性を取り巻く楽観主義はすべて、それが枯渇しつつあるのではという根深い恐怖の裏返しだ。

創造性は、個人と大衆社会、楽観主義と悲観主義のあいだに緊張を生み出す一方で、エリート意識と平等主義の仲介役も果たしている。戦後、福祉国家やマイノリティの権利拡大、繁栄の共有を特徴とする大いに民主的な時代が幕を開けた。アメリカ人は民主主義の名のもとに戦争をし、世界の警察官として奮闘したが、大恐慌時代から変わらず〝一般大衆〟に英雄的魅力を感じつづけていた。ところが、ソ連のスプートニク号打ち上げ以降、〝凡庸さ〟を恐れ、その反動で〝卓越性〟を重視するようになった。アメリカは〝創造的マイノリティ〟を無視した結果、かつて偉大な帝国がことごとく陥った衰退の危機に直面している、とトインビーは嘆いている。問題は、一九六一年刊行のジョン・W・ガードナーの著書のタイトルにあるとおり〝われわれは平等でなおかつ卓越たりうるのか？〟。カーネギー・コーポレーションの理事長だったガードナーが、初期のもっとも影響力のある創造性の心理学的研究に資金を提供したのは偶然ではない。創造性は、傑物のみならず幼稚園児や普通の技術者にも当てはまる、許容度の広いテーマだ。天賦の才とちがって、創造性は万人が備えているものと言えるからより民主的であり、（さらに重要なことには、おそらく）人事評価を行う管理職にとっても、評価される側の従業員にとっても使い勝手がいい。天才肌の発明家や起業家の時代へのノスタルジアを満足させるばかりか、観念的で実利的な大衆社会の実情にもマッチする。

つづく第一章から第八章では、戦後に、創造性の大義を熱烈に支持した人びとを通してそのダイナミズムを検証し、第九章では、いまの時代に合った物語を紹介する。創造性を経験を通じて研究しようとした人びとがいれば、創造性の応用に心を砕いた人びともいる。前者に含まれるのは、著名な作家の知能検査から、陸軍士官候補生の煉瓦の利用法を思いつく能力検査（やるならこれだよね？）まで、様々な方法で創造性の本質を解き明かそうとした心理学者。彼らの中には、飛びぬけて優れた科学的才能の検出方法のほうに夢中になる者もいたが、現代生活に対処する能力を備えた〝新しいタイプの人間〟の創造に意欲を燃やす者もいた。後者には、ブレインストーミングを考案した広告マン転じて創造性のグル（導師）、世界で最初の創造性コンサルタント業をはじめた製品開発者の業際的集団、広告の魂を守るために闘った広告業界人が含まれる。学究的世界と産業を代表するこれらふたつのグループは、緊密に連携してきた。たがいの仕事に言及し、たがいの会議で意見を述べ合い、創造性に関する本や雑誌やエキシビションに並んで現れている。彼らの交流——それに、彼らの多くが心血を注ぐライフプロジェクト——を見れば、創造性の概念を通じていまの時代の緊張を解くことに、彼らがいかに必死だったかがわかる。そのような解決策は持続することが難しい。あらゆる基準を満たすような創造性の定義もまたしかりなのである。

創造性は誰にでも備わっていると言われたこともあれば、神々や芸術家や天才にだけ与えられるものだと言われた時代もあり、これまでに様々な説が現れては消えた。創造性が出現した厄介で実際的な世界を理解すれば、われわれ自身が置かれた状況が見えてくる。本書はいま流《は》行《や》りの創造性鑑定家のルーツを明らかにしてゆく（ここまでで肩慣らしはできたはず）。それは広い意味で近代文化史を紐解いてゆくことだ。第九章では、今日の起業家精神と、〝ギグエコノミー（ネットを通じ単発の仕事でお金を稼ぐ働き方）〟の解放的で破壊的な未来の驚くべき物語を語るつもりだ。例えば、〝好きなことを仕事にする〟ことに固執し、九時五時の仕事を軽蔑する。既成概念にとらわれず、枠からはみだし、性に合わないことはやらない。しかもそれが道徳的要請になっている。〝クリエイティブ〟とか〝クリエイター〟と呼ばれる集団が存在し、資本主義の残酷な現状が露呈しているにもかかわらず、楽観主義にしがみつく人びとがいる——彼らはその起源を戦後の創造性崇拝に遡ることができる。われわれがいまだにおなじ矛盾を抱えている事実が、なぜこれほどまでに創造性に魅了されるのか、なぜこんなにも創造的であろうと必死になるのかを説明する鍵となるはずだ。

第一章　凡庸と崇高のはざまで

「なんとも素晴らしい招待を受けてね」。サンフランシスコの反逆詩人でエッセイスト、ケネス・レクスロスが皮肉たっぷりに述懐する。

一九五七年の初旬、彼が〈ネイション〉誌の読者に語ったところによれば、トルーマン・カポーティやウィリアム・カーロス・ウィリアムズといった文学の巨匠たち数人とともに、〝創造的個性〞に関する研究に参加したのだそうだ。場所はカリフォルニア大学バークレー校、元友愛会会館に本部を置くインスティチュート・オブ・パーソナリティ・アセスメント・アンド・リサーチ（ＩＰＡＲ）とやらから招待を受けたのだった。三日間の滞在期間中、レクスロスは心理テストを受けさせられた。

初日の夜、カクテルとディナーを振舞われたのち、〝二人ひと組でロールシャッハ・テストをやらされた〞。翌日は、『解釈されたシンボル』とか『分類された物』といったタイトルの絵を描かされ、後からどの絵が好みか意見交換を行わされた。それがすむと、心理学者たちの〝なんともチンプンカンプンで反吐《へど》が出そうな長ったらしい話〟を聞かされた。[*1]

レクスロスは知らぬ間に戦後の創造性研究ブームに呑み込まれていたのだ。アメリカ心理学会の一九五〇年の会議において、会長のジョイ・ポール・ギルフォードは、創造性の研究が〝ひどく〟おろそかにされていると憤る挨拶を行った。彼によれば、心理学の記事や書籍のうち、〝創造活動〟(〝発明、デザイン、工夫、創作、計画といった行為〟が含まれる)について言及しているものはわずか〇・二パーセントにすぎず、心理学者の訓練に用いられる教科書にいたっては、まったく言及していない。ギルフォードの鶴のひと声で同僚たちが動いた。以後一〇年間に出された創造性に関する記事や書籍の数は、心理学の創成期からそれまでに出された数に匹敵する。一九六五年までにはそれがさらに倍増し、翌年にはさらに倍増する。[*2]主要な心理学専門雑誌は、〝創造的能力〟や〝創造活動〟それに〝創造性〟の研究で溢れかえる。その資金を提供したのは、全米科学財団、軍隊のすべての軍種——ギルフォード自身の研究を支援したのは海軍——それに教育機関や、カーネギー・コーポレーションのような慈善基金(レクスロスによればＩＰＡＲに〝バケツ一杯の金《きん》〟を援助した)である。心理学者や軍および産業の研究責任者、教育者、それに数百万のアメリカ市民がそういった研究の恩恵にあずかり、洒落た雑誌の表紙を見れば創造性がどう発揮されているかわかるようになった。一九六〇年代後半までに、〈ジャーナル・オブ・クリエイティブ・ビヘイビアー〉誌が刊行され、いくつかの研究センターが創設されて、数多くの会議やシンポジウムが開かれた——注目に値すべきは、一九五五年からほぼ二年ごとにユタ大学で開催された会議だ。こういった動きは著名な、あるいはじきに名が売れる思想家たち、例えば、マーガレット・ミード、ハーバート・サイモン、ティモシー・リアリーの興味を惹きつけたばかりか、創造性の研究にキャリアを捧げ、新たな分野を確立した多くの研究者たちに活躍の場を提供したのである。

心理学者がヒステリー症や同性愛、抑鬱症といった概念に取り組むときには、社会的重みをそこに加える。彼らはいちおう科学者だから経験的観察といったツールを用い、その概念をたんなる叙述語ではなく、形のあるもの、例えばこの世に——あるいは他者の頭の中に——実際に存在する何かと捉える傾向がある。このプロセスを具体化と呼ぶ。心理学者は創造性の概念を組み立て、活性化し、ある程度まで具体化する——それがときには心理学の枠外にまでおよぶ。創造性の概念はべつに彼らが作り上げたわけではないが——ギルフォードの会長挨拶以前は、心理学の専門用語ではなかった——研究に堪えうるほどには堅固な概念としてすでにそこにあった。ただし、創造性の知識を系統的に生み出したのは彼らである。

それゆえ、彼らが〝創造性〟と呼ぶものをどのように構築したかを見ることは重要だ。彼らにとって、それはどんな意味があったのだろう？　創造性に関する実験を行い、基準を設定するに当たり、彼らはそもそもそれをどう定義したのだろう？　天才の場合のみを考慮に入れたのか？　あるいは日常の問題解決にまで範囲を広げたのか？　創造的製品と言うときには、それまでのものとはどう違うのか、どこがどう新しいのか？　何も創造されていなくても、創造性を特定できるものなのか？　それらの答は、創造性研究の目的をどう捉えているかによって変わってくるだろう。創造性の概念は摑みどころがなく、妥協点を見出すのがひどく難しいことは、研究者たちもすぐにわかったはずだ。

それでも問いつづけるのはなぜか？　これだと特定できない不確実な概念が、心理学者をこれほどまでに惹きつけるのはどうしてか？　それは、創造性が、心理学の世界では既存のものだった天才や知性、想像力、創作力といった古い概念の隙間を埋めるものだからだ。それに、英雄的かつ民主的、ロマンティックで実用的で、社会問題を解決してくれそうで、たまたま心理学の領域内にあったからだ。

彼らはどのように協力体制を敷き、創造性の研究を進めていったのか。創造性研究の心理学者たちは、多くの場合、科学やテクノロジーを専門とする組織が抱える特定の問題――例えば有望な技術者の見分け方――に取り組んでいるが、その一方、自分たちは個人の幸福のために、大勢順応や凡庸さと闘う自由な社会のために働いていると信じてもいるのだ。このようないくつかの目的が、彼らが生み出す理論や方法に反映されている。そういったものを組み合わせ、新しい創造物、つまり〝創造的人間〟を作り上げる。それは特定の認識能力と性格特性の不安定な混成物で、普遍的ではあるだろうが――つまり、人口に潜在的に偏在していて、特定の人種やジェンダーや階層に結び付かないが――けっきょくのところは、心理学者自身や主たる後援者たちの思い込みや利害を反映したものなのである。

1954年、ロールシャッハ・テストと嗜好テストを検証するフランク・バロン（右）とジョン・A・スタークウェザー（左）。“創造的”な被験者は抽象画と非対称な図形を好むことがわかり、これは教育や環境よりも彼らの“曖昧なものに対する寛容さ”によるものと結論づけられた。
© University of California, Berkeley.

心理学の国

一気に花開いた創造性研究に対するモチベーションには、心理学の分野における緊張が投影されており、それはいろいろな意味でアメリカ社会に顕著なものだ。国と同様、アメリカの心理学も戦後に絶頂期を迎えた。エンジニアリングにつづく急速に成長する専門分野のメンバーとして、心理学者は、退役軍人の社会復帰の手助けから大企業の雇用、少年非行の原因究明まで、国民生活のいたるところに姿を見せるようになった。戦後の時代はもっぱら心理学の時代だった。赤の恐怖の、文化におよぼした影響のひとつは、物質主義、それに共産主義から派生する構造的問題への心理学的アプローチが好まれるようになったことである。社会的、政治的問題を心理学の用語――疎外感、不安、権威主義的性格型――を使って紐解けば、構造レベルではなく治療レベルで問題を解決できるのではないか。その結果、心理学者は、文化面でも生活指導の面でも大きな力を持つようになった。

同時に、新たな、ときに矛盾する圧力がかかるようにもなった。そのひとつが、産業と国家の資金提供者たちから重宝にされ利用されたことだ。そうなると心理学者たちは、共産主義撃破に結び付く政府資金に依存することになり、心理学が〝ほんもの〟で応用のきく科学であると証明するのに必死にならざるをえない。ユタ大学会議の創立者カルヴァン・テイラーは、全米科学財団の資金提供者たちに、まさにそういった立場から訴えている。〝われわれが国際競争を生き延びるためには〟、とりわけ〝高度に創造的な人間〟の特定と開発に目を向けねばならない。なぜなら、〝ひと握りのそういった人間こそが、われわれの科学的活動を前面に押し出すことができる〟（彼はさらにこう説く。創造的人間は新しいアイディアの創出にこそ、その能力を低コストで最大限に発揮する）。[*3] ギルフォードはのちに、こういった創造性の研究の実用的ルーツを認め、冷戦が〝頭脳競争における加速度的な努力を必要とした。発明の才のある頭脳は値千金であり、つねに求められている〟と述べている。[*4] ギルフォードは創造性を心理学の最重要課題に位置づけ、心理学の正当性にお墨付きを与えた。彼は創造性研究を、宇宙に劣らず謎めいて荘厳な領域、過去の心理学者たちは〝足がすくんで入れなかった〟領域に科学的に侵入することだと歓迎した。[*5] 最新の統計学的手法と大量のデータを使えば、空想的思考の薄暗い茂みに光を当て、創造性に〝科学的手法を傾注できる〟。テイラー曰く、それはすなわち、〝詳細な知識を積み上げ、人間の創造的能力開発に役立たせること〟である。[*6]

だが、創造性研究はまた、心理学は実用的な目的達成のみに努めるべきではないとする対抗勢力にも対処せねばならなかった。それは〝行動主義〟に嫌悪を示す勢力だ。行動主義とは、一九二〇年代以降に主流となったパラダイムで、おもにネズミを使った目に見える態度の研究によって、イデオロギーと形而上学の心理を解き明かそうとするものだ。行動主義者は、意味や精神性を研究することより、予期できてプログラム化すらできる〝刺激=反応〟の連続としての人間行動の機械的モデルを作り上げようとした。一九四八年にユートピア小説『心理学的ユートピア』(誠信書房)を著したB・F・スキナーのような行動主義者は、人間には適応力があるから進歩し社会と調和できると考える。しかし、戦争の影の中で、人びとは内面的な信念にもとづく確信を求め、多くの批評家が行動主義は人間を動物へと貶《おとし》めるものと非難し、それは一種の道具主義であって、ホロコーストや強制労働収容所に通じるもので、大衆説得や、朝鮮戦争でアメリカ人捕虜に用いられた〝洗脳〟のテクニックを生み出すことにもなったと糾弾した。心理学の世界で戦後に起きた動きといえば認知科学、つまり人間性心理学――それについては第三章で詳しく述べる――であり、人間を動物より上に位置付けて心理学モデルを作り上げ、人間に尊厳や複雑さ、それに行動主義が否定しようとした自由意志を取り戻させた。[*7]

多くの創造性研究者たちは、自分たちの仕事を行動主義への反駁と捉えている。テイラーは行動主義を、心理学に取り憑いた〝疫病〟であり、創造性のような気高く〝捉えどころのない〟ものの研究の信頼性を疎外するものだと断じている。[*8] 自分たちの仕事がどんなに狭くて合理的なものであっても、今世紀のはじめ、心理学者が哲学者に譲ってしまった実存的な問いを、いま一度問いかけたいと彼らは願っているのだ。すなわち、何が人間を唯一無二の存在たらしめるのか？　芸術の根源は何か？　偉業を達成させる源、繁栄の源は何か？　技術競争に勝つことは、創造性研究にとって直接の刺激になったし、一九五〇年代から六〇年代を通して潤沢な資金を得る鍵でもあった。また、テクノロジー志向、物質志向の社会にあって、人間の安寧を危機から救い出すことが心理学に求められた。

心理学会にはこのように様々な流れがあるので、創造性研究は幅広い層の心理学者を魅了した。戦後数十年にわたり創造性研究の主導的役割を担ってきたユタ会議では、〝思索の精神や専門分野間の協力〟が謳われた。[*9] テイラーは、〝行動科学や教育、物理科学、生物科学、それに芸術を代表する研究者を積極的に招いてゆく〟と述べ、[*10] 会議発足当時から、ユタ大学英文学教授ブルースター・ギセリンを大切な協力者とみなしていた。ほかの参加者としては、人文科学教授、児童心理学者、実験の専門家、精神分析学者、国防総省当局者、大手製造業の研究担当重役などが挙げられる。

研究対象となったのは、小学生の絵画から技術者の特許製品、著名数学者の記憶力から大学一年生の言語流暢性まで多岐にわたった。創造性研究はそれこそ何でもありだ。ギルフォードによれば、創造性は複雑で多面的現象であるから、正しく理解するためには総力戦でいく必要がある。

創造性研究が包括的プロジェクトとして魅力的なのは、冷戦下の支援システムの中で資金が持続的に見込めるからだ。それに、物質的進歩を推し進めつつ、主導権を政府から個人へ取り戻そうとする時代の人道的風潮に即した幅広いアジェンダを提供するからだ。アメリカのリーダーたちが中央集権ではなく個人を強調した冷戦の時代には、そのような目的の一本化が不可欠だったのである。冷戦に勝利するためには、技術進歩と個人の自由のバランスをうまく取らねばならず、創造性がその答となる。

創造性対知能

創造性研究はもっぱら実利的目的、すなわちよりよい検査方法の確立を目指してスタートした。ギルフォード自身が心理アセスメントを専門にする心理測定学者であり、ユタ会議の創設当初の目的は(のちに範囲が広がったが)、カルヴァン・テイラー博士が行う大学院生対象の奨学金プログラムの評価基準作成に、創設間もない全米科学財団から一九五〇年度の助成金を引っ張ってくることだった。その当時は、いわゆる一般知能検査が主流だったが、そのような科学理論をもとにした検査には大きな欠陥があると、テイラーは信じて疑わなかった。

〝一般知能〟の概念が形作られたのは一九〇〇年代のはじめ、イギリスの心理学者チャールズ・スピアマンが最先端の統計的手法を駆使し、空間認識能力や言語能力、数学的計算能力などをひっくるめて〝一般知能因子g〟と呼んだことに端を発する。そのような知能が実際に存在するのか異議を唱える者もいたが、一九五〇年にはスピアマンと弟子たちが勢力を手中におさめた。それというのも、一般知能因子gのおかげで、大勢の人を検査して選《え》り分けることがきわめて容易になったからだ――一般知能検査によって、個人を知能指数（IQ）で測り、〝低能〟、〝愚鈍〟、〝平均的〟、〝優秀〟に分類できる。従来の家名やコネで優劣をつける方法に比べれば、知能検査は進歩的で科学的で民主的だと多くの人が思った。[*11] だが、一般知能検査もまた、心理学の概念につきものの循環論法（証明すべき結論を前提として用いる論法）であるから、〝知能〟という概念そのものを制限し具体化してしまう。それでも大多数のアメリカ人に能力に見合った活躍の場が開かれ、社会に役立つ知能を定量化する客観的根拠が与えられたのである。いずれにしても、知能検査は軍隊や産業、政府、教育の分野で万能の検査方法として重宝され、産業社会と足並みを揃えて拡散し、心理測定研究は現代のギルフォードやテイラーへと受け継がれていった。

もっともギルフォードとテイラーは、一般知能の理論には声高に異議を唱えており、人間の知能をもっと変化に富んだ多元的なものと捉えている（ギルフォードは一時期、知能の一六の因子モデルを研究していた）。彼らがとりわけ懸念するのは、一般知能モデルやそこから生み出された知能検査では、発明能力が除外されることだ。ギルフォードは一九五〇年の講演で、〝創造性と創造的生産性は知能の領域をはるかに超えている〟と述べている。[*12]

ルイス・ターマンのような古い心理測定学者も、〝独創性〟や〝発明の才〟のような能力を認めており、一九一〇年代にはそのような才能を測定する検査が行われた。しかし、一九二〇年代に入ると、知能検査が一般的になったせいで廃れてゆき、ターマン自身も、そのような能力は一般知能モデルに不可欠ではないと考えた[*13]。主観的判断を含むような検査の採点を標準化するのは難しく、大きな組織で行うのには向いていないから、たしかに現実的ではない。もっとも、創造性研究者たちは、発明能力が除外された背景にイデオロギーの影を見ている。発明の才や独創性に目をつけるのは、心理学者であり、近代組織であり、疑いや否認の文化なのだから。

科学とテクノロジーの発達に、独創性や発明の才はなくてはならないものだ。全米科学財団のスポンサーたちはそういった才能にこそ目を向けるべきとテイラーは考え、ギルフォードの会議招集をチャンスと捉え、必要なのは〝創造的〟能力の研究だと確信した。そこで全米科学財団に、二年に一度会議を開くのに充分な資金援助――それに結果を焦らぬ忍耐――を求めた。こうして創造的才能の科学的特定を目指すユタ会議が誕生したのである。

創造性研究は、〝一般知能因子g〟がいかに単純すぎるかを証明する恰好の機会となるだろう。創造性が一般知能の下に位置する現象にすぎないのなら、既存の知能検査でもっとも創造的な人間を特定できるはずだから、新しい検査方法は必要ないし、さらなる心理測定研究も必要なくなる。しかし、ギルフォードやテイラーが正しいとすれば、心理学者たちには新たな視界が開ける。すなわち、創造性を独立したものとする特徴を見つけるための新しい研究だ。

創造性対天才

創造性研究者たちは、近代心理学の主要な業績、大衆社会の模範的テクノロジーのひとつである知能検査に的を絞って批判をはじめた。だが、それはまた知能検査を完璧なものにする試みでもあった。彼らの基本目的は、望ましい個人を特定して管理するためのツールを組織に提供することなのだから。検査ツールを改良し、冷戦と永続革命のあらたな要請に適応させるために、研究者たちは心理測定学のルーツに戻ることにした。すなわち天才の研究である。

初期の天才研究も心理測定学も、本を正せば一人の人間、イギリスの遺伝学者サー・フランシス・ゴルトン（スピアマンの師匠）に行き着く。彼は形而上学と哲学の実のない思索から心理学を切り離そうと悪戦苦闘し、統計的手法を用いて人口全体の心理的現象を調べるパイオニアとなった（この手法を指紋分析に応用したことでも有名）。彼はまたヨーロッパ文明の未来を深く憂慮し、〝秀でて崇高な資質を持ち、王となるために生まれた偉大なる人間〟の研究に没頭した。[*14] 一八六九年に著した『Hereditary Genius（遺伝的天才）』によると、〝傑出した指揮官や文学者、科学者、詩人、画家、音楽家など歴史にその名を刻む〟三〇〇人の〝天才〟を選び出し、[*15] それぞれの履歴を調べ、家系図を作成して共通するものを探し出して、天才の多くは親類に傑物がいることから、天才は遺伝すると結論づけた。だが、家族の中に天才が多いことが、縁故関係や富や家庭環境の重要性を示唆していることにまで思いが至らず、三〇〇人のリストに女性が一人もいないのは、学ぶ機会が与えられていないせいだとも考えなかった。それに（彼がもっぱら評判――受賞や褒章歴、参考図書に載っている彼らに捧げられた言葉の数――をもとに研究対象を選んだにしても）、時代の風潮や人の評価の不確かさといった紛らわしい要素を考慮していない。ゴルトンは遺伝ですべて説明がつくと思ったのだ。知能を扱う科学に織り込まれたこのような偏見は消えることなく、創造性研究にも受け継がれている。

ゴルトンが夢見たのは、天才を幼少期に特定する検査だった。そうすれば天才同士を近親交配させ、工業化や国際化がヨーロッパ種族に与える影響を相殺できる（ゴルトンはまた優生学運動の父としても知られる）。

ゴルトンの後継者がその手の検査を考案している。一九〇四年、アルフレッド・ビネーがフランスの教育庁の要請で開発したのが、軍隊や官公庁から〝知能障害者〟を取り除くために〝精神年齢〟を測る検査だ。これにはゴルトンの統計的手法が用いられた。後世の研究者がこれを知能指数（ＩＱ）へと発展させた。ビネーはこの検査を、ごく大雑把なグループ分けをするだけの生半可なものだと考えていたが、スタンフォード大学教授ルイス・ターマン率いる分析者たちは、第一次大戦中、ＩＱテストを用いて兵士の選別を行い、軍隊との関係を密にしてＩＱテストの正当化を図った。ゴルトンに傾倒するターマンは白人種の弱体化を深く危惧し、一九二五年に『Genetic Studies of Genius（天才の遺伝的研究）』を著し、現代心理学のメソッドは、〝天分の違いは世界共通の現象であり評価可能であることを、明確に証明するものである〟と述べている。その翌年、彼の教え子、キャサリン・コックスはゴルトンの画期的研究に敬意を表し、〝三〇〇人の天才〟のＩＱを計算した。ターマン自身は、一九二一年から長期にわたり、カリフォルニア州パロアルトのＩＱの高い子どもたち（〝ターマイツ〟の愛称で呼ばれた）を調べ、ＩＱテストが未来の天才を正確に予言できることを立証した。ここでもまた、天才同士の結婚がおそらく推奨されたのだろう。

ところが一九五〇年になると、ターマンの実験はまったく逆のことを証明したと考える者たちが現れた。例えばギルフォードがそうだ。ターマンの秘蔵っ子〝ターマイツ〟たちは特別に高い教育を受け、社会にうまく適応し、仕事でも成功したものの、彼らのＩＱは〝ダーウィンやエジソンやユージン・オニールには遠く及ばぬ〟ままだった。つまり、ほんものの天才ではなかったのである。ギルフォードが指摘するように、〝天才〟とはもともと〝創造的生産性ゆえに頭角を現す人物〟を指す言葉だったが、ターマンやその信奉者たちのせいで、いまや〝きわめて高いＩＱを持つ子ども〟を指すようになってしまった。[*16] 言うなれば本末転倒。心理測定学者たちが開発したツールが、天才を除外し、進学や就職で門前払いを食わせた結果、彼らの発明の才が活かされずに終わったら、アメリカの優れた科学力や技術力はどうなってしまうだろう？　最高の人材を見極めるのは崇高な目標だとギルフォードは考えたが、それはつまり〝創造的〟能力にふたたび照準を合わせることだった。

創造性研究は、いろいろな意味でそれまでの天才研究とは異なるものだ。そのひとつが、遺伝や人種を重視しないこと。心理学が対象とする領域はもっと広い。しかも、ホロコーストの直後、遺伝をもとにした知能の研究は中断を余儀なくされた。両大戦間のおぞましい人種差別には、心理測定学がひと役買っていたからだ。二〇世紀はじめの研究で、南と東のヨーロッパ人のＩＱがおしなべて低いことが明らかになり、一九二〇年代の反移民法の知的な裏付けとされた。また、黒人の低いＩＱは、人種隔離と差別を含む南部諸州の州法、ジム・クロウ法の正当化に利用されつづけた。ところが一九四〇年代になると、フランツ・ボアズやＷ・Ｅ・Ｂ・デュボイス等の骨折りにより、心理学者のあいだにより穏健な考え、つまりグループ間の違いよりもグループ内の個々に見られる生来の違いこそ重視すべきで、人種間の違いはいずれも環境要素に左右されるという考え方が広まった。[*17] 社会思想の本流から科学的人種差別を排除する動きを後押ししたのが、一九四二年刊の『Man's Most Dangerous Myth: The Fallacy of Race（最も危険な神話　人種の誤謬）』を著したアシュレー・モンタギューや、ＩＱスコアの決定要素は人種よりも階級（ゆえに生物学より環境）であることを示したアリソン・デイヴィスだ。[*18] 第二次大戦前夜にはまだ多くの主流派心理学者が、人種による生来の知能のちがいはたしかにあると考えていたが、明白に人種差別的で優生学推進を標榜する政治体制（アメリカのジム・クロウ体制に触発されたと言える）との闘いにより、ようやく優生学推進論を闇に葬ることができた。

心理測定学が屈辱にまみれる中、創造性研究は知能の研究ほど人種差別的でないし、冷戦の名のもとに才能の探求をつづけることができるならばと、方向転換する心理測定学者は後を絶たなかった。創造性研究においては、人種や遺伝は問題にされない。自説を曲げぬ優生学推進論者もわずかだが、創造性研究の議論の場に招かれた。例えば、創造性に関する論文を数多く寄稿している因子分析で有名なレイモンド・キャッテル、半導体の共同発明者でシリコンバレーのパイオニア、ノーベル物理学賞受賞者のウィリアム・ショックレー。どちらもユタ会議に出席したが、遺伝が議題ではなかった。[19] それに、創造性心理学者たちはゴルトンとうまく距離をとっていた。というより、彼を精神的な父として抱え込んだのである。カルヴァン・テイラー曰く、ゴルトンは〝空想力における個人差の研究で先鞭《せんべん》をつけた〟[20]。ギルフォードは一九六七年に創造性研究の歴史を記した際、ゴルトンを軍隊の先頭に立つ騎手になぞらえた[21]（創造性の優れた研究に贈られる賞にはサー・フランシス・ゴルトンの名が冠されている）。初期の創造性研究に明らかな人種差別の考えが見当たらない一方、人種差別的思想の持ち主だからという理由で心理測定学者を仲間外れにすることもなかった。

　初期の創造性研究では遺伝が議題にあがりはしなかったが、才能は生まれつきのものというゴルトンの推測を共有し、環境要素を外していたという点できわめて生物学的だったと言える。ゴルトンがそうであったように、多くの研究は対象を選ぶのに評判をもとにしていた。一例を挙げると、ギルフォードは〝刺激や機会が平等に与えられていないこと〟を承知していたにもかかわらず、〝たとえ平等な機会が与えられていたとしても、個人の創造的生産性には大きな違いがあっただろう〟と確信していた。[22] ゴルトンの後継者たちは、高いＩＱすなわち天才という考えをこじつけだと非難こそすれ、ゴルトンの心理測定的研究の精神や目的は受け継いでいたのである。その目的とは、現代の凡庸な集団から知的エリートを救うことだ。

　創造性研究者たちが、天才の研究をしているとは口が裂けても言わなかった理由はほかにもある。彼らが追い求めているものは、〝天才〟では括り切れないからだ。天才はどう定義しようとも稀な存在だが、〝創造性〟はもっと普遍的だ。ギルフォード曰く、〝創造活動は大小あるいは頻度の差はあっても万人に見られるものだ〟[*23]。カルヴァン・テイラーの大学院時代の恩師、L・L・サーストンは、創造力とは〝いかなる職業においても質的に同等であり、それが稀で極端な場合を天才と呼ぶ〟と述べている[*24]。適度な発明の才を持つ企業の技術者とガリレオの差は、質ではなく程度にある。創造性研究は、ギルフォードによれば、〝創造的才能の質がどうであれ、創造的と認められる人間はほかの人より創造性をより多く持っているにすぎない〟ことを前提としている[*25]。

創造性は人口に遍在するという仮説はパラドックスを生み出す。〝日常生活で発揮される創造性と偉大な科学者や芸術家の創造性が類似のものなら、何も研究対象を偉人才人にかぎる必要はないい〟、と二人の学者が記している。だが、創造的かどうか、何を基準に判断をくだせばいいのだろう？〝われわれの研究に日常の創造性を含めるとしたら、創造性の概念そのものが無意味になりかねない〟と彼らは懸念する。想像力が豊かなのか、賢いのか、才覚があるのか、風変わりなのか、あるいはただ運がよいだけなのか、識別できない。〝確実にわかるのは、創造性が際立っているということだけで〟、真に優れているのかどうかはわからない。その一方で、科学的大発見や押しも押されもしない大傑作だけを相手にしていたのでは、天才研究に舞い戻ることになり、〝偉人論にとらわれ、凡庸と崇高のあいだで身動きがとれなくなる〟[*26]。

検査を実施する際に考慮すべきことがある。心理測定学者が精神適性を選り分けるために使った複雑な統計的手法、因子分析と呼ばれる手法は、多数の被験者を必要とする。ギルフォードが認めているように、〝真に創造的偉業〟は稀なのだから、研究者は〝卓越の度合の低い例を受け入れるために基準を修正する〟必要があるだろう。[*27] 一般知能因子gの概念に異議を唱えるなら、天才の偉業にこだわってはいられない。創造性が天才よりも民主的なものなら、思想的に好ましいばかりか研究が容易である。よって、教育や産業や軍隊で心理測定テストを行っている人びとにとって、研究結果はより価値のあるものになりうる。

発散的思考

研究の初期段階で何より刺激的だったのが、創造力の鍵となるのは〝発散的思考〟と呼ばれる歩行者の認識能力だという仮説だった。知能テストは正しいか間違っているかを答えさせる問題ばかりだと非難されるが、発明には、当然ながら、いまはまだわからないという答が付き物だ。カルヴァン・テイラーはIQテストに向けられた批判をL・L・サーストンから受け継いだが、批判の声がとくに高かったのが一九三〇年代だった（サーストンは一九三三年にアメリカ精神医学会の会長になった）。サーストンが心理学に関心を持ったのは、トマス・エジソンの研究所で技術者をしていた頃だ。従業員たちの中に人より創意工夫に富む者――彼は〝創造的〟という言葉を用いなかった――がいるのはなぜだろうと思ったのがはじまりだ。一九三〇年代から四〇年代にかけて行った調査でわかったのは、科学者はたいてい問題の答にすぐ飛びつくが、解決策をいくつも考え出す人のほうが、特許をたくさん持っていることだ。サーストンはこのスキルを〝発散的思考〟と呼んだ。

創造性研究者は、発散的思考こそが創造性の鍵となると考えた。サーストンの発明の才テストは、被験者にどこにでもある物――例えば煉瓦――を与え、一定時間内にできるだけ多くの使い方をリストアップさせるものだ。解答――よくあるのがドアストッパーに使う、珍しいのが肉叩き――は、淀みなさ（解答の総数）、独創性（よくある解答と比較して）、実行可能性（研究者の判断）といった観点から採点される。ギルフォードはサーストンの煉瓦テストに磨きをかけ、独自の自由解答式課題を作り上げた。単語や文の中の文字を入れ替えてべつの意味を作るアナグラムや、インクのしみの解釈、劇的な状況の写真から物語を創り出すことなどで、これによって淀みなさと独創性、それに（ギルフォードが加えた）〝賢さ〟を測ることができる。

こういったテストは、実際に創造的な人間の特定に使う前に、正当性を立証しなければならない。言い換えると、（まわりの評判や業績をもとに）創造的とみなされている人たちが、発散的思考テストでも一般の人たちより高い点数をとることだ。そこで、研究者たちは、ＩＱのスコアが高い人と低い人の創造性テストのスコアを比較し、創造的な集団と高いＩＱの集団が重なるかどうかを調べた。もし両者に開きがあるのなら、創造性は知能とは別のものということになる。一九五〇年代から六〇年代にかけて行われた調査によりそれがはっきりした。じきに疑問が呈されることになったものの、創造性研究が活発につづいてゆくなら、いずれは仮説が確認され、存在が正当に認められ、資金援助も途切れることがないと、研究者たちは言い訳をしつつ時間を稼いでいった。

一九五〇年代いっぱいは、ギルフォード考案のテストが創造性研究の絶対的基準で、〝創造的〟集団を特定する必要があればかならず使われた。ギルフォードやほかのテスト考案者たちは、総合的創造力を形作る多くの要素――認識力、人格、それに刺激や環境といった要素――の中で、発散的思考こそがいちばんだと考えていた。比較的理解しやすく、量を計りやすいことから、発散的思考が創造性の同義語になってゆく。発散的思考が心理学者にもたらしたのは、対象者を選ばず、その数が多かろうと、潜在的創造性を測定できる管理しやすく追試可能な方法だった。これは一種の統計的分析でもあるので、創造性は持続的な研究に適した独立した現象だと、ほかの人たち――政府の資金提供者を含む――を納得させられる。

創造的人間の特定

創造性の特質を概観するためには、あるいは、いまだ創造的なことを何ひとつ成し遂げていない創造的人間を選び出すテストを考案するためには、ふたつの段階を踏む必要があると研究者たちは考えた。第一に、調査対象となるこれぞという創造的人間の特定。第二に、彼らのあいだに共通するものの特定。当初はどちらも単純明快に思えたが、蓋を開けてみれば第一段階でつまずくことになった。おおかたの研究者たちは、創造的人間は見ればわかると自信満々だったが、創造性とは何かをいざ定義する段階で――そもそも何について語り合っているのか共通認識を作り上げる段階で――パラドックスがつぎからつぎに現れたのである。

調査対象となる創造的人間の抽出方法のひとつが評判に頼ることだ。ゴルトンがやったように、批評家の評価を一覧表にする方法をとった者もいれば、教師や上司、クラスメート、専門委員会からの推薦を頼りにした者もいる。例えば、前述のケネス・レクスロスを検査に招いたIPARが被験者の抽出に使ったのは、新聞社と同業者のアンケートだった。

一九四九年にIPARを立ちあげたドナルド・マッキノンが使命としたのが、〝現代の産業社会にうまく適応して成功するために必須の人格特性を見出す方法の開発〟で、その目的は能力の高い人間の選別だった。[*28] マッキノンは戦時中、戦略諜報局のためにスパイの選別を行っており、戦後は、ロックフェラー財団と国防総省の助成金を得て、軍の高官を含む〝きわめて効率の高い人間〟の研究をつづけた。一九五五年頃に〝きわめて創造的な人間〟の研究にシフトしたのは、戦略諜報局時代の同僚心理学者ジョン・ガードナーに背中を押されたからだった。ガードナーはその頃、支援元をロックフェラー財団からカーネギー・コーポレーションに替えたばかりだったが、それは後者が創造性研究の可能性に目をつけていたからだ。マッキノンが支援を頼むと、カーネギーは〝きわめて創造的な人間〟の研究にふたつ返事で五年間の助成金を出してくれた。[*29]

マッキノンの検査方法は〝深層評価〟と呼ばれるものだ。これは、マイヤーズ＝ブリッグス・タイプ指標、履歴や価値観を尋ねる面談、気さくな集まりにおける振る舞いの観察、知能評価と性格診断を組み合わせた方法だ。創造性研究には、〝独創性や創造性、美的感覚、芸術的反応の測定〟も不可欠だと彼は言う。測定に用いられるのは、あらたに開発されたギルフォード創造性テストや、抽象と具象の絵画、左右対称と非対称の図形のどちらが好きかを問うバロン＝ウェルシュ・アート・スケールなどだ。[*30] 研究者はまず、創造的と思われるグループをテストし、つぎにあまり創造的でないと思われるグループをテストして結果を比較する。

ところで、創造的と思われるグループはどのように抽出したのか？　研究者はそれまでの研究でわかっている〝きわめて効率の高い人間〟と〝きわめて創造的な人間〟のちがいは、就いている職業に起因するとして、三つの職業を選びだした。彼らが考える創造性の三角形を形作る職業で、これにより異なる分野における創造性を比較できる。三角形の一角に位置するのは詩人、小説家、それに劇作家だ。ほんものの芸術の例に洩れず、その作品の価値は成功という客観的尺度によって損なわれることはなく、人から人への表現の領域においてのみ機能する。べつの一角に位置するのが数学者だ。〝芸術的〟感覚では創造的とは言えないが、この分野の法定貨幣である新しい定理の発見といった高い次元において飛びぬけた想像力を発揮する。作家も数学者も、純粋なアイディアの世界の住人だ。

そして最後が建築家。作家の美意識と数学者の論理性のあいだにあって、建築家はもっとも広い意味で創造性を発揮していると言える。美とともに構造の健全性も追求し、有形で論理的に矛盾のないやり方で人間が住む世界を〝創造する〟。建築家の仕事は、一人で籠って仕事するスタジオ・アーティストと、チームワークで利潤を追求するビジネスマンのあいだを行ったり来たりしている。独立独歩を貫きながらクライアントのニーズに沿い、人道主義と功利主義のバランスが絶妙な、大衆社会で栄える個人だ。

この三つの職業を選んだ背景には、創造性は誰もが備えている特性だという仮説が存在する。三つの職業を比べることで、どれかひとつに特徴的な要素を排除できる。空間的推論の得点が建築家でとくに高く、作家で高くないとすれば、創造性の要素とは言えない。三つの職業ともに左右非対称の図形を好むのなら、それを創造的人間の特徴のひとつに数えられる。テストの目的は、優秀な建築家や作家や数学者を作り上げているのは何かではなく、その分野でいちばんの人をそこまで創造的にしているのは何かを知ることだ。

〝創造的〟分野で働いているからといって創造性が高いとは言えない。被験者はその分野でいちばんでなければならない。そこで必要になってくるのが、その分野のトップと真ん中と底辺を比べることだ。そのために、ほぼ一世紀前のゴルトンの手法を真似て、出版物や表彰歴、受賞歴、新聞記事を参照した。それらが才能を正確に測る指標になると考えたからだ。じつは名声に値しない場合を考慮し、研究者たちの経験不足を埋め合わせるため、それぞれの分野の専門家集団とも相談してもっとも創造的な個人を選び出した。

ここで問題が生じた。専門家集団は何をもって〝創造的〟と判断するのか？　建築評論家や建築学教授には、推薦する者は以下の特性を有することと伝えられた。すなわち、〝独創的な考え方と建築上の問題に対する斬新なアプローチ。発展的発明の才。既存の慣習や手続きをうまく無視できる能力。建築に求められるものを効率的かつ独創的に実現しようとする熱意〟。このような基準が有効かどうかはわからないが、推薦された者の評価表に記された〝建築に求められるもの〟はたった四つだった。〝頑丈さ〟と〝楽しさ〟、〝便利さ〟と〝社会的目的〟。その結果、〝独創性〟や〝斬新さ〟、〝発明の才〟ではなく、一般的な建築の価値（〝求められるもの〟の最初の三つは一六二四年の論文に記されたものだ）をもとに被推薦者が決まった。[*31]

建築家にも批評家にも伝統的枠組みにとらわれないモダニストが多いので、仲間から優秀と見なされている建築家が独創的であることはまちがいない。だからといって、被推薦者がもっとも独創的で発明の才があるとはかぎらない。創造性で劣る対照群を選ぶとなると、新聞雑誌の論評や仲間内の評価に頼らざるをえないのだ（サンフランシスコ湾岸地区できわめて創造的と定評のある建築家グループの一人、ヘンリー・ヒルは、対照群の参加者を選ぶにあたり、〝優秀ではないことを基準に選ばれた〟ことを、研究者はどう説明するのだろう、と懸念を示している）。

ＩＰＡＲの研究者たちは、有名であることを創造性がある証拠と見なした。一九五〇年代初頭にアン・ロウが科学の分野で名をなした人たちの伝記的、性格的類似点を調べた一連の研究は、特に〝創造性〟について言及はしておらず、業績の定性的評価を含んでいないにもかかわらず、創造性の研究と見なされた。[*32] 創造性研究の分野拡大を調べたカルヴァン・テイラーは、仕事のタイプを意味する〝創造性〟と、仕事の質を意味する〝創造性〟のずれを認め、〝研究対象が創造的な科学者なのか、一般的な科学者なのか〟はっきりしない場合が多いと述べ、創造性研究の需要者は、〝より創造的な努力傾注分野に携わる人びとに見られる特徴が、その分野の創造的人物の特徴と必ずしも一致せず……それが創造的業績なのか、総合的業績なのかを見極めることが大事だ〟と釘を刺している。[*33]

階級、人種、ジェンダー、そして創造的人間

IPARの研究者たちは、有名であることを創造性の高さの証明と見なしたが、そこには落とし穴が隠れていた。業界トップと謳われる建築家は、批評家たちに積極的に働きかけたからこそよい評判を得てきたのだが、研究者は認識の甘さからそれに気づかず、新聞雑誌の論評や批評家の評価を鵜呑みにして、無名だが優秀な建築家を見落としてしまった。[*34] 彼らは実力主義がちゃんと機能していると思い込み、そのうえ、階級や人種やジェンダーを含む社会的要因は無視することにした。創造性の基準を決めるのを研究対象である業界に丸投げしたため、認識と現実を切り離すことなく既存の考えを補強する結果となったのである。

当然ながら、創造的人間に関して研究者たちが下した結論の多くは、研究対象と自分たちが属する知識階級のそのときどきの好みを反映するものとなる。[*35] 例えば、創造的人間が抽象芸術を好むのは、二〇世紀半ばの高尚ぶった時代のムードのせいというより、心理学で言うところの〝曖昧さの容認〟や〝気分変化〟を示すものだと彼らは解釈した。[*36] これもまた、階級やジェンダーや人種、それに労働環境を、個々人の固有の性格といっしょくたにして一般化するもので、それによって創造性は結果（業績や態度）から原因（心理状態）を表すものへと変化した。

バロンはやがて、これが自画自賛へのプロセスだと気づいた。

効率的に機能する人間には、ふたつの局所的で限定的な制約が設けられることに気づいた。当研究所のスタッフを見てもわかることだが、そういう人間は女ではなく男で、若者ではなく中年に差し掛かっている。カリフォルニア州バークレーで夏の終わりに気楽な議論を重ねた結果、われわれは効率的に機能するきわめて実直な中年男性像を作り上げた……おなじ人間を表すのに、個々のスタッフメンバーはまったく異なる形容詞を用いたが、きわめて効率的な人間を表すのに彼らが用いた形容詞は……彼らが自分自身を表すのに使いたい形容詞であり……ようするに、自分の長所をそこに重ねているのだ。[*37]

IPARの調査で浮き彫りになったのは、創造性研究を活気づけた説明的主張と規範となる主張の混同だった。人間科学の例に洩れず、人格心理学ビジネスには主観的な考えが蔓延し、研究者の偏見が色濃く現れていた。創造性研究においても、専門家たちは、不変の人間的特性を客観的に発見したと胸を張るが、その実、創造性の概念を構築するのに自らの理想、有体に言えば自己像をそこに加味していたのである。[*38]

創造性を高い技術と高等教育を必要とする職業での成功に結び付けた結果、普遍的でかつ希少なもの——理屈のうえでは誰もが創造的たりうるけれど、創造的とみなされる職業に就いている者のみがそれを証明できる——という創造性のパラドックスを作り上げてしまった。家庭の主婦だって創造的だといくら主張しようとも、家庭の主婦の創造性を研究した心理学者はまずいない。研究者や資金提供者が問題にしたのは、家庭外の創造的労働、すなわち当時は白人男性以外お断わりだった〝頭脳労働〟で、それはまさに、職場での平等を求める多くの女性たちが想定した創造性そのものだった。女性の職場進出が盛んになった一九二〇年代、彼女たちが担った役割分担は、男と女は精神構造が違うという考えに基づいたものだった。女性が得意とするのはファイリングやタイピング、電話交換といった一貫性や細部へのこだわりが求められる仕事であり、男性に向いているのは、高い〝創造性と判断力と実行力〟が求められる仕事だった。[*39]

一九三五年刊の〈フォーチュン〉誌は、〝アメリカのオフィスの女性化〟によって〝男性の創造力と女性の細やかな効率性を同期化し、商業活動をより円滑に行える〟と奨励している。[*40]しかし、女性が大学に進学して専門職に就くようになると、女性のほうが知能が劣っているという神話に亀裂が生じはじめる。

第二次大戦中、労働力として駆り出された女性たちは、経済的自立や人生の意義に目覚めた。労働階級の女性たちにとって、家の外で働くのは珍しくもないことだったが、そこに中産階級の女性たちが加わり、戦後、女性は家庭に戻って〝伝統的な〟女の役割を全うせよという風潮に異議を唱えた。いわゆる第二派のフェミニストたちは、ホワイトカラーの出現を労働市場への参入の好機と捉え、女性の知能は男性のそれと同等であると訴えた。全米女性機構の一九六六年の〝志望動機〟に、ベティ・フリーダンはこう書いている。〝テクノロジーの発達により、採用条件に筋力が挙がることはほぼなくなる一方、アメリカ産業における創造的知性の必要性は高まるばかりである〟[41]。フリーダンにとって、女性が創造的知性を持っているのは理の当然だった。

ローマ神話の守護神からしてそうであるが、天才と言えば男性と相場が決まっており、多くの場合〝生殖能力〟と結び付き、歴史学者ダーリン・マクマホンが書いているように、〝性的な意味での男性のカリスマ性とパワー〟を擬人化したものだ[42]（何世紀ものあいだ、女性の肉体は空の容器になぞらえられ、生殖の材料はすべて男性からもたらされるものだった）。たまに論争が巻き起こったものの、ロマン主義者もゴルトン以後の経験的心理測定学者も、天才たりうるのは男性だけという点で意見が一致していた[43]。創造性の概念にも天才の概念と同様、男権主義的な手垢がついていたものの、概して女性にも門戸を開いていた。創造性の概念は心理学者に天才の概念に付きまとう人種差別的な手垢を洗い流す機会を与えたばかりか、ジェンダーというあらたな視野を開くきっかけも与えたのである。

ユタ会議は設立当初から、性差を議題に盛り込んでいた[44]。バロンをはじめとする心理学者たちは、ある時期、創造性において女性は男性に劣ることがわかったと主張していた[45]。性差別の耳を疑う例をあげると、アリゾナ派の心理学者ロバート・フェイヒーは、一九六二年に中学一、二年生二四八人を対象に、ギルフォードが開発した創造的思考テストの改訂版を用いて調査を行い、二年間の進歩の度合を比べると男子が女子をはるかに上回っていたと結論づけた。〝男が知的創造性にすぐれた性であることに疑いの余地はない。当然のことながら、創造性が男を男たらしめるのである。女の特性は大勢順応であり、事実を見つけ出しても理解せず反復するだけだ。むろん女もそれなりの創造性は有している――その最たるものが子どもを産むことである。しかし、女がアイディアを生み出すためには、その特性を捻じ曲げねばならない〟。つまりフェイヒーは、〝偉大な創造的思想家はすべて男だった〟ことの理由をこんな風にこじつけているわけだ。男に敵対する女性教師にはじまって企業の職場環境にいたるまで例をあげつつ、現代社会は創造的な男たちに〝女性化のプロセス〟を押しつけ、文明に重大な脅威をもたらしている、と彼は私見を交えて主張している。[*46]

だが、創造性研究はその大部分がフリーダンの主張を裏付けるものだった。一九六七年にギルフォードが行った調査などで、女性のほうが創造的だという結果がでたが、それは少数派であり、おおかたの調査では男女差は見つからなかった。一九七四年刊の〈ジャーナル・オブ・クリエイティブ・ビヘイビアー〉誌は――ウィメンズリブ運動の高まりを受け、〝安堵のため息とともに〟――こう報じている。一九五〇年以降の調査では、創造性に男女差はないというものが大勢を占めている。[*47]とくに発散的思考テストの成績で男女差は見られなかったが、女性のほうが社会的環境の影響を受けやすいという結果が出ている。[*48]女性がときに創造性をうまく発揮できないのは、発育段階で、発明の才を育む大胆さや競争心や反抗心は女らしくないと刷り込まれるからだ、というのが一般的な解釈だ。心理学者のジェローム・ケイガンによれば、女性の芸術家や科学者の創造的業績が、〝われわれがその恩恵に与《あずか》ってしかるべき数よりはるかに少ないのは、女の子が幼い頃から、友だちと仲良くしなさい、口答えをしてはいけません、と教え込まれるからにすぎない[*49]〟。第二波のフェミニズム運動が女性への抑圧を明らかにしたことで、研究者たちはもっと根本的な体系的障壁を指摘しはじめた。〝ほんものの創造的偉業を成し遂げるには、一意専心でなければならない〟と記したのは〈ジャーナル・オブ・クリエイティブ・ビヘイビアー〉誌の書き手だ。ところが、子育てや家事といった〝煩雑な作業に手間取って集中できず、その結果創造性が削がれる[*50]〟。

フリーダンにとって、労働、とりわけホワイトカラーの頭脳労働に携わることは、経済的正義の問題であるばかりか自己実現に関わる問題だ。〝女性が、男性もだが、自己を見つめ、一人の人間としての自分を知る唯一の方法は、自分だけの創造的仕事を持つことだ〟と、フリーダンは書いている[*51]。反フェミニズム論者のフィリス・シュラフリーは、反対の立場を取った。テクノロジーの発達が女性を解放したのは、職場に進出するためではなく、家庭生活を楽しむためだ。〝現代のテクノロジーと機会均等は、結婚や子どもを産み育てること以上に気高く、手ごたえがあって創造的な仕事を与えてはくれない〟と、彼女は一九七二年に記している。さらに臆面もなく偉人論を信奉し、こうつづけている。〝数世紀にわたる単調な骨折り仕事から女性を解放したのは、発明の才のある天才たちに才能を発揮させたアメリカの自由企業システムであり……ウィメンズリブの偉大なる英雄は、テレビのトークショーやピケラインで髪振り乱して叫ぶ女たちではなく〟エジソンやハウといった発明家たちだ[*52]。ベンジャミン・スポック博士のような著名な子育て専門家もまた、〝子育ては刺激的で創造的な仕事〟だと社会は認めるべきだと考えていた。女性がこぞって大学に進学して職に就いたら、いったい誰が子どもを育てるのか。

〝興味深くて創造的だという理由で男が小児科医や産科医になり、興味深くも創造的でもないという理由で女が妊娠や子育てを避けるというのは、まったくもって馬鹿げている〟[*53]。左派の論客ポール・グッドマンですら、一九六〇年に嫉妬を滲ませつつこう書いた。〝女の子は自分〝女の子は自分で何かを作り出す必要はないし、期待されてもいない。仕事で自己正当化をする必要もない。〟なぜなら、女はやがて子どもを持つからで、それこそ究極の自己正当化であり、自然で創造的な行為だ〟[*54]。この手のはぐらかしをさんざん聞かされた過激なフェミニスト、シュラミス・ファイアストーンはこう茶化している。〝ねえ、あなた、子育て以上に創造的なことはないなんて、どの口が言うのかしら?〟[*55]。

〝創造的仕事〟を巡るこの手の押し問答は、〝創造性〟という用語の発展を後押ししたという意味で興味深い。シュラフリーやスポックのような反フェミニストが、この言葉の持つ生産性や発展性を強調する一方、フリーダンは家の外で行う自立した専門的仕事——〝社会とつながるより高度な仕事〟——を通して得られる知的経験を言い表すのにこの言葉を用いた[*56]。これは、創造性を研究する心理学者が考える意味に一致するし、スポックの同僚の男たちが、自分たちの仕事を〝創造的〟と呼ぶときに意図している意味とも一致する——彼らがお産に立ち会うのは知的経験だろうが、妊婦にとってはまさに産みの苦しみだ。

フリーダンはジャーナリストで作家だったが、彼女が〝創造的仕事〟と呼んだのは芸術や文学だけではない(実際、彼女は〝家庭で絵を描いたり彫刻したり物を書いたりする幸福な主婦の姿は……女性の神秘のいうなれば幻想だ〟と考えた[*57])。フリーダンにとっての〝創造的仕事〟には、社会的仕事や政治的仕事も含まれる。それは、女性が自分のためや肉親のためにやる仕事よりも大きな〝人間の目的〟にかなう仕事だ。[*58] その意味では、創造性という言葉は、もっと古い概念——発展的で積極的な概念——を含有しているものの、家の外でやる仕事は家事よりも〝人間的〟たりうるという彼女の信念を反映したものだった。彼女にとって創造的仕事における創造性とは、かならずしも何かを創り出すことではなく（社会に認められる何らかの成果を含むものではあるが）、個人の能力を最大限に生かすことで知性や個性を鼓舞し、〝アイデンティティ〟と〝自己実現〟の媒体となるものだった。〝何かを思いついたことのない人、未知なるものを探求する危険を冒したことのない人、男女ともに潜在的に持っている創造性を発揮しようとしたことのない人は人間として豊かとは言えない〟と、フリーダンは記している。[*59] のちの批評家たちは、仕事が〝たんなる仕事〟である労働階級の女性や、経済的に自立できればよしとした労働階級のフェミニストに冷たかったとフリーダンを批判した。しかし、フリーダンは、その著作を拠りどころにしたアブラハム・マズローと同様に、筋肉ではなく頭脳が幅を利かせるホワイトカラーの社会、有意義な仕事を通じて自己実現できる豊かな社会を理想としていた。女性特有の創造性に甘んじることなく、男性が話題にする類《たぐい》の創造性で勝負したいと願っていたのである。

何を基準とするか

研究者の中には、創造的だという評判をもとに創造的人間を特定するのは、非科学的だし類語反復にすぎないと考える者たちがいた。応用化学の専門家としてユタ会議で発言した米軍労務研究局のヒューバート・B・ブログデンと、ウェスタン・エレクトリックのトマス・B・スプレカーは、〝究極の基準〟は制作物そのものであるべきだと主張した。それが絵画であれ、模型であれ、記事であれ、あるいは学説や技術であれ、〝それを創り出した人間とは別個に存在するもの〟を創り出した場合にかぎり、その人を真に創造的と呼びうる。[*60] ブログデンとスプレカーが挙げたのは、制作物で創造性を測るシステムだった。ダウ・ケミカルの研究部長ジョー・マクファーソンが提案したのは〝発明レベル〟と呼ばれる測定基準で、その人が持つ特許の数と質をもとにしている。

だが、この制作物ありきの基準にも問題がある。制作物を創造的たらしめるのは何か？　まずは、〝新しい〟ものであること。これには異論は出ないだろう。だが、どの程度新しければいいのか？　特許裁判所を満足させるのに充分な新しさ？　専門家からなる委員会を驚かせるほどの新しさ？　質量保存の法則が正しければ、絶対新規性は不可能であり、つまりは、新しさは相対的なもの、主観的なものである。そうなると、研究者たちは根本的な問題を明らかにしなければならない。教育心理学者ハロルド・H・アンダーソンはこう指摘する。〝社会や他者に認められてはじめて、その制作物はユニークだと言えるのか、それとも独自性は個人にのみ当てはまるのか〟。

後者だと考えるのが、著名な創造性研究者のモリス・スタインだ。〝三輪車にはじめてベルを取り付けた子どもは、天才が何かを創りあげてゆくのとおなじ段階を踏んでいるのかもしれない〟と、彼は記している。たとえ〝その完成形が……既存のものの再来であり〟それゆえ新しいものとして世の中に受け入れられなくても、そこに至る過程を考慮すれば創造的行為と考えるに値する。[*61]これにアンダーソンは反論する。もし創造性が個人にとって新しい何かであるなら、〝学ぶという行為はすべてが創造的プロセスであり、生きとし生けるものすべてが創造的ということになる〟。あまりに度を超しているとアンダーソンは考えた。創造性の〝お定まりの〟意味、それに創造性研究の本質は、〝独創的な価値を持つと社会に認められ、よって社会に高く評価された〟何かを創り出すことだ。[*62]英文学教授のギセリンも同意見で、創造的制作物が〝われわれの理解の領域を再構成するほどのものかどうか〟を基準に格付けすべきだと述べている。NASAの人事部長ロバート・ラクランも、創造性は〝社会的貢献が基となる科学の分野において〟測定されるべきだと考える。[*63]

だが、社会的影響に重きを置いた基準は、対象を劇的に制限するし、あまりにも主観的だ。研究者たちが好んで指摘するのは、歴史上、創造的人間の大半が生前には評価されなかったことだ。創造性研究でよく取りあげられるアン・ロウによる著名な科学者たちの精神分析的自伝の研究によると、〝個人が経験するプロセスそのものが……創作物の価値に直接結びつけられることはなく……芸術作品にしろ科学理論にしろ、最初に世に出たときは一顧だにされず、後の世代によって評価される場合もあれば、すぐに認められても後に否定される場合もある。しかし、個人が経験したプロセスはずっと変わらず創造的なのである〟[*64]。たしかに、一〇〇年も前にタイプライターが発明されたときは時期尚早だったとしても、発明した人は非創造的だったわけではなく、時代を先取りしていただけにすぎない。その一方で、現代のわれわれが理解できないものを、潜在的に価値があるものなのか、たんに風変わりなだけなのかを見分けられるものだろうか？

パラドックスは積み上がるばかりだ。創造的な創作物の定義には異を唱えなくても、それが〝創造性〟によって生み出されたものか、それとも悪運の強さによるものか、設備が揃っていたおかげか、高い教育の賜物《たまもの》かをどこで見分ければよいのだろう？　創造的創作物に辿りつくまでに、長い時間をかけたり試行錯誤を繰り返したりすることが重要なのだろうか？　あるいは、その人が生み出した唯一の創作物である場合を重要視すべきなのか？　おそらく問題なのは創造性であって、生産性ではない。過去の偉大な創造的頭脳の持ち主の中には、意義深い創作物をひとつかふたつ世に送りだしただけの人もいる。そのアイディアを基準に政府の助成金をもっとも有効活用しそうな人を特定するなら、効率性や生産性を抜きには考えられない。つねに実際的な考え方をするブログデンとスプレカーが問題視するのは、〝困難な環境で仕事をしているのか、豊富な財源や刺激的な環境が用意され（当人の努力なしに）成功が約束されているのか〟を見極めるために、彼らが呼ぶところの〝機会の不均衡〟を、研究者たちはどう調整するかということだ。[*65]

創作物は度外視すべきと考える者もいる。アブラハム・マズローはこう言っている。研究者が重視すべきなのは〝社会の役にたつ芸術や科学の完成品〟ではなく、〝インスピレーション〟

の瞬間であるべきだ、と。彼はこれを、実際に創造物を仕上げる多分に退屈な派生的プロセスとの対比で、〝主たる創造性〟と呼んでいる。〝完成品を基準にすれば、良好な作業慣行や頑固さ、規律正しさ、忍耐強さ、編集能力といった創造性とは直接関係のない特徴や、独自性にはほど遠いものとの混同が起きかねない〟と彼は思っていた。ブログデンやスプレカーのような、職場での成功の背景にあるものを理解しようとする人たちにとって、そのような特徴は意味のあることだろう。だが、マズローはそういった実用性には関心がなかった。[*66]

〝基準作成の問題〟はあまりにも厄介なので、ユタ会議は専門の作業部会を早々に設置したほどだった。この作業部会に参加したブログデンとスプレカーが頭を悩ませたのは、創造性研究に何でもかんでも含めようとすれば、共通の基盤づくりは不可能になることだった。けっきょく、彼らが提案したのは、みんなが好きなようにやることだった。〝創造性とはなんとも物議を醸す曖昧な言葉で、その解釈は十人十色〟だと彼らは結論づけた。[*67] 発明の才のある技術者を求める人は、それに見合った基準を作ればいいし、子どもの創造性に関心があるなら、それなりの基準を設ければいい。共通の基準作りは〝研究に欠かせないもの〟であり、創造性という分野を正当化するのに不可欠だとはいえ、所詮は無駄な努力なのだ。

ギセリン教授もおなじことに頭を悩ませ、こう書いている。〝創造性の研究は重大な困難に見舞われてきた。研究の対象そのものが不明確で捉えどころがなく……判断は印象に、あるいは印象を正当化したものに左右されがちで、近接基準をなんとか発展させ適応しようとしても、その正当性を唯一保証しうる究極基準によって訂正されることになる。つまるところ、創造的と非創造的の区別、あるいはより創造的なものとそれほど創造的でないものの区別は、当て推量に頼るしかなくなるのである〟[*68]。

基準作成の問題は、創造性研究が自ら招いた究極の問題ということになる。創造性に、天才とありふれた創造力、芸術作品と科学的発明の両方を含めることに固執すれば、それらの相違点をまず明らかにしなければならない。同様に、創造的偉業の心理的原因に固執し、社会的要因を一括りにしてしまうと、創造的偉業を明確に説明する機会を手放すことになり、類語反復の悪循環に陥って途方に暮れるばかりだ。

＊

戦後の心理学が生み出した創造性の概念は、その問題点も含め、最優先事項をひとつに絞り切れない心理学という職業の影響をもろに受けている。創造性研究者たちが追い求めるもの、少なくともその純粋な原型は偉大な天才の作品にある。ところが、少数の才能ある者たちによって社会は進歩してゆくという社会改革の〝偉人論〟でよしとすることは、戦後の心理学者としての実際的かつイデオロギー的立場が許さない。民主主義の時代の知識人たるもの、エリート主義的社会観をちらつかせるわけにはいかないし、官僚組織に仕える身としては、天才像はよく言って役立たず、悪く言えば忌み嫌われるものに思える。それにひきかえ創造性は、少なくとも概念上は、〝凡庸と崇高のあいだを行き来する〟ことができる。知性からも天才からも切り離されていながら、双方の核となる部分を保持している。つまり、知性の管理しやすい実用性と、天才のロマンティックなヒロイズムを兼ね備えているのである。

芸術の新しい心理学用語である〝創造性〟は、最高の偉業と日々見られる独創性をふたつながら含む概念空間を描き出す。この新しい概念は、一九世紀から二〇世紀初頭にかけて天才が果たした役割を充分に担うことができる――つまり、人類の進歩の原動力となりうるものだ。もっとも、天才の本質――活性成分――はけっして稀なものではなく、知性と同様に全国規模の研究と介入の対象となりうる。そこで心理学者たちが目指したのは、行動主義の暗い影や産業化時代の知能テストで埋もれた天才の真髄を再発見し、一〇〇万人に一人の天才のものとしてではなく、万人に分配することだった。

民主的な創造性の概念は、官僚主義の時代にもマッチする。一人や二人の天才は歓迎しても、研究所のスタッフや大学院生がそればかりなのはまずい。心理学者タヘア・A・ラジックは、〝あらたな発展を可能にする基本的アイディアは天才が生み出したものであっても、それを人びとに行き渡らせるのに必要なさらなる革新には多くの人が関わっている……ソ連の脅威に晒されるいま、創造性を天才の閃《ひらめ》きに任せてはおけない。神聖なもの、触れてはならないもののままにしてはおけない。何とかすべきだ。創造性は多くの人が持っているもので、これだと特定できるものなのだから、努力すればより多く身につけられるはずだ〟と述べている。[*69]

ラジックが指摘したように、創造性を理解することで、それを増やすこともできる。これこそが経営者の関心事だ。創造性研究は当初から、企業の人事が抱える問題に的を絞ってきたし、アメリカの大手メーカーも軍もアジェンダ作成に密接に関わり、意見を述べてきた。[*70] 例えばダウ・コーポレーションの研究部長ジョー・マクファーソンは、ユタ会議の中心的存在で、研究の進捗状況を〝Creativity Review〟にまとめ、同僚たちに定期的に配布した。同様に、企業の研究開発担当重役たちで作る産業技術研究所は、創造性小委員会を立ち上げ、メンバーに新しい研究の文献目録を配った。一九五〇年代後半になると、研究結果をまとめた書物が何冊か出版された。

これまでのところ、心理学の研究は（マクファーソンの配布物のタイトルを借りれば）〝創造的人間をいかに効率よく使うか〟に特化したものだった。[*71] まさに経営者が頭を悩ます問題だ。一九六二年、マッキンゼー・ファンデーション・オブ・マネジメント・リサーチとシカゴ大学ビジネススクールは専門家を招集して会議を開いた。その顔ぶれは、心理学者のフランク・バロン、モリス・スタイン、ジェローム・ブルーナー、それに広告業界の雄デイヴィッド・オグルヴィ、シリコンバレーのパイオニアで優生学推進論者、人を雇うのに創造性テストを用いたと言われるウィリアム・ショックレーだ。心理学教授ゲイリー・シュタイナーによれば、きわめて創造的な人間は創造性が劣る人間に比べ、〝独自の判断〟にすぐれているが、〝慣例尊重と大勢順応が苦手である〟という点で意見の一致をみた。非創造的な人間は権威に〝無条件で従う〟[*72] 一方、きわめて創造的な人間は、〝目の前にある権威は一時的なものとみなす〟傾向が強い。非創造的従業員は社交的であり、〝転職など考えず、いまの会社で出世することがいちばんの関心事で、コミュニティーに根ざし波風を立てぬ人生を送る〟。それに対し創造的人間は、

〝コスモポリタン〟と言われ、特定の組織に忠実であることはない。[*73] 大事なのは自分だけ、〝好奇心に駆られやすく、（昇給や昇格といった）外的動機付けよりも、仕事そのものがおもしろくてのめり込む〟。[*74] 創造的人間の原動力は自身の情熱だけだから、〝ごく稀で幸運なケースをのぞき〟、企業が従業員の尻を叩くために使う飴と鞭の懐柔策には見向きもしない。[*75] アイン・ランドの一九四三年のベストセラー小説『水源』（ビジネス社）の主人公、建築家のハワード・ロークのように、創造的人間はただの〝アイディアマン〟ではない。大衆社会の圧力を勇猛果敢に撥《は》ねのける個人主義者だ。己のビジョンの純粋さにこだわり、彼が共通のものとする起業家精神をもつ資本家ではなく、彼を管理しようとする官僚主義の行政官を軽蔑する。[*76] 創造的人間は管理しにくいだけでなく、評価しにくい。なぜなら、その行動を〝きわめて非生産的な行為、[*77] 例えば自由奔放さや、あてもなくぶらつくこと、あるいは不活発と切り離すことが難しいからだ〟。創造的人間を管理するのは〝管理上の謎〟、とシュタイナーは言う。[*78]

ありがたいことに、創造性をうまく利用する方法を開発した人びとがいた。創造的人間を特定してその要求に応えるのではなく、平凡な従業員から持てる創造性を最大限に引き出そうというのである。そのやり方はつぎの章で紹介するが、創造性は単一で予測不能という概念を吹き飛ばす、大勢でスケジュールに沿って創造性を発揮する方法だ。これにより、産業プロセスにあらたなビジョンが生まれた。そのひとつが、ゼネラル・エレクトリック・クリエイティブ・シンキングのインストラクター、ユージン・K・ヴァン・ファンジェが『創造性の開発』（岩波書店）に書いているように、〝もっぱら才能ある少数の貢献にではなく、多数の人びとの貢献の総和に依存すること〟である。[79] 創造的思考の〝最大の強み〟は、〝アイディアが湧くのを漫然と待つ必要はなく……綿密な計画に沿って望ましい成果をあげられることだ〟。[80] 経営者の耳には美しい音楽に聞こえるだろう。

第二章　ブレインストーミング誕生

一九五〇年、ジョイ・ポール・ギルフォードの創造性研究の新時代到来を告げるスピーチを聴いて、アレグザンダー・ファイクニー・オズボーンは椅子から飛びあがったにちがいない。彼はアイディアマンで、どうやったらアイディアを思いつけるか始終考えていた。よく語ったものだ。〝わたしは広告を生業《なりわい》にしているが、趣味は想像することだ〟と。大手広告代理店バッテン・バートン・ダースティン・アンド・オズボーン（ＢＢＤＯ）の共同創設者で社長のオズボーンは、ゼネラル・エレクトリック、ゼネラルモーターズ、ラッキー・ストライク、リーヴァー・ブラザーズ、デュポン（広告のキャッチフレーズ〝Better things for better living through chemistry（化学が生み出すよりよい物でよりよい生活）〟）などの企業の広告を手掛けた。[*1] 彼は業界用語でコピーライターやアーティストを表す〝クリエイティブ・マン〟として知られているわけではなかった。ただし、創造的思考の秘密を解き明かしたと信じて疑わなかった。

一九四二年、オズボーンは『How to Think Up（いかに考え出すか）』を著し、〝ブレインストーミング〟と名付けた方法を紹介した。企業から新しいキャッチフレーズやマーケティングのコンセプトを依頼されると、〝十数人の若手と数人の重役〟が終業後に会議室や個人宅に集まり、〝魅力的な栄養士〟が提供する夕食とコーヒーとデザートを楽しむ。みんなが満腹でリラックスした頃合いを見計らい、指名された〝司会者〟が問題を提示し、思いついたアイディアを何でも口に出すよう促す。まるで連射のように[*2]（〝ブレインストーミング〟は、部隊が敵陣を急襲《ストーム》する様を連想させるネーミングだ）。セッションのあいだは上下関係は棚上げ――〝みんな平等〟――だが、ルールは守らねばならない。批判や後からとやかく言うことはご法度、自由闊達さは奨励され――アイディアが出ないのは愚かすぎるか気負いすぎ――ほかの人のアイディアを作り直したり継《つ》ぎ接《は》ぎしたりは歓迎される。そして何よりも、ブレインストーミングは数が勝負だ。つぎつぎに出されたアイディアを書記が書き留め、たいてい数ページ分になるリストにして重役に提出する。重役は日をあらためそこから良いアイディアを選り分ける。知性は、広告代理店と似ており、〝創造性〟や〝想像力〟と〝合理性〟や〝批判力〟が半々に合わさったものだ、とオズボーンは信じていた。どちらも必要だが、互いの邪魔をしないことが肝要。現代の職場は現代人の知性に似て、批判的な部分が肥大しすぎて創造性を潰してしまいかねない。そこを補完するひとつの方法がブレインストーミングだ。一連の著書『Your Creative Power: How to Use Imagination（あなたの創像力　いかにあなたの想像力を使うか)』(一九四八年)、『Wake Up Your Mind: 101 Ways to Develop Creativeness(頭を目覚めさせる　創造性を伸ばす101の方法)』(一九五二年)、それに創造的思考の〝バイブル〟になった『Applied Imagination: Principles and Procedures of Creative Thinking(想像力を発揮する　創造的思考の原則と手順)』(一九五三年)でオズボーンが示しているのは、創造的思考は謎ではなく、特別な少数の専売特許でもなく、誰でもアイディアを思いつくスキルを身につけられるということだ。

ギルフォードをはじめ多くの創造性心理学者は、創造性を伸ばすことより、潜在的な創造的才能を見分ける方法に知恵を絞ったが、オズボーンのアプローチはそれとはちがう。一九五〇年以前に、彼は〝creativity〟や〝creativeness〟という言葉を使ったことがなかったが、ギルフォードのスピーチは彼の仕事にお墨付きを与え、彼をあらたな〝創造性運動〟のリーダーに押しあげた。彼は広告マンの顔を覗かせつつその道を邁進《まいしん》していく。一九五四年、六六歳でBBDOを辞めるとクリエイティブ・エデュケーション・ファンデーション(CEF)を設立した。そして〝創造性の大切さを社会に広めるため〟に本を出版し、ブレインストーミング・トレーナーを世界中に派遣するとともに、年に一度、バッファローで一週間におよぶ創造的問題解決講座(CPSI)を開催した。彼の考えに賛同し、そのやり方を職場に取り入れたのは、大企業や政府、それに軍隊組織だったが、彼が願ったのはアメリカ社会に革命を起こすことだった。創造性についての理解を深め実用に供すれば、夫婦喧嘩から冷戦までどんな問題も解決できると信じていたのだ。

学界や財界では、ブレインストーミングをよく言えばスケートボードやフラフープとおなじ一時の流行、悪く言えばほんものの創造性の誤った代用品、と冷ややかに見る向きもあった。しかし、自由奔放さや快楽主義に実用的で保守的な自助のメッセージを混ぜ合わせた方法は、戦後アメリカで人びとの心を捉えた。〝想像力を応用しよう〟とか〝計画的インスピレーション〟、〝大衆の創造性〟といった挑発的な矛盾語法で飾られたブレインストーミングや創造的思考は、個人の主体性や大衆社会の創意工夫を失わせるのでは、という懸念を生み出しもした。[*3]

〝豊かなアイディアで豊かになる〟

一九四七年の秋、オズボーンは鉛筆を手にソロ・ブレインストーミングをはじめた。二冊目の著書のタイトルを決めるためだ。七ページを埋め尽くしたタイトルは五八九。その一部を紹介しよう。

アイディア力
あなたのアイディア力
あなたの創造力発電所
アイディアは創造できる
創造的に生きる

考え出す力
あなたの想像力
アイディアを生み出す能力
あなたのアイディアが持つ力
アイディアの力
頭の中の埋蔵金
あなたはアイディアが豊富だ
あなたの埋もれた才能
アイディアで人生を充実させる
どんなアイディアが役立つか
アイディアはあなたをより豊かにする
アイディアはあなたの人生をよりよくする
アイディアで満たせ
考え出し立ちあがれ
豊かなアイディアで豊かになる
儲かる想像

自分は心理学者ではなく自己啓発本作家だ、と彼はよく言っていた。彼の著作には警句や逸話が満載で、タイトルは元気と富を約束する。没になったタイトルからでも、彼が何を意図していたかがわかる。アイディアは貨幣であり商品であり貴石だ（〝白昼夢からドルを〟、〝多量《ブッシェルズ》のアイディア〟、〝頭頂の宝石〟）。自然に備わった能力としての思考（〝あなたの思考をいかに利用するか〟）。タイトルの多くは指導の方向性を伝えている（〝いかにしてアイディアを摑むか〟）。誰でもアイディアを思いつけると読者の注意を喚起するタイトルも多い（〝だからあなたも想像力を身につけられる！〟）。タイトルの三分の一以上に〝アイディア〟や〝アイディアズ〟の言葉が使われ、四分の一に〝想像力〟が、半分以上に〝あなた〟や〝あなたの〟が含まれている。オズボーンの哲学はわかりやすい。一般的な認識とは異なり、誰もが生まれつき創造力を持っており、順序だった練習によってそれを伸ばし解き放つことができる。[*4]

　オズボーンは福音伝道者を自認していた。〝かつて、創造的想像力は少数の天才のみが持ちうるものと思われていた。だが、ちがう。誰もが生まれつき持っている〟[*5]と、彼は書いている。だが、何もこの方法で〝車大工を劇作家に変えられる〟とは言っていない。その人の中に眠っている創造力を最大限引き出し、〝その生産性に磨きをかける〟手助けを約束しているだけだ。[*6]この民主的な考え方と手を携えるのがプロテスタントの倫理観だ。オズボーンに言わせれば、創造的思考は仕事をするうえで必要なものだ。〝わたしは天才でもなんでもない。ただ、想像力は筋肉とおなじで鍛えれば逞しくなると経験から学んだ〟。生粋の共和党支持者でニューディール政策に反対したオズボーンは、勤勉さと自発性（〝自助努力のためのアイディア〟）を身上としてきた。消費者の生活を快適にする仕事をしてきたにもかかわらず、かつての厳しい時代を懐かしみ、現代社会がアメリカの礎となった〝独創的活力〟を弱めてしまったと思っていた。だが、産業化以前の時代に戻れと訴える代わりに、代替案を提供したのだ。それは、現代人が、〝その昔は創造力で立ち向かわざるをえなかった厳しい環境がなくなった穴を埋める手助けをする〟テクニックだ。[*7]〝あなた、そう、あなただって、考え出す力《シンクアップ》を加速《スピードアップ》できる〟と、オズボーンは得意のパンチの効いた広告コピーのスタイルで書いている。つづけて、〝やってみなけりゃはじまらない[*8]〟。

ベンジャミン・フランクリンやデール・カーネギー、ノーマン・ヴィンセント・ピールといった自己啓発本作家の警句を、オズボーンは好んで引用し、彼らに倣って伝統的なブルジョワの価値観を現代企業の現実に当てはめようとした。戦後数十年で増大した都会派ホワイトカラー層は、制御も理解もできないシステムの奴隷だという意識を強めていた。彼らに〝小自作農〟としての自覚を持たせたのが、自己啓発本作家たちだった。立身出世の逸話を使って、自分の運命は自分で決められることを教えたのである。そのジャンルは民主的に見えてエリート主義、組織的不平等を自然化し、批判の矛先を個人の振る舞いに向け、失敗はすべて個人のせいにする。オズボーンは終生共和党支持の〝富裕農民〟の域を出られなかったが、彼にとって作物を生み出すのは土地ではなくアイディアだった。脱物質主義の世界観には、資源や時間、能力、政治といった要素、それに教育や勤勉（伝統的な意味での）や機転、先見の明や勇気、悪運といった要素すら入る余地はなかった。〝ビジネスの梯子《はしご》をのぼるとき、アイディアが段となる〟と彼は書いた。〝望む仕事に就くのに必要なのは、運よりもアイディアだ[*9]〟。

オズボーンにとって、大小にかかわらず業績はすべからくアイディアに起因する。車輪から原子爆弾まで、チャーチルからイーライ・ホイットニー、グラント・ウッド、都市計画家のロバート・モーゼスまで、〝文明は創造的思考の産物だ〟。そう言われるとぐうの音も出ない。科学理論も戦場における作戦行動も、消費者向けガジェットも、子育て術も〝創造的思考〟の結果だと主張することで、個々人の業績を、誰もが持ちうる〝アイディア〟という交換可能なユニットに縮小した。それは手品に威厳を与え、オズボーンの手法の過度の単純化を実物以上に立派に見せた。ブレインストーミングをシェイクスピアのソネットと同等に扱うことで、というより、シェイクスピアがソネットを書く際にやっていたのは、まさにブレインストーミングだとほのめかし、職場での問題解決やスローガン作りを、文明の大行進の小さな一歩と見なすよう読者を誘導する。心理学者がひとつの特徴を創造性と呼んで理論づける一般化と、基本的にはおなじことだ。オズボーンもまた、凡庸と崇高に共通して含まれる成分を見つけ出そうとした。だが、オズボーンのゴールは、誰がそれを持っていて誰が持っていないかを見つけ出すことではなく、その活用の仕方をみんなに教えることだった。

創造的思考は万人の助けになる。ＣＥＦのパンフレット『頭の中の金鉱』にはこう記されている。

あなたが望むのは‥

……昇進を勝ち取ってたくさん稼ぐ。

……金になるアイディアを思いつく。

……望ましい親や伴侶になる。

……人生をもっと楽しむ。


ゴールに自力で到達する方法はあるの？

あるんです――ピッチングや輪投げにコツがあるように。

決め手はあなたの生まれ持った才能――アイディアを考えつく能力。本書を読めば、そんな能力を賢く活用できます。


〝女性も男性に負けずアイディアを考えつけます！〟と謳っているにもかかわらず、本書に登場するイラストは典型的な背広姿のビジネスマンばかり、実例は職場が舞台のものばかりだ。『Your Creative Power』でオズボーンは普遍性を喧伝したものの、〈ニューヨーク・タイムズ〉紙の書評はこう指摘している。著者は〝ビジネスにおける創造的想像力に自らを閉じ込め〟、創造性の数多くの実例は〝粉石鹸からエスキモー・パイまで〟消費者製品に偏っている。[*10]

事実、オズボーンが考える〝アイディア〟には――ほんの一、二行のわかりやすいメッセージや、簡単な行動指針が記されているだけだが――業界のテンプレートがべったりくっついている。広告会社のスローガン作りと企業の提案制度だ。第二次大戦中、原材料も人手も不足する中、意欲的な生産目標を達成するため、多くの企業は生産のスピードアップと品質向上のためのアイディアを従業員から募った。こうして広まったのが提案制度だった。軍需生産委員会の肝《きも》いりで工場には特別な箱が設置され、労働者は自分のアイディアを書いた紙をそこに投げ入れた。〝この国にはきみのアイディアが必要！〟と書かれたポスターが貼られ、企業のトップたちは〝勝利のために想像力を駆使しよう！〟と訴えた。[*11] 労働者は作業現場で得た知識を油断なく守ろうとするものだ。アイディアでもなんでもへたに上層部に引き渡せば、作業のスピードアップや慣習化、雇用削減につながりかねない。戦争という緊急事態だから労使間の連帯が芽生え、労働者が作業現場で得た知識を喜んで手放してくれることを、管理職は願った。[*12]

　提案制度は、アイディアが臨時収入を生み、中産階級を優位に立たせた好例だと、オズボーンは嬉々として指摘した。ゼネラルモーターズは、使えるアイディア一件に対し一〇〇〇ドルの戦時債権を与えた（アイディアに給料が払われている技術者やデザイナー、それに管理職は対象外だった）。五か月がすぎる頃には、日に二〇〇件の提案が寄せられるようになっていた。オズボーンによれば、数多くの工場労働者――〝プロのアイディアマン〟ではなく〝アマチュア〟――が恩恵にあずかった。グッドイヤーのアクロン工場の労働者は、提案で得た臨時収入で手術を受けたし、〝男性に比べアイディアを文字にすることが苦手な〟女性たちのグループも、航空機ホースの塗装のうまいやり方を発見した。設計監理のアイディアを出して昇進した者もいたらしい。彼ら一般男女は企業の歴史にその名を刻むことはなかったが、オズボーンは読者をこう元気づけた。〝眠っている能力や才能〟を生かせば、グッドイヤーやエジソンのよ

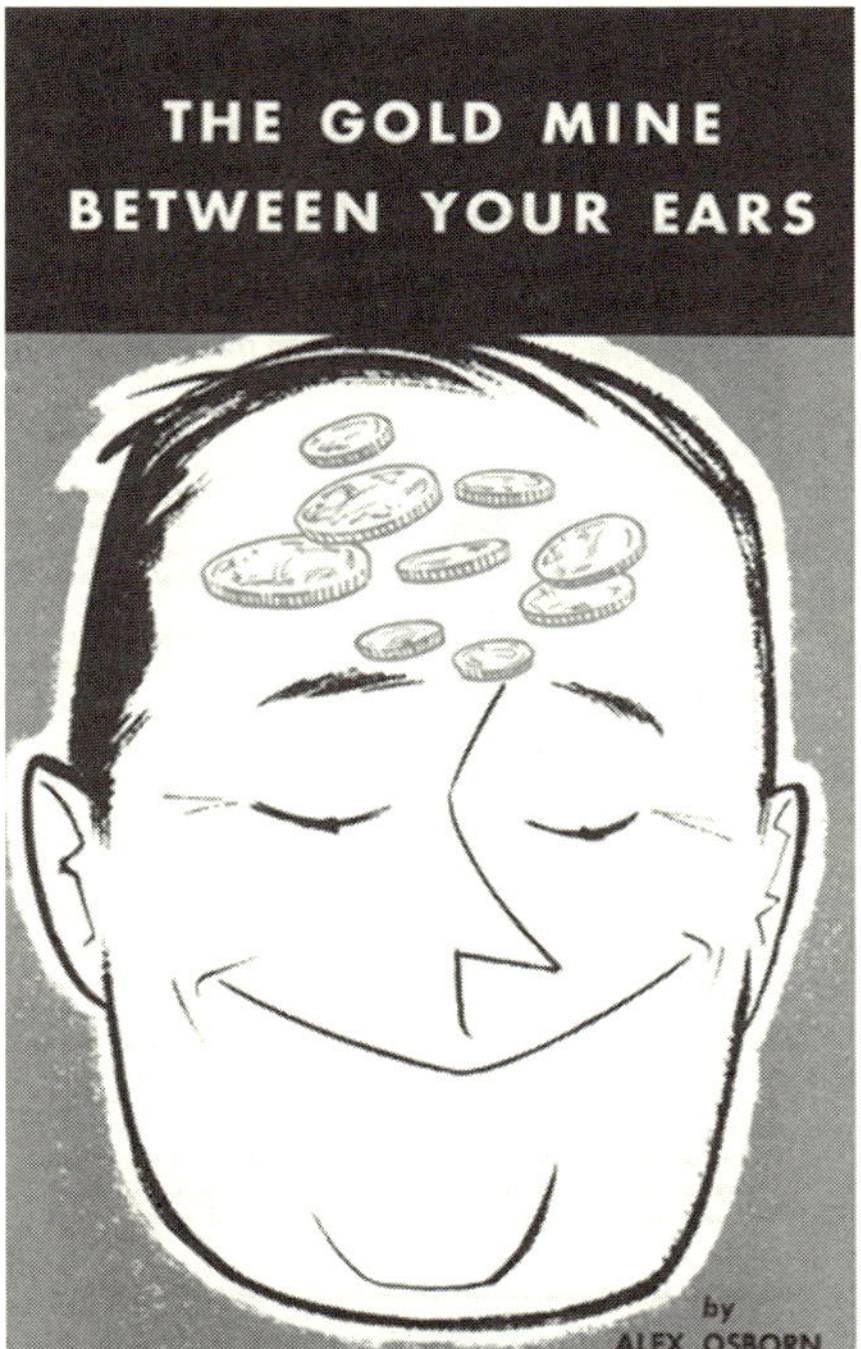

雇用主を通じて多くの読者に配布されたクリエイティブ・エデュケーション・ファンデーションのパンフレット。© Courtesy of the University Archives, University at Buffalo, The State University of New York.

うなアメリカの偉大な発明家の仲間入りができる、と。

普通の人びとでも良いアイディアを思いつけるというこの〝発見〟に、恩着せがましさや専制的なものを感じる読者もいたはずだ――一〇〇年以上つづいた資本家と管理職による強引な熟練工の解体により、労働者がただのオペレーターに格下げされたことには目を瞑《つぶ》っているのだから。[13] 誰でも独創的な考え方ができると知って、心底驚いた人がいたとは思えない。少なくとも職場で、良いアイディアを思いつくよう命じられたことなどなかっただろう。それでも、古くなった想像力の錆を落とすシステムがあるというオズボーンの売り口上は、意外だったろうし、勇気づけられるものだったろう。

ただし、オズボーンの著書は雇用者向けであると同時に、雇用主向けでもあった。〝雇用主は従業員のアイディアに飢えている。しかし、普通の従業員たちの想像力を引き出す方法を知り、引き出す努力をしないかぎり、よいボスとは言えない〟と、彼は書いている。[14] つまるところ、オズボーンがアイディアを引き出そうとした相手は、ブルーカラー労働者ではなく、ホワイトカラー労働者、特に彼らを管理する側の人間たちだった。

ブレインストーミングが飛び立つ

一九五五年から五八年までに、ブレインストーミングはいたるところで行われるようになった。一九五五年一二月五日付の〈ウォール・ストリート・ジャーナル〉紙は、一面にこんな記事を掲載した。〝ブレインストーミング　高まる関心、自由討論で鉱山のアイディアを募るエチル・コーポレーション、四五分で七一のアイディア　レイノルズ・メタルズはマーケティングプラン作成〟。ある経営幹部はこう話したそうだ。〝経験から言えることだが、この方法を使えば、一般従業員から儲かるアイディアを確実に引き出すことができる〟。[*15]一九五六年五月、〈ニューヨーク・タイムズ〉〈ニューズウィーク〉〈ニューヨーカー〉それに〈ライフ〉は、こぞってつぎのように報じた。海軍が、〝あらたな共産主義者対策を立てる会議でワシントンの想像力を〟掻き立てようと、オズボーンの仲間でブレインストーミングの熱心な伝道者の一人、エチル・コーポレーションのチャールズ・H・クラークを招聘した、と。〈ニューヨーク・タイムズ〉紙の見出しはこうだ。〝政府ブレーン嵐に備える　広告業界の手法で怠惰な思考に喝〟。一九五八年一月、女性誌〈マッコールズ〉は女性一六人からなる会議を開き、CEF代表が編み出した〝ブレインストーミングと呼ばれる手法を試し〟、夫を見つける方法を募った。彼女たちが提案した四〇四のとてつもないアイディアの中には、〝成功率の高い状況で車をエンコさせる〟とか〝医学部や歯学部、あるいはロースクールに就職する〟、〝自分より魅力的な女性と仲良くしておこぼれに与る〟などというのもあった。[*16]

まさにCEFの提灯記事そのものだ。もっとも、その裏にはたゆまぬ努力があった。セールスマンの根性と広告マンのひらめきを武器に、オズボーンは狙いを澄ました売り込みに邁進したのである。新聞記者の友人をそそのかし、コラムを寄稿し、〝ブレインストーミング〟を辞書に載せるためのロビー活動まで行った（その甲斐あって、一九六二年にはメリアム・ウェブスター社から、ご提案の言葉を考慮に入れる旨の手紙が届いた)。[17]ＣＥＦの仲間たちは全国を飛びまわり、ブレインストーミングの実演を行った。例えば、ニュージャージー州のパセイック町立学校、バブコック・アンド・ウィルコックスの原子力部門、コーネル大学心理学部、末日聖徒イエス・キリスト教会で。ある派遣員は、〝高校の生徒会、政府主催の管理職セミナー四つ、数多くの職能団体、パキスタンの政府関係者のグループいくつか、様々な社会奉仕クラブ〟でブレインストーミングの実演を行い、これからビバリーヒルズの市役所職員たちと会う予定、と報告している。[18]

このキャンペーンが興奮を巻き起こしたことはたしかだ。〝わたしの創造的想像力が飛躍的に伸びたのはすべてあなたのおかげです〟と記したのは、ミシガン州バトル・クリークの鉄道会社のクレームエージェント、アーサー・Ｊ・フェティグで、〝鉄道産業に革命を起こす〟ために〝バトル・クリーク・ブレインストーマーズ〟を創設したばかりだ。スピードマート／セブン・イレブンは将来性のあるフランチャイズ店に、『Principles and Procedures of Brainstorming』を配ったし、神学校の教師は〝創造性に大変興味があり、生徒たちの創造性を育てたい〟ので『Applied Imagination』と副教材を送って欲しいと手紙を寄越した。[19]

バッファローで毎年開かれる創造的問題解決講座（ＣＰＳＩ）に出席すると、多くの人が精神的目覚めを経験する。最初の年にファシリテーターとして参加したシドニー・パーンズは、翌年からは指導者として長く関わりつづけた。ゼネラル・エレクトリック、ゼネラルモーターズ、ファイアストン、ＢＦグッドリッチ、グッドイヤーなどの企業の研究担当重役は、当初からこれに参加し、ここで習ったことを従業員の訓練プログラムに取り入れた[20]。三年目には講座参加者が五〇〇人ちかくに達した[21]（〝Wives Club〟はケータリング業務の合間に独自の創造的思考訓練を行っていたが、CPSIに女性が招待されたのは数年後のことだった）[22]。CPSIの参加者でモトローラのCEO、ロバート・ガルヴィンは、オズボーンの新刊『Your Creative Power』を私費で購入して社員全員に配った。オズボーンによれば、CEFのパンフレット『The Gold Mine Between Your Eyes』（『Applied Imagination』を二四ページにまとめたイラスト入り短縮版）を買い求めた企業重役の数は、一九六三年に一〇〇万人を超えた。彼が一九五三年に出した創造性運動の進展に関する報告書には、創造的思考プログラムを取り入れた企業十数社がリストアップされている。例えば、アルコアやブリストル・マイヤーズ（オズボーンの友人リー・ブリストルはCEFの会長だ）、カーネーション・ミルク、シカゴ・トリビューン、クラフトフーズ、ゼネラル・フーズ、グレン・L・マーティン・カンパニー、H・J・ハインツ、IBM、フーバー、クローガー、ナショナル・キャッシュ・レジスター、ピツニーボウズ、レミントン・アームズ、RCA、レイノルズ・メタルズ、シェル、ユニオン・カーバイドなどである。

これらの企業はオズボーンの方法のみを利用していたわけではない。一例をあげると、ゼネラルモーターズの点火プラグ部門では、一九五三年にMIT教授ジョン・E・アーノルドの協力で、クリエイティブ・エンジニアリング・プログラムを作り上げた。アーノルドは最初のCPSIに参加してブレインストーミングの手法を学んだが、独自に〝クリエイティブ・エンジニアリング〟の手法を開発してもいた。彼が学生に出した課題は、架空の惑星アークトゥルスⅣから来たエイリアン向けの製品設計で、異なる生理機能と文化をもつエイリアンが相手だから、創造的思考が求められる。[*23] こういった新しいアイディアの刺激剤となる方法はCPSIと共存し、〝創造的思考〟や〝創造的問題解決〟の潮流を生み出した。もっとも、一九五〇年代後半には、創造的思考といえばオズボーンと言われるようになっていた。ある作家は、〝オズボーンが現れるまで、創造的プロセスに関心を寄せるのはひと握りの哲学者や心理学者や数学者にかぎられていた。オズボーンが著した創造性に関する大衆本が多くの人の想像力を掻き立てたのだから、創造的思考に関心を集めた立役者はオズボーンだったのである〟と、記している。[*24]

だが、ブレインストーミングはその成否はべつにして、じきに問題にぶつかることになる。

ブレインストーミングはうまくいく？

一九五六年九月一三日、広告会社ＢＢＤＯの副社長でブレインストーミングのファシリテーター、ウィラード・プルスナーは、デラウェア州ウィルミントンのデュポン本部で〝フィッシュボウル方式の実演〟を行った。〝これほど大勢のトップ・マネージメントがブレインストーミングのために集まるのは前代未聞〟と、彼は述べている。デュポンの広告部門でこの実演を企画したヴァージル・シンプソンとジェイムズ・マコーミックは、ブレインストーミングの特別チーム編成を命じられ、数か月前にＣＰＳＩに参加したばかりだった。プルスナー以外にも、ゼネラル・エレクトリックやゼネラル・フーズをはじめ数社の企業の代表が招待され、『Brainstorming at DuPont（デュポンでブレインストーミング）』と題された二四ページの小冊子が配られた。特別チームの仕事は、デュポンの様々な部署の人びとに創造的問題解決の手法を教えること、小冊子の配布、そしていちばん重要なのは特定のプロジェクトのためにブレインストーミング・セッションを行うことだった。歴史学者カイル・ヴァンヘマートによると、取り組むべき問題がある経営者は、〝特別な訓練を受けた〟座長に命じて有能なブレインストーマーのグループを結成させ、場所を確保し、会議を開かせるだけでいい。[*25]

一九五六年一〇月までに、グループは一一回のブレインストーミング・セッションを行った。翌年六月には、テキスタイル部門の部長が、ナイロン製安全ベルトの販売アイディアを募るセッションを要請した。出されたアイディアは九九で、中には蛍光色の安全ベルト、クレジットカードや煙草をおさめられるポケット付き安全ベルト、子ども向けのミッキーマウスやデイビー・クロケットをテーマにした安全ベルトなどがあった。社内で使用するブレインストーミングの新名称を決めるブレインストーミングも行われた。一七五の提案の中には、〝頭蓋骨《スカル》・セッション〟や〝頭蓋会議〟、〝シンクアトリウム〟、〝アイディア・ポプリ〟、〝思考道具〟、〝思考的な《ソウタキュラー》〟などがあったが、けっきょく〝ブレインストーミング〟に落ち着いた。[*26]

プルスナーの来訪で一気に弾みがついたものの、マコーミックは、〝いまのところ、ブレインストーミングは作物で喩《たと》えれば種を撒いて世話をする段階だ。収穫はまだ先の話〟と記している。一九五七年三月、シドニー・パーンズはデュポンに、夏のCPSIに出席して経験を共有してくれないかと打診の手紙を送った。ブレインストーミングの流行に翳《かげ》りが差していたからだ。現にマコーミックはシンプソンにこう打ち明けている。〝(CPSIに)参加して、われわれがなぜ、どんな活動をしてきたかを話すことはできる。でも、具体的な結果を示せと言われたら困る。そこまでの下地はできていないからね。われわれの経験にはばらつきがある――あちらこちらで目覚ましい成果はあがっているけれど、望ましい全体像は描けていない〟。けっきょくシンプソンはパーンズに、わたしもマコーミックも残念ながら出席できません、と返事を出した[27]。その代わりに、ブレインストーミングの成功例をいくつか記した短いリストを送ったが(例えば、新製品の宣伝の仕方――一五二アイディア――そのうち三三を審査――七件を使用、修正、積極的に検討)いささかバラ色すぎるきらいがあった。それでも、プルスナーはCPSIで発表し、ブレインストーミングの大成功例とデュポンの特別チームを讃えた。

デュポンのブレインストーミングの座長は、形式主義の官僚社会における創造性のシステムは官僚制度そのものに妨害されることを早い時期に気づいていた。数か月かけて数百のアイディアをリストアップして社内にまわし、選り分け、該当部門に戻しても、質が量を上回ることはまずない。カイル・ヴァンヘマートは、〝一九五〇年代のデュポンのブレインストーミング・セッションの丹念な記録は、ろくでもないアイディアを見事に記録した経営史に残る資料である〟と記した[28]。

ブレインストーミングを疑問視する声が広がりはじめた。一九五六年秋の新聞の見出しを見てみよう。〝ブレインストーミング　救い？　呪い？〟、〝ブレインストーミング　いんちき？ためになる？〟、〝ブレインストーミングがうまくいかないのはなぜか？〟。翌年には、無線技術者協会の会報に〝ブレインストーミングの限界〟と題された記事が載った。[*29]駄目押しは、イエール大学教授ドナルド・テイラーが一九五八年六月に著したブレインストーミングの詳細な科学的研究の本だった。彼はイエール大学の大学院生四人を対象に、四人で集まってブレインストーミングをした場合と、一人で考えた場合のアイディアの量と質を比較し、〝グループでブレインストーミングを行うと創造性が抑制される〟と結論付けた。[*30]この年、CPSIの参加者は前年の五〇〇人から二〇〇人に激減した。[*31]

ブレインストーミングに対する反発は、イデオロギー的色合いも帯びていた。イエール大学の研究によって、たんにブレインストーミングだけでなく、グループは創造的たりうるという考えそのものを疑問視する声があがったのである。〈ニューヨーク・ヘラルド・トリビューン〉紙は、〝イエール大学個人を支持〟ともちあげ、深遠なる哲学的問題が危うくされたかのように報じた。[*32]〈プリンターズ・インク〉誌のオピニオン・ライターは、〝グループは創造的ではなく、個人は創造的である〟と書き、ブレインストーミング・セッションは〝個人をグループの下に位置づけるので、表面的かつ機械的になりがち〟と決めつけた。[*33]名指しこそしなかったが、ウィリアム・ホワイトは『組織のなかの人間』（東京創元社）を執筆中、ブレインストーミングを念頭に置いていたはずだ。〝創造的仕事〟は〝委員会〟によってなされうるというのは、社会倫理の〝誤った〟信念の最たるもので、〝人は大勢の中にいると考えなくなる。話し合い、情報を交換し、裁定し、歩み寄ることはできても、大勢では考えない。まして創造的にはなれない〟と書いている。[*34]

ブレインストーミングに対するもっとも辛辣な批判は、この方法が誕生した広告業界から出ている。ＢＢＤＯのライバル会社、オグルヴィ・アンド・メイザーの会長デイヴィッド・オグルヴィは、ブレインストーミングを〝ドアを閉めて仕事にかかるより、会議室で無為のときをすごす怠け者をつけあがらせる道具〟と手厳しい。[*35] とりわけ厳しい批判が出たのは、一九五八年にニューヨークの小粋なホテル、ウォルドーフ・アストリアで開かれた創造性会議の席でのことだった。〝アイディアを思いつけるのは個人だけだ。ブレインストーミングなんてもうたくさん〟と言ったのは、アップジョンのＷ・ジョン・アップジョンだった。スタンフォード研究所所長のＥ・フィンリー・カーターは、こういった〝新機軸ははっきり言って疑わしい〟、と述べている。コーキンズ・アンド・ホールデン・エージェンシーの会長で会議の司会を務めたポール・スミスはイエール大学の研究を例にとり、ブレインストーミングを〝集団浅慮の一種であり……創造性プロセスをほとんど理解していない〟と批判した。オズボーンがさかんに売り込みをかけた業界最大手ＡＣスパークプラグの創造性プログラム担当重役、ウォルター・Ｊ・フリースですら、ブレインストーミングは自社で用いているいくつかのアプローチのひとつにすぎず、〝ブレインストーミングを創造性の同義語とみなす組織がある〟としても、現実的な創造的成果を得るためには〝ブレインストーミングの先を行かねばならない〟と述べている。[*36]

『北北西に進路を取れ』や『黄金の腕』などの映画のタイトルデザインやポスター、企業のロゴで知られるグラフィック・デザイナー、ソール・バスは、シュンペーターやホワイト、それにオズボーンにも賛同している。つまり、大量生産を効率的に行う原動力が、〝システムの活力を維持するのに必要なもの……すなわち創造性〟を〝生み出した〟とする考えだ。[*37] ただし、ブレインストーミングは創造性の代用品にすぎず、〝ブレインストーミングの最大の危険は……それなりのアイディアを生み出しうるのかという問題ではなく……バラバラにして製造ラインに嵌《は》め込《こ》むことで創造的プロセスを歪めてしまうことだ〟とバスは考えた。彼にとって〝創造性とはトータルなプロセス〟であり、心理学者カール・ロジャーズが一九五四年に著した創造性に関するエッセイの一節を引用し、こう述べている。〝それは個人の経験から切り離せるものではなく、毎週木曜の午後に蛇口をひねったら出てくるようなものでもない。毎日九時五時で働くものでも、残業すれば生まれるものでもない〟。問題の根っこは、ブレインストーミングがグループに拘《こだわ》ることだ。〝アイディアの歴史を紐解いてみても、グループから出てきたものはひとつもない。偉大な理論も見解も……新しい哲学も、もとになるのは一人の人間の考えだ〟。さらにバスはブレインストーミングをミッキーマウス・ビジネスと一蹴し、〝見た目や宣伝文句で売るアイディア商品を生み出すのに使えるぐらいだ〟と切り捨てた。[*38]

創造性会議でウィラード・プルスナーは、この二日間、発言者が相次いで彼の仕事を貶したので、〝身の置きどころがなかった〟、と述べ、あらゆる産業でブレインストーミングが成功した例を満載したＣＥＦの報告書を振りながら、ブレインストーミングは〝巧妙な仕掛けでも目新しい道具でもひねりでもない〟ことを強調し、イエール大学の研究も、ブレインストーミングに失敗した企業も、ＢＢＤＯが二〇年かけて開発した手順を正しく踏んでいなかったのだ、と反論した（一例を挙げれば、ブレインストーミング・セッションは三〇分から一時間かけて行うべきなのに、ドクター・テイラーは学生に二〇分しか与えなかった）。オズボーンはブレインストーミングをあくまでも〝追加のツール〟と言っているし、バスをはじめ誰にでも、白黒をはっきりさせるための資料を送る、とプルスナーは言い切った。[*39]

壇上にいたバスは納得せず、気分を害したようだった。〝ブレインストーミングに関する報告書なら持っている。たしかクリエイティブ・エデュケーション・ファンデーションとか言う団体が出した〟評判の報告書も含めて、とプルスナーを牽制し、問題はやり方そのものではなく、それが〝創造性の代用品でなおかつシンボル〟になっていることだ、とやり返した。さらにつづけて、〝われわれが必要とするほんものの創造性や興奮や活力といったものを得るには、この方法はあまりにも浅薄すぎることを理解しようじゃありませんか〟と結んだ。むろん彼らの業界でも、〝ひねりや目新しい道具や巧妙な仕掛け〟に依存してはいるが、〝われわれに必要なのはそれ以上のものだ。これはほんの泡《あぶく》にすぎない〟[*40]。会議の聴衆の多くが、バスから実践的なアドバイスを引き出そうとこんな質問をした。〝視覚的なテクニックやアプローチにおいて、新しい視覚的創造性をどこに求めればいいのでしょう？〟。バスの答はシンプルであまり参考にならないものだった。〝新しい創造性をどこに求めるかって？　個人にですよ。言えるのはそれだけ〟。司会のスミスはこれ以上議論しても埒が明かないと察し、さっさとまとめに

カリフォルニア州サンタモニカのRANDコーポレーションで行われたブレインストーミング・セッション。ブレインストーミングは寛いだ姿勢でやることが推奨された。階段に座るのは出されたアイディアを記録するアシスタント。© Leonard McCombe / The LIFE Picture Collection/ Shutterstock.

入った。

この気まずいやり取りが示しているのは、ブレインストーミングが、個人か団体かという全国規模の議論の避雷針になっていることだ。さらには、創造性の矛盾する概念を明らかにしてもいる。バスにとってほんものの創造性とは、普通のアイディアではなく偉大なアイディアだ。広告や商品に見出せるようなアイディアではなく、高度な思考から生み出されるものだ。一方、プルスナーやオズボーンをはじめブレインストーミングの伝道者たちは、ブレインストーミングをただの巧妙な仕掛けではなく、日常の問題を解決し、バスが指摘したように、巧妙な仕掛けを生み出すものだと考えている。つまり、彼らの食い違いは、ブレインストーミングが〝機能する〟かどうかではなく——学界でも議論百出の、基準をどう定めるかの問題にも通じる——創造性をどう見なすかという点にある。

人類が抱えるほとんどすべての問題を解決

オズボーンはなにも、周到な創造的努力によって解決できない問題はないと思っていたわけではない。彼が強く願ったのは、彼のやり方が職場以外でも活用されることだった。初期の著作ではもっぱら個人の問題に的を絞っている。例えば軍隊にいる恋人に手紙を書くときには、〝退屈な日常を書き連ねる代わりに、楽しいことを思い浮かべてみてはどうだろう？〟と記している。あるいは、〝うまいアイディアを思いつくことができれば、余計な諍《いさか》いは起きず〟兄弟仲良く暮らせる。離婚率が急上昇すると、夫婦が〝想像力を巡らせることで困難を乗り越えられる〟方法はないかと知恵を絞った。[41] しかし、彼は創造性運動が勢いを増すにつれ野心的になっていった。第二回ＣＰＳＩで企業のトップや高級将校を前に、オズボーンは檄《げき》を飛ばした。

最近になって、想像力がほとんどすべての問題を解決する鍵となりうることが明らかになってきました……より創造的になることで、自分自身もまわりもよくすることができ——その結果、生活水準はよりいっそう高くなるのです。創造的になることによって、世界中に永久平和をもたらす方法が見つかるかもしれません。[42]

都会の〝人種暴動〟やキューバのミサイル危機といった政治の行き詰まりも、創造的思考で解決できる、とオズボーンはしばしば述べた。彼は冷戦を〝アイディア戦争〟と捉えていたが、言わんとしたのはイデオロギーの衝突ではなく、兵器開発競争だった。アメリカは〝アイディアを生み出すことに傾注〟すべきと述べ、ブレインストーマーを集めた秘密の政府パネルを設置したらどうかと提案した（兵器研究にかかる費用に比べたら微々たるものだ）[*43]。国務省に創造的人間を集め……世界中の人びとと友情を結ぶ方法を考え出してもらえばいいのに、と彼は思っていたぐらいだ。[*44] オズボーンに言わせれば、あらゆる問題は想像力不足によってもたらされる。

オズボーンの究極のゴール、言い換えればクリエイティブ・エデュケーション・ファンデーションの使命は、全国の学校に創造的思考を持ち込むことだった。ほとんどすべてのキャンパスに、フランス・クラブやスペイン・クラブ、ドイツ・クラブすらあるのに、どうしてアイディア・クラブがないのか。[*45] どの学校も創造的思考のクラスを設けるべきで、創造的思考の技術を基礎教科として取りあげるべきだ。彼が思い描いたのはまさしくアメリカの教育改革だった――すべての生徒に〝創造性を吹き込む〟べきだと、彼は冗談交じりに語っている。[*46]

一九五七年、ＣＥＦの努力が実って、およそ二〇〇〇のクラスで『Applied Imagination』の原理が教えられるようになり、独立した創造的思考コースは増えつづけている、とオズボーンは報告している。コーネル大学とマカレスター大学は新入生のオリエンテーションにブレインストーミング・トレーニングを取り入れ、オズボーンが理事を務めるウェバー州立大学は、創造的問題解決コースを受ける前に『Applied Imagination』を買って読むことを全学生に義務付けた。創造的思考を取り入れたコースは、畜産から法律、武器体系まで多岐に及んだ。士官学校や予備役将校訓練団（ＲＯＴＣ）で急激に普及した――一九六〇年までに三七〇〇〇の空軍兵士が創造的思考コースを履修している――が、やはり盛んだったのがビジネススクールや専門学校で、とくにマーケティングや工学の分野で顕著だった。[*47]

そうは言っても、教育の遅々たる歩みにオズボーンは苛立ちを募らせていた。教養学部の大多数の教授が、以前から創造的思考を教えていると言い張り、〝われわれの申し出を撥ねつける〟と不満をもらす[*48]（オズボーンは納得がいかず、仲間を派遣して大学の哲学や心理学の教科書を調べさせたところ、〝創造的想像力〟はどこにも見当たらなかった）。オズボーンの苛立ちは、創造的思考の捉え方の違いに起因する。抵抗を示した教授たちの念頭にあったのは、いまなら〝批判的思考〟と呼ばれるものだ。それは、芸術や文学、科学における偉大な作品を読み議論することで学生の心を開かせ、独自の解釈に至る下地をつくることだった。専門的で職業に結びつくアプローチ、あるいは古典的なアプローチを学ぶ大学院に比べ、教養学部でなら〝創造的教育〟の基礎を教えられるというのがオズボーンの考えだ。[*49]

いまで言うところの〝批判的思考〟に固執する教養学部の教授たちは、〝職業教育重視主義に染まっている〟とオズボーンは言う。オズボーンは実用主義者を自認しているが、それでも、〝わたしは教養学部で学んだが、学生が卒業後にうまくキャリアを積んでいく一助となりうる思考方法を教えることがなぜいけないのか、理解できるほど知的ではない〟と記した。[50] アカデミックな心理学者および専門家全般が標榜する慎重すぎる思考方法に比べ、オズボーンの提唱する思考方法は手堅くて結果志向だが、彼はそこに誇りをもっていた。彼がCEFのレターヘッドに印刷したマントラ（アインシュタインにちなんだろう）は、〝想像力は知識より大事だ。彼は国がR&D（研究開発）に莫大な予算をつけることには賛成でも、〝慎重な創造的努力〟――つまりブレインストーミング――なしには、科学者はその金を最大限に生かしきれないと繰り返し言っている。また、〝国が実情調査にばかり金を投じ、見つかった事実に創造的思考を適用する段になると予算が尽きている〟ことに怒りをぶつけてもいる。彼の創造的思考の〝バイブル〟のタイトル〝Applied Imagination〟は、当時、工業研究（それに冷戦をテーマにした学術研究）を基礎科学と区別するため用いられるようになった〝applied science《応用科学》〟という用語のもじりだ。この言葉をタイトルに掲げることで、自分がやってきたことはすべてアイディアに結実させるためであると、彼は明確に示した。アメリカのすべての子どもたちを、広告業界が生み出し産業が鍛えた創造的思考メソッドで訓練するよう教育者を説得することに、オズボーンが後半生を捧げた背景には、商業こそが社会のモデルであるべきという世界観があった。

この反知性主義は、戦後アメリカで盛んになった、リベラルな左派知識人と、ビジネスとポピュリストの社会的保守派が合体した勢力との、大々的文化戦争を受けたものだ。社会的保守派は左派知識人を〝頭でっかち〟――常識や庶民性に欠ける、頭も肝っ玉もない人間――と揶《や》揄《ゆ》した。ニューディール政策を担った大学教授陣や技術系出身官僚《テクノクラート》、それに〝社会工学者《ソーシャルエンジニア》〟は、社会的構成主義かつ文化相対主義になりやすく、人種差別廃止から消費者保護まで広範囲の問題に政府が介入すべきだと主張する。これに対しオズボーンは、社会をよりよくするのは個人の力だという考えであり、当時主流だったテクノクラート主導の〝研究〟を陳腐で脆弱と決めつけた。[*51]

オズボーンが掲げる――提案カードや秘書のメモ帳の内容にぴったりな――〝アイディア〟至上主義は、浅薄な問題解決主義へと移っていった。一九五六年の第二回CPSIで少年非行を取りあげたぐらいだ。一五人（男性一三人女性二人、ほぼ全員財界人で全員中年）から成るパネルが、たった二〇分で一二五のアイディアを出した。主催者側がよいと判断したのは、作文コンクール、定期的教会通い、クラブ活動の奨励、それにいささか手前味噌だが、創造的思考クラスを設けブレインストーミングで地域に貢献させるというものだった。

当時、少年非行はソーシャルワーカーや心理学者、社会学者を中心に熱心に議論された問題で、原因は道徳なのか社会なのか、心理的なものか経済的なものか、そもそも問題が存在するのかどうかで意見は二分した。[*52] ようするに、ブレインストーミングをやったところで解決策は出てこない。この問題の主旨――〝一〇代の子どもたちが非行を軽蔑し法律を守ることを賛美するよう仕向けるにはどうしたらいいか？〟――が、そもそも解決策を出しにくくしている。若者の法律に対する姿勢の問題だと最初から決めつけずに解決策を見出すのは、並大抵のことではない。

可能性を狭めていくことが、ブレインストーミングの構成要素だ。はじめに問題の枠組みを決め、最終的に上層部が解決策を選択するという構成なのだから、真に革新的なアイディアが出るようには作られていない。哲学者で文学者のミハイル・バフチンがカーニバル的と呼んだように、伝統的序列を一時棚上げにし、底辺の人間に鬱憤を晴らさせたのち、伝統的序列を復活させるという特別な機会なのだ。ブレインストーミングのセッションでは、一時間ほどのあいだ、道化になって余計な口を叩くことが奨励される。その後は、それぞれの持ち場に戻って通常業務を行い、上下関係も元に戻る。ブレインストーミングが具体化するのは、管理された革命であり、無秩序や個人主義、不合理、遊び気分や無礼な言動も、度が越さないよう制御できるという約束だ。ようするに、株式会社資本主義は、大方の批判に反して、人間がすべからく持っている尊いエネルギーを目の敵にしているわけではない。[*53]

ブレインストーミングは産業界で攻撃の的になり、大学の教養学部から拒絶されたものの、オズボーンは学術的な創造性研究になんとか食い込み、自分のメッセージを正当化し拡散しようと躍起になった。一九五六年、彼はシドニー・パーンズを助教としてバッファロー大学経営学部に送り込み、同時にバッファロー大学拡張プログラムの創造的教育責任者に就任させた(当時、オズボーンはバッファロー大学の副理事長だった)。組織心理学の学位を持つ若いパーンズは、一九五五年の第一回CPSIに参加してこれぞ天職と感じ入り、翌年は会議を主催する側にまわった。パーンズは助教の職を得て、オズボーンのメソッドを教え、検証する機会を得た。一九五五年、CEFはバーナード大学の心理学教授に委託され、『Applied Imagination』

のメソッドの効力を調査した。決定的な結果は得られなかったものの、オズボーンの〝判断の先送り〟理論は、発散的思考や曖昧さに対する耐性といった学術的理論と相関関係があることが認められた。[54]これには励まされただろうが、より否定的な（ある意味より信用できる）イエール大学の研究がはじまると、一九五九年から六一年にかけてオズボーンのメソッドに批判的な記事が多くなり、パーンズは例をあげて反論するのに必死だった。例えば、ブレインストーミング・セッションでよい成果をあげる学生の九四パーセントまでが、ブレインストーミングの訓練を受けていた。[55]パーンズは、一九六三年に教育省から二年間四六〇〇〇ドルの助成金を得て、創造的思考教育の効果を研究することになった。胡《う》散臭《さんくさ》いと揶揄されてもオズボーンの信念は揺るがず、パーンズの研究を喧伝し、この研究により〝創造的能力は意図的かつ目に見える形で育てられる〟ことが証明されるだろうと断言している。[56]

　創造性研究の主流派の態度はもっと控え目だった。イエール大学の研究はメソッドの有効性に重大な疑問を投げかけたが、それより基礎的なレベルの研究者たちは、オズボーンとパーンズが取りあげている創造性は、自分たちが考える創造性よりも内容の乏しいものだと考えていた。彼らの主張はこうだ。ブレインストーミングを習った者たちがブレインストーミング・セッションで成果をあげたからといって、創造的能力が育ったことにはならない。創造的能力はブレインストーミング能力よりも大きなもののはずだからだ。ブレインストーミングに似ていると言われる発散的思考だけでは、創造的思考の全体像を描けないのに、オズボーンもパーンズもそのふたつをまったく同じもののように扱っている。

研究者からは熱心すぎるし単純すぎると見なされていたオズボーンだが、当の本人は、当時の科学的研究が不必要に複雑化しすぎて遅々として進まないことに苛立ちを募らせていた。彼が提示した折衷案は、CEFは大衆に〝創造性の算術〟を教えるから、〝ほかの連中は成果の算出に専念しろ〟というものだった。[*57] たしかに、オズボーンと資格を持つ専門家たちはべつの獲物を追っていたのだ。オズボーンが目指したのは、〝そこいらにいるトムやディックやハリエット〟の創造性を高めることであり、創造性研究に携わる心理学者たちが関心を寄せたのは、生まれながらの偉大な創造性を特定することだった。

ただし、オズボーンもいいところを突いていた。ブレインストーミングはたしかに、ギルフォードたちが考案した創造性テストの核心部分である発散的思考課題とよく似ている。創造性には変わりうるという一面があるとすれば――あくまでも仮定の話だが――教育によって伸ばせるかもしれず、そうなれば社会に多大の利益をもたらし、創造性研究にはずみをつけられるだろう。一九五九年、カルヴァン・テイラーは、パーンズをユタ会議の創造性〝育成〟を研究する下部部会の長に任命し、教育心理学者エリス・ポール・トーランスは、創造性を教育によって伸ばせることを示した功績でオズボーンを讃えた。創造性は学んで身につけられるというオズボーンの信念が、正式に認められたのである。

バッファロー大学の〝応用創造性〟一派と、学術的創造性研究との連携はその後さらに強固なものとなった。バッファロー大学は一九六〇年代はじめに私立大学からニューヨーク州立大学の傘下に入って公立大学になったのだが、一九六三年にはカルヴァン・テイラーの研究助手だったゲイリー・クーリーを雇い、パーンズとともに〝創造性教育〟の研究にあたらせた。[*58]一方、テイラーは一九六二年にユタ大学ではじまったCPSIに似た夏季の創造性ワークショップを主催している。このワークショップで使われたCEFの『A Source Book for Creative Thinking（創造的思考の原典）』はパーンズが編集したもので、ギルフォードやバロン、テイラー、トーランス、アブラハム・マズローの研究と、オズボーンやジョン・E・アーノルド、ブレインストーミングの強敵シネクティクスの発案者ウィリアム・J・J・ゴードンのケーススタディが肩を並べている。それから数十年、一九七〇年代に学術研究が下火になった後も、バッファローは創造性グループの避難所でありバックボーンでありつづけた。ギルフォードとマッキノン、バロン、トーランスはCPSIの常連でCEFの理事も務め、特別功労賞に輝いた者もいた。オズボーンが七七歳で亡くなった翌年の一九六七年、〝彼が警鐘を鳴らしたおかげでこの運動がはじまった〟とオズボーンが信頼を寄せ、その研究により〝見つかったあらたな事実が創造性教育運動に力を与えた〟と称賛したギルフォードが、追悼文を記している。その内容は、創造性への理解を深め、〝人類最大の難問を解決する〟ための〝創造性教育〟の大切さを説いたオズボーンとパーンズの、この分野における功績を讃えるものだった。[*59]

＊

〝創造性運動〟に邁進した一〇年間で、マスコミに注目され、産業界にその考えが急速に広まったにもかかわらず、象牙の塔にその考えを浸透させるまでには至らなかったことで、オズボーンはその改革の潜在力がまだ不足していると感じていた。軍や産業界の人びとが彼のメソッドを率先して取り入れてくれたことに驚きはしなかったが、〝人が抱える問題〟の解決となると、〝科学研究がよりよい製品を作るために行う意識的な創造的努力〟がなされていないと嘆いた。[*60]

自分のアイディアで世界を変えられるだろう、と彼は信じていたのである。それはたくさんのアイディアを生み出すアイディアだ。そこらにいるトムやディックやハリエットから湧きだすアイディア。創造的思考はたしかに多くの企業で取り入れられるようになったが、オズボーン印の創造的思考はただの職業スキルではなく、反響を生み出す鍵だ。それは彼の一生の仕事に社会的意義を与えたばかりか、創造的思考訓練を受けた従業員、あるいはブレインストーミング・セッションに参加した従業員に、自分たちは変化を起こす起爆剤になれるという自信を与えた。その一方で、管理職にとって創造的思考は、企業の雇用制度が新しいアイディアの流れを遮断するというシュンペーター的ジレンマを回避する道だった。

おなじ頃、別の捉え方で創造性に取り組んだ人たちがいた。たんなるスキルではなく、意のままにはじめて終わらせられる手続きでもなく、思考方法でもなく、生命力そのものだという捉え方だ。つぎの章で取り上げるのは、そのような捉え方をした人びとだ。彼らは別の関心を持って創造的会話に挑んだのだが、それは〝創造性運動〟に希望を託したオズボーンの思いを磨きあげ、別のやり方で補完するものでもあった。

第三章 — 自己実現としての創造性

一九五二年、シラキュースで開かれた創造性に関する学術会議から戻った心理学者カール・ロジャーズは、〝創造性理論に向けて〟と題した本を出版した。

創造性の推進力となっているのは……自己の潜在能力を発揮しようとする傾向である。それは人間も含めあらゆる有機体に顕著な指向的傾向——拡張し、延長し、発達し、成熟しようとする衝動——であり、人間はもとより、有機体がその能力のすべてを表現し、実現しようとする傾向だ。この傾向は、幾重にも重なる心理的な防御壁の奥に深く埋もれ、その存在を否定する精巧な外観の裏に隠されている。しかし、わたしは思うに……それはすべての人の中に存在しており、適切な条件が揃って解き放たれ、表に出ることを待っているのである。[*1]

彼がここで示したのは、当時の研究者たちとはまったく異なる創造性の捉え方だった。ギルフォードやテイラーといった心理測定学者が、創造性を知的能力と捉えていたのに対し、ロジャーズはもっと広がりのあるもの、満開を迎えた人間の自己表現と捉えた。この捉え方には、臨床心理学者であるロジャーズの専門的バックグラウンドが反映されている。彼の関心は集団を定義し分析することよりも、個人が幸福感や満足感を得る手助けをすることにあった。まず何よりも創造性を大事にすることに、彼は意欲を燃やしていた。産業界に〝専門技術者の数は足りている〟のに、革新的思考家は少ないという〝才能〟問題に、ロジャーズは異を唱えることはなかったが、彼がもっとも恐れたのは、ソ連に先を越されることではなく、テクノロジーの変化のスピードそのものだった。〝建設的であれ破壊的であれ、知識が驚くほどの速さで発展して素晴らしき原子力時代に突入し、正真正銘の創造的適応が、万華鏡のような変化に遅れないための唯一の可能性になっているように思える〟と、彼は書いた。この適応――技術面よりも社会的、文化的適応――だけがわれわれを救いうる。〝創造性欠如のせいで、われわれは世界全滅の危機に瀕するかもしれない[*2]〟。ロジャーズの心配はそれだけに留まらなかった。フォーディズム（自動車王ヘンリー・フォードの経営理念）の秩序が、個人の意義を奪い取っていることだ。〝創造的仕事〟はトップが独占し、大衆は職場で退屈し、余暇を〝受け身〟で〝管理された〟活動に費やす。産業社会は〝服従へと向かう傾向〟があり、そこでは〝独創的であることや人とちがうことが危険視される〟。この衝撃は、軍事的、経済的不安をはるかに上回るものだ、と彼は考えた。

ほかとはちがう捉え方を示したものの、彼が一九五四年に著したエッセイは、創造的文学および人間性心理学運動の古典となった。彼のコメントが表しているように、人間性心理学は現代社会に懐疑的だが、脱物質主義の時代に人間の潜在能力が花開くことについては楽観的だった。伝統的な心理学者は機能不全ばかりに傾注し、人びとを正常にしようとするが、人間性心理学では正常を服従と同一視し、人間の繁栄や自己表現、個性化に目を向ける。[*3]

人間性心理学運動の三人の立役者、ロジャーズとアブラハム・マズロー、ロロ・メイの影響は、創造性研究の広い分野にまたたく間に広がっていった。さらには現代の創造性文学にまで影響を与え、教育からマネジメント、精神性、自助に至るまで、あらゆる場面で引き合いに出されている。[*4] 軍事産業が抱える不安は初期の創造性研究に拍車をかけたが、人間性心理学のパイオニアたちの関心は創造性の概念に向けられ、広い領域の学術論文に彼らの影響が散見されたことは、実用的な理由以上に、創造性が戦後の心理学の鍵となることを示している。事実、創造性は、創意工夫の才よりももっとロマンティックな何かを内包しており、心理学の分野にも社会全般にもはびこる相殺的傾向のせいで、組織化された社会は非合理的なものや芸術的なもの――ようするに〝人間らしさ〟とみなされる諸々の特質――を窒息させるという確信を生み出した。人間性心理学者の著作の多くは初期の創造性研究への明確な挑戦であり、創造性研究は必要以上に還元的かつ功利的で、性差別的ですらあると批判している。しかし、創造性と自己実現は深いところでつながっており、それを定量化できる資源として扱うのは無駄足だと主張しながらも、戦後心理学のテクノロジー重視を、逆説的にではあるが認めてはいる。

マズロー対創造性

一九五七年四月二六日、アブラハム・マズローはヴァージニア州フォート・ベルヴォアで『創造性の感情的遮断』と題する講演を行った。その前年、第一五〇工兵隊の隊員たちがCEF主催のブレインストーミング訓練に参加していたので、マズローが異なる見解を示してくれるのを上層部は期待していたのだろう。こんなに大勢の前で話すのは〝緊張する〟と前置きしたうえで、彼はこう語った。〝この二年ほど、名前も知らなかった巨大産業や陸軍工兵隊のような組織から引く手あまたなことに、正直驚いています〟。たしかに、当時の彼は、のちに有名になるマネジメントについての専門家ではなく、創造的技術者を見分けるためのたしかなデータも、革新の速度をあげるためのデータも持っていなかった。彼が持っていたのは、創造性に関する精神分析的でロマンティックですらあるアイディアだった。彼はこんな予防線を張った。創造的人間は〝組織で必ず問題を起こす〟から、わたしの話はみなさんにとって無益だろうと思います。[*5]

マズローが場違いな人間を気取るのはいつものことだ。彼はしばしば反対者の立場をとり、ユタ会議で技術志向の創造性が議題にのぼると、創造性を実利的観点からのみ捉え、手段や武器として利用することに激しく異を唱えた。彼が軍の工兵たちをからかったのは、人を〝人間らしくする〟使命の一環だった。専門である心理学も含め、アメリカ社会はあまりにも合理的すぎると、彼は（ほかの大勢の人たちも）思っていた。

のちに助手の一人から〝創造性の父〟と讃えられたマズローだが、人がどのようにしてアイディアを思いつくのかという問題に、最初から関心を持っていたわけではなかった。[*6] 彼が興味を抱いたのは例外的な人間で、その意味では、創造性研究者たちと波長が同じだったと言える。彼もまた、心理学者は機能不全や疾患についてばかり考えず、ある時点で立ちどまり、人間の卓越性にも目を向けるべきだと考えていた。転機となった一九五〇年の『自己実現する人びとと心理的健康』と題した論説で、彼はエイブラハム・リンカーン、アルバート・アインシュタイン、エレノア・ローズベルト、ジェーン・アダムズ、バールーフ・デ・スピノザといった著名人の人生を追っている。先輩心理学者たちが、彼らのIQを測定しようと試みたのに対し、マズローは彼らを架空の精神分析用の長椅子に座らせ、精神作用や個性の深層部へと分け入って成功の秘訣を知ろうとした。マズローにとって、彼らの偉業は内面の豊かさの証だった。

マズローの初期の創造性（creativity）——彼は〝creativeness〟を用いたが——に関する著述は、ギルフォードたちの研究に応える形の非公式のもので、たまに陸軍工兵隊のような聴衆に向けた講演を依頼されることがあるぐらいだった。彼の疑念は創造性を理解できる可能性にではなく、心理学者やテクノロジー重視の後援者たちの取り組み方に向けられたものだった。〝産業は押せばつく電気のスイッチのようなものを求めているように思えてならない……遠からず誰かが、それは体のどの部分で起きるものか、と尋ねるだろうし、つけたり消したりするための電極を取り付けようとするだろう〟。彼がそうノートに記したのは一九五二年のことだった。創造性〝原子説〟の流行は、それを特定の認知プロセスへと縮小させると彼は考えた。

一九六六年の第六回ユタ会議で、彼は〝メソッドや検査技術や情報量をいくら積み重ねたところで〝創造性に関する知識は少しも向上しない、と批判した。[*7] ゲシュタルト心理学（創始者の一人マックス・ヴェルトハイマーはマズローの師匠）の流れをくむマズローは、〝人間全体〟を理解することが必要不可欠だと考えていた。だから会議の聴衆に向かって、〝全体的で有機体的で体系的な〟アプローチを行い、〝ペンキの被膜のように組織にへばりつくのではなく、一人の人間として行動すべき〟と説いた。[*8] 社会は潜在する創造性を活性化する〝秘密のボタン〟を探そうとするより、〝よりよい人間……ちなみにそういった人間のほうが創造的〟を作る努力をすべきだ。[*9] 〝人間全体から生まれた丸ごとの創造性は発展しやすい。より豊かな人間、より健康な人間は、振る舞いでも経験でも、知覚でも、意思伝達でも、教えることでも、仕事でも、様々な違いを生み出し、それらはすべてより創造的なのである〟と、彼は書いている。

マズローにとって、ギルフォードたちのアプローチは、狭量で実利的な、心理学が陥りやすいカプセル化だ。一九五四年、彼はこう断じた。いまの心理学は〝限られた言葉と概念に導かれた限られたメソッドやテクニックを用い、限られた、あるいは些末なゴールを目指してばかりいる〟。[*10] そもそも彼は行動主義者として訓練を受け、猿の性的特質を研究し、『言語材料の学習、保持、再生』と題した博士論文を書いた。だが、戦後の多くの心理学者たちと同様に、マズローも行動主義の視野の狭さに気づき、精神性にまつわる深い哲学的問題に取り組み、生きる意義や超越性を探求できるよう〝心理学の権限拡大〟を目指すようになった。心理学はたんに記述的なだけではだめで、普通の人びとが意義を見出し自分磨きに活用できるような刺激的なものであるべきだと考えたのである。[11]

そこで彼が注目したのがフロイト主義だった。行動主義者たちが競って〝経験的〟社会科学から抜け出し、人間性のより厚みのある解説を求めて殺到したため、フロイト主義は戦後にいささか不合理とも言える復活を果たしていた。復員兵や戦争が終わってまた家庭に押し込められた主婦たちを、目まぐるしい時代に適応させるため精神分析が盛んに用いられたのである。その一方で、人間性心理学者を含む戦後の新フロイト派は、より批判的なアプローチを行った。疑心暗鬼な大衆社会において、彼らが重きを置いたのは、病的ですらある社会規範に個人を合わせることより、従わせようとする社会圧力に抵抗する手助けをすることだった。フロイト主義は伝統的に機能不全に関心を向けるが、マズローやロジャーズといった人間性心理学者は、幸福や繁栄や創造的偉業といった〝前向きな〟行動に注意を向けるときがきたと考えた。心の健康の旧弊なブルジョワ的理想に拘ることなく、人付き合いにおける問題行動に目を向け、〝病理学では堕落〟と呼ぶ〝獣性〟や〝邪悪さ〟を洗い直そうとしたのである。[12]

軍の工兵たちに向けたマズローのメッセージの、これが肝だった。自身の自己実現に関する研究や、最新のＩＰＡＲの創造的個性の研究を例に引き、創造的人間は〝型破り〟で〝ちょっと変わっている〟とマズローは述べた。創造性で劣る者たちから見れば、〝非現実的〟で〝わがまま〟で〝非科学的〟、さらには〝子どもっぽく〟て〝無責任〟で〝クレージー〟だ。創造的人間は〝まわりを気にせず……子どもも心や夢や想像や願望成就や女らしさ、詩心やクレージーな部分を失うことなく生きてゆく〟。それに比べて創造的でない人間は、〝規則を守り、きちんとしていて時間厳守、几帳面で控え目〟だ。〝優秀な簿記係〟になれる。彼らが〝柔軟性に欠け、堅苦しい〟のは〝自分の感情や心の奥底の欲動やほんとうの自分がおもてに現れるのが怖くて、必死に押さえつけているからだ[*13]〟。

マズローがよりによって軍の施設で創造的人間を褒めちぎったのは、いささか天邪鬼《あまのじゃく》だと言わざるをえない。道理をわきまえ、時間を守り、ストイックで頼りになるのが工兵たちの取柄であり、それは父親から、あるいはボーイスカウトや自己啓発本や、軍隊の基礎訓練や工業学校で叩き込まれたことだろう。だがこれは、技術的職業における変化のはじまりにすぎなかった。技術者をはじめホワイトカラー労働者は、この職場で出世し、共産主義に打ち勝つためには、創造性に磨きをかけろ、とことあるごとに上司から言われるようになるのだから。マズローならこう言うだろう。ほんものの健康な人間になれ、と。

対天才狂人説

心理学者が創造性のアイディアに惹きつけられたのは、天才に取って代わる、より民主的な概念だったからだが、もうひとつ、創造性が狂った天才という古い神話の代替品となりうるからだった。一九世紀初頭のロマン主義者たちは、天才を天与の才能であり苦難でもあるとみなしていた。時代に先行しすぎたアイディアに苦しみ、社会からはみだして狂気の淵に沈んだ若者のなんと多かったことか。初期の心理科学はこの考えを払拭するのになんの役にも立たなかった。一九世紀のフランスの精神科医ジャック・ジョセフ・モローは、天才を遺伝的病理とみなし、〝仕事への胸躍る情熱と熱狂〟を病的な妄想と解釈したし、彼の信奉者であるイタリアのチェーザレ・ロンブローゾ（犯罪学の父と呼ばれ、犯罪人の身体的特徴を知ろうと死刑になった囚人の頭蓋骨を測定した）は、天才とは身体虚弱で生気がなく背が低いことを悩んで〝堕落した人〟と結論づけた。ソクラテスからパスカルまであらゆる天才は精神的苦痛に苛まれており、精神生活に異常がみられると診断をくだしたのである。[*14] 二〇世紀に入ると、フランシス・ゴルトンのお陰もあってそのような考えはなりをひそめたものの、芸術家（科学者ではない）は昇華されたリビドーに突き動かされると考えたフロイトや、鬱や薬物乱用や奇癖こそがほんものの芸術家の証といったような困った評判にもそれは窺える。

戦後の創造性研究者たちは、なんとかそのような考えを根絶しようとした。その先頭に立ったのが、一九四九年にドナルド・マッキノンと共にＩＰＡＲを創設したフランク・バロンで、人格心理学で博士号をとったばかりの、創造性研究の期待の星だった。一九五五年、彼はＩＰＡＲを代表してユタ会議に出席し、空軍大尉を対象に行った〝独創的傾向〟に関する実験に基づいた論文を提出した（彼は性格テストのほかにギルフォード考案の新しい創造性テストも用いた）。以来、彼は会議の共催者となった（また、カルヴァン・テイラーと共に議事録の編集も行うようになった）。そのあいだも、カリフォルニア大学サンタクルーズ校で教鞭をとり、幻覚剤研究のパイオニアとなった（大学院時代の級友ティモシー・リアリーとの共同研究）。カリフォルニア州ビッグサーにある非営利的リトリート施設、エサレン協会の設立時の理事の一人でもあり、ここでマズローやロジャーズはニューエイジやカウンターカルチャーの人びとと交流を持った。[*15] この交流を通して、バロンは心理学も芸術や詩と同様〝人間の精神を讃える神聖なる学問分野〟になりうると確信し、人間性心理学者として知られるようになった。[*16] 一九六三年に上梓した『Creativity and Psychological Health（創造性と心理的健康）』で、〝心理学は人間性のプラス面を見るべきで、人間が抱える疾患よりも並外れた活力に関心を持つべきである〟と述べている。[*17]

ようするに、創造的人間は、ステレオタイプが示すようなクレージーな人間ではないということだ。著名な作家や数学者、建築家を綿密に評価したところ、〝創造的人間は素人が思い浮かべるステレオタイプには当てはまらず……われわれの経験に照らしても、創造的人間は感情的に不安定でもないし、だらしなくもないし、自由気ままなボヘミアンでもなく〟むしろ〝思慮深く、控え目で勤勉で几帳面である〟と、彼とマッキノンは報告している（マッキノンはこれを冗談めかして〝創造性のブリーフケース・シンドローム〟と呼んだ）。[*18] 創造的な被験者は、自信や独立心、好奇心、労働倫理の項目で高得点をあげている。[*19] 創造的人間の強い自信は、盲目的な傲慢さに流れず、〝まっとうな自己評価〟ができる能力によって釣り合いがとれている。創造的人間は〝自我の強さ〟の項目で高得点をあげるが、創造性の劣る人間なら奇怪で享楽的で自己破壊的な行動に結び付くであろう、非合理でエロティックなエネルギーをうまく利用できる。同時代の社会学者デイヴィッド・リースマンの言葉を借りれば、創造的人間は〝内部志向〟――〝外部志向〟の領域では例外的存在――でありながら、自己陶酔に陥ることがない。

創造的人間は〝普通の人よりも原始的だが洗練されており、より破壊的でありながら建設的、クレージーだけれどまともである〟とはバロンの言だ。[20]

天才が過剰と定義づけられるなら、創造性はバランスの産物だ。個人のビジョンと顧客のそれとのバランスを取る建築家のスキル、読者が理解できる範疇《はんちゅう》で作風を極める作家の能力、客観的に証明可能な真理を思い浮かべられる数学者の能力、いずれもが不合理と合理、本能的衝動《イド》と自我《エゴ》のバランスがとれているからこそである。創造的人間は実のある想像を生産性の高い仕事に結び付けられる。ゆえに、ロマン派が思い描く狂暴で不安定で不可思議な天才は、それほど厄介でない〝創造的人間〟に置き換えられ、〝創造的プロセス〟は、ロロ・メイが書いたように〝病気の産物としてではなく、感情的健康が最高水準に達している普通の人びととの自己実現の表現〟とみなされるようになった。

〝自己実現〟の概念は、人間性心理学者が創造的行為を心理的健康と結び付ける蝶番《ちょうつがい》の役目を果たした。マズローがその概念を借用したドイツの神経学者クルト・ゴルトシュタインによれば、自己実現とは可能性を十全に達成しようとする生物体の根源的な欲望だ。それは二〇世紀の西欧で生まれた様々な説に引き継がれている。例えばユングの、人はみな〝個性化〟の過程でもがいているという説。人は自分の人生のアーティストであるというサルトルの実存主義哲学。原始的な生命力が生物体に突然変異を生じさせる原動力となるという、アンリ・ベルクソンの〝創造的進化〟の概念。バロンの創造性説はこれを一歩進めたもので、芸術家や建築家や技術者の外に向かう発明の才を、基本的な人間の衝動に結び付けた。これはフロイトの言う、人間のあらゆる営みの原動力となる〝性衝動〟ではなく、〝創造性〟であるとバロンは断言した。生殖とは異なる象徴的な創造は、〝人間特有のエネルギーであり、生物界におけるエネルギーの輝かしい形〟である。[*21]

一九六三年にマズローは、〝創造性の概念と健康で自己実現した完全な人間の概念は、ますますちかづいており、いずれは同じものになるだろうと思っている〟と記した。いささか自己達成的予言めいている。当時はどちらの概念もまだ初期段階にあったので、マズローやロジャーズ、メイ、バロンたちは、発明の才としての創造性を自己実現と融合させ、真の自己を追い求めることと、うわべの目新しさを追い求めることをコインの裏表と考えた。[*22]

反逆者とロマンス

完全に正気で飼い慣らされた創造的人間と、周囲とそりが合わずのけ者にされた創造的人間のあいだには軋轢《あつれき》があったにちがいない。しかし、戦後の思想家たちは、正気と自主性が一心同体と見なされる現代社会から個人を救い出そうと試みた。創造的行為について、マズローは〝他人から自由であることは、自分自身に、ほんとうの自分になれるということだ〟と記した。この真の自己とは、戦時中に重要視された社会的自己とは異なり、もつれた人間関係や義務から解放された完全に自立した自己である。現代のルソーさながら、マズローは創造的状態の子どものような〝無邪気さ〟を寿《ことほ》ぎ、創造的人間はたえず〝正直であり……すべきとかねばならぬから解放され、風習や流行や教義や習慣にとらわれず〟あるいは何が〝適切か、普通か、正しいか〟といった先験的概念から自由である、と記した。[23] ロマン主義の天才狂人神話を排除したとはいえ、人間性心理学者、とりわけマズローは、ギルフォードが不用とみなしたロマン主義の概念を取り入れている。ギルフォードが創造性を日々の認識プロセスへと凝縮しようとしたのに対し、マズローは創造性を、自己実現の過程で経験した〝至福や忘我、恍惚、有頂天〟の瞬間、すなわち〝至高体験〟と結び付けた。彼は創造的精神をミューズとか恋人と讃え、〝それを体内に流れ込ませよう。思い通りにさせよう。好きにさせてやろう〟と書いた。創造することは〝迷子になること……時間を超越し、無私無欲となり、空間の、社会の、歴史の外に飛び出すことだ[24]〟。

フランク・バロンは、この創造的反逆児の反社会的とも言える概念に共鳴し、つぎのように書いている。

> 原始的なもの、教養のないもの、世間知らずなもの、摩訶不思議なもの、理に適《かな》わぬものを避け、共同体の〝礼儀正しい〟一員にならねばならぬ、という社会の要求を創造的人間は拒絶する。なぜなら、丸ごとの自己の所有者でいたいからで、社会の一員たるものすべからくその時代と場所に適した規範に従うべきとする社会の要求に、近視眼的なものを感じているからである。[25]

つまりそこにはこんなパラドックスがある。創造的であるためには、社会の要求を拒絶しなければならず、そういう社会は戦後の思想家に言わせれば狂った社会だ。その一方、職業人としては生産的で有用でなければならない。

さらに、エリート意識と平等主義的感性のあいだには、戦後に特有の軋轢があった。創造性が自己実現の産物だとしたら、理論上は誰もが持てるもののはずだ。心理学者ティモシー・リアリーは、『The Effects of Test Score Feedback on Creative Performance and of Drugs on Creative Experience（テストのスコアを創造的パフォーマンスにフィードバックする効果及び創造的経験を促す薬物の効果）』といういささかちぐはぐなタイトルの論文で、〝創造性は運よく受け継いだものでも、エリート教育で身につけられるものでもない。われわれの皮質の中には、世界中の博物館や図書館を凌《しの》ぐほどのアイディアが埋まっている。古い記号の新しい組み合わせはそれこそ無数にある。創造性の真の民主化――経験され実演されるもの――は可能であり、手を伸ばせば届くところにある〟[26]と断言している。

マズローの創造性の民主化説がほかの人のそれとちがうのは、心理測定研究が頼りにする〝二分法による分類……創造的と非創造的を分けること〟を退けたことだ。マズローは、有用な仕事を完成させる〝第二の創造性〟と、インスピレーションが湧く瞬間である〝第一の創造性〟とを区別している。後者を彼はこのように説明する。〝人がみな等しく受け継いでいるもの……健康な子どもなら誰もが創造性を持っているのに、成長するにつれ、たいていの人が失ってしまうもの〟[27]。彼にとって問題なのは、創造的人間を特定することではなく、この抑圧された潜在能力に何が起きたかだった。〃いったいどうしてみんなが創造的でないのだろう？〃[*28]この一点において人間性心理学者は、オズボーンやパーンズの世界と思いがけず協定を結ぶことになった。

オズボーンやパーンズが創造性を誰もが生まれつき持っているものとしたのに対し、マズローやバロンは例外に強く惹きつけられ、普通を軽蔑した。マズローは創造的人間を〃独自の個性を持つ特別な人間であり……例えばアイススケートのような新しいスキルをやっと身につけた旧式な普通の人間ではない〃と表現した。[*29] さらにこうも記している。〃社会が正常に機能するためには、aggridant〃――生物学的に優勢を占める者――〃によって作られた制度が不可欠であり、あらゆる分野におけるあらゆるタイプの革新者や天才や先駆者は尊重されるべきで、ニーチェ哲学的憤怒や、やり場のない嫉妬、弱者の逆恨みに苦しめられてはならない〃。[*30] マズローが〃即興演奏家の種族を発展させる〃必要性を説いたとき、念頭にあったのが人類全体なのか、優れた種族だったのか定かではない。つまるところ、人間主義者にとっても心理テストを行う者たちにとっても、創造性の概念は、あらゆる行動を評価する指針となる偉業のヒエラルキーに基づくものだ。このヒエラルキーの縁からはみだすものがあったとしても、大勢に影響はない。夢はつねに矛盾している。日常を崇高なものに変えるのも、人民の国を創るのも、〃平均的な人間とはちがう者たち〃であるとマズローは記した。[*31]

創造性と変化

科学とテクノロジー問題を巡って、人間性心理学者は心理測定研究に不安を覚えていた。ギルフォードもテイラーも、技術革新の促進に創造性研究は不可欠であると支援者たちを説得したが、人間性心理学者たちは、どうすれば社会と文化の発展の足並みを揃えられるかで、逆の懸念を口にしがちだった。一九五五年のユタ会議で、英文学教授ブルースター・ギセリンが同様の警告を発している。〝人間の精神は地球を屍衣《しい》で包む準備をしている〟という警告だ。核による大量殺戮――彼が言うところの、人間の〝発明の才〟が生み出した問題――は、〝われわれの精神生活による深遠で綿密な修正によってのみ、創造的に〟解決できるのであり、それには、〝現在の思考や感情の硬直しすぎたパターン〟を緩めなければならない。[*32]

人がいつの間にか入っていたテクノロジーの鉄の檻は、〝創造的〟思考の産物ではなく、べつの思考、合理的で有用で狭くて特殊化した思考の産物だ。ギセリンにとっても、ロジャーズやマズローたち人間性心理学者にとっても、創造性はたんなる創意工夫以上のものだ。もっと賢く、心の琴線に触れるもので、それゆえ機械化時代の思考の解毒剤となるものだ。ロロ・メイもまた、創造性を意識的で慎重な変化の原動力と捉えていた。

馴染みの避難場所を失って狼狽《うろた》えたわたしたちは、思考停止に陥り、無関心を装うしかないのだろうか？　そうなれば、未来を形作る機会を放棄することになる。それは人間の際立った特徴——認識を通して進化に影響を与えること——の喪失を意味する。歴史の盲目的で巨大な歯車に押し潰され、より公正で人間的な社会を形作る機会を失うことになる。[*33]

テクノロジーの暴走を放置するのではなく、止められるような創造的思考のメカニズムはいまだ解明されていない。ロジャーズの考えでは、創造性そのものは価値中立であり——〝苦痛を和らげる方法を発見する人がいる一方で、政治犯のより巧妙な拷問方法を編み出す者がいる〟——創造性の育成は社会に利益をもたらす。というのも、当然のことながら総体的な精神的健康につながり、対立を生み出すような社会不安を緩和するからである。われわれの〝進化〟に意識的に変化を与えるのが人間の本性なら、どうして歴史を〝盲目的で巨大な歯車〟と見なすのかについて、メイもまた明確にしてはいない。だが、彼らの著作に共通して流れているのは、破壊的な変化は避けられないもので、それが世界のあり様だという考え方だ。彼らは戦後の保守主義者ウィリアム・F・バックリーがやったように、〝止まれ〟と叫んで歴史の前に立ちふさがるのではなく、目まぐるしい変化を促進する、右肩上がりの成長や軍備拡張を支えるシステムに異議を唱えることによって、好ましい人間性のモデルを創出しようとした。

マズローはその著書で、心理学者の役割は〝絶え間なく変化する世界を生き抜くことのできる、異なる種類の人間であるところの即興演奏家を育てることだ〟と言っている。[*34]アメリカは〝世界を静止させずにすむ人間、世界を凍結することで安定させずにすむ人間、父親たちがやってきたことをせずにすむ人間、何が待ち受けているかわからなくても自信をもってあすに立ち向かえる人間に、自らを作り変える必要があり……それだけの自信があれば、いまだかつて存在したことのない状況でも、即興で演奏できるだろう〟[*35]。この心理学的図式によれば、変化は自然であり、有機的で健康で肯定的なもの、一方で静止状態は――前の世代が必死に求めた安定と伝統の快適さも含む――人工的で逆行的で、弱さや不充分な個性化の証である。マズローにとって〝創造的〟であることは、何よりも変化志向で、それゆえ現代社会の混乱に適応できるだけでなく、役に立つことができる。より数量的な分野にいる心理学者たちの目標に賛同しかねるとはいえ、人間性心理学者たちも、創造性とは確実に良いものであるという概念は支持していた。

民主的人格

それをどう応用するかにかかわらず、創造性を概して健康な人間の特徴という枠にはめたことで、創造的人間は冷戦時代により大きな政治的優位性を得ることとなった。創造的人間の特徴とされる〝自己管理へのこだわり〟と〝文化変容に耐性があること〟は、反社会的な特徴とみなされがちだが、戦後の知識人たちが考えたように、創造的人間こそ複雑で多元的で自由な社会で理想の市民になれるのである[*36]。冷戦時代のはじめ頃、知識人たちのあいだで流行った暇つぶしが、政治システムの好み――自由主義、保守主義、民主主義、全体主義――から人格を特定することだった。ドイツの哲学者で社会学者のテオドール・W・アドルノが、人の政治的傾向を精神分析の用語を用いて解明した大著『The Authoritarian Personality（権威主義者の人格）』（一九五〇年）によれば、〝権威主義者〟――人種差別的保守主義者と筋金入りの共産主義者を含む――は、〝潔癖症〟で〝頑固〟で〝狭量〟で、〝外から押しつけられた価値観に従う〟のに対し、民主主義者は、自民族至上主義でないことに加え、〝寛大〟で〝柔軟〟で、〝自主性が強い〟うえに〝善悪の判断力を備え……外部の権威に順応するのではなく、真に本質的な価値や基準に目を向ける〟。アメリカ研究の専門家ジェイミー・コーヘン＝コールが書いているように、自由主義の知識人に言わせれば、〝温厚で同質なアメリカの郊外居住者は、ソ連の全体主義機構と共通の特徴を有している。どちらも同種の人びとで構成され……それは真の自我を持たぬ人びとであり、アメリカの民主主義を弱体化させる人びとだ[*37]〟。

ギルフォードの演説以前に書かれた『The Authoritarian Personality』第一版に〝創造性〟は登場しないものの、ＩＰＡＲの創造性研究は人もアイディアもそこから拝借しており、その結果、創造的人格は民主的人格を反復適用したものとなった[*38]。創造的人間も民主的人間も、対称図形より非対称図形を好み、具象や造形より抽象芸術を好むという調査結果が出ており、これは彼らの〝曖昧さへの耐性〟を反映したものと言える[*39]。この説に従えば、民主的人間が異なる人種や国に耐性があることも、創造的人間が外国のアイディアに耐性があることも根っこは同じで、〝一時的無秩序〟に耐えられる能力によって、民主的人間は民主化のプロセスにつきものの混乱に適応できるし、創造的人間は月並みな解決策に飛びつかずにすむ。このような美的傾向は、生来の人格とは関係なく、民主的人間や創造的人間が属する学識のある専門家階級に共通する文化的好みに起因するという事実は、考慮されていない。

創造的人間は民主主義社会そのものの換喩語と言ってもいい。〝団結を抑制することで成り立つ全体主義国家は、うわべだけの安定を維持するために衝動や感情を抑制する神経症患者と、精神力学の観点から見て同じだ〟と、バロンは記している。[*40] その一方で、〝創造的で一貫して独創的な社会や時代を創る精神状態は、表現の自由や……異議や否認を恐れず、慣習を破ることを厭《いと》わず、遊び心を忘れず仕事に打ちこみ、スケールの大きな目標を立てる、といった個人の創造性に見られるものと似ている〟。創造的人間と創造的社会は似た者同士なのである。

政治的共感を得られてはいても、創造性研究は政治にばかり目を向けていたわけではない。思想と表現の自由は基本的な民主主義的価値だが、もっぱら創造性に焦点を当てたバロンたちにとって、自由な思想の恩恵を被るのは第一に生産性であって、政体を健康にすることではなかった。〝文化変容に耐える〟能力と、〝個人の独特で基本的な性格の放棄〟を拒むことは、政治面においては、煽動政治家に踊らされないための予防接種の役割を果たすだろうが、創造的人間にとっては大胆な革新をもたらすものだ。[*41] 民主的市民にとって寛容は、人種的マイノリティの公平な扱いや、政策立案の無秩序なプロセスの受容につながるが、技術者にとっては厄介な問題の解決の一助となる。創造的人間は、本質的に偏見のない態度で仕事にあたる。〝創造的人間は自分の中にある不合理を尊重するばかりか、自分の考えの斬新さのもっとも有望な材料として大切にする〟。[*42] 創造的人間とは、〝自分と無関係な問題〟を解決し、〝同時に自分自身を創造する〟人間である、とバロンは書いた。[*43] 創造的人格の中では、個人化と発明が結び付いているのだ。

芸術のための（ためではない）芸術

創造性が芸術の唯一の領域でないことは当然として、戦後の科学崇拝に概して懐疑的だった人間性心理学者は、芸術を特に強調するきらいがあった。彼らが創造的個人として例にあげるのは、たいていが芸術や文学の世界の男性や（ときに）女性で、彼らが描く創造的プロセスとは、もっぱら芸術から引っ張ってきたものだった。創造性の秘密を知りたいなら、科学者よりも芸術家や子どもを対象に調べるべきである。なぜなら、科学はたんに〝技術であり、社会化され産業化されており……それゆえ創造的でない人間でも創造できるからである〟とマズローは述べているぐらいだ[*44]（彼が皮肉たっぷりにこう述べたのは、もっぱら創造的で科学的な才能について議論されていたユタ会議の席でのことだった）。

人文科学に携わる人の多くが、科学や技術の世界で創造性がにわかにもてはやされた裏には、プライドと狼狽《ろうばい》があると見ていた。シラキュース会議の主催者である芸術教育者とフロイト心理学者は、戸惑いをちらつかせながら守勢を維持しつつ書いている。〝かつては冷笑や嘲りや疑念の的にされた創造性が、いまや技術者や発明家や医療従事者のあいだで、専門的な関心をもって考慮され、当然の敬意を払われている〟。彼らは、創造性と呼ばれるものについて系統立てて議論したことはなかったし、創造性は芸術を超越したものという意見には賛同しているが、芸術は創造性の生みの親だと信じて疑わなかった。[*45]

芸術の重要性を強調することは、非道具主義に通じる。シラキュース会議で、社会学者メルヴィン・チューミン（後に社会階層に関する研究で名を馳せる）は、創造性を〝美的経験……それがなんであれ、役に立つ結果よりも、経験を定義し構成する行為を楽しむこと〟と定義した。この定義は、ユタ会議で議論された、実用性とともに目新しさを強調した定義とはまったく別物だ。一九六四年、小説家で哲学者のアーサー・ケストラーはこう述べた。創造的行為の中心的性質は〝驚き〟を生み出すことだ、と。芸術と文学にぴったり合う定義だが、技術的目新しさをも含む広がりをもっている。もっとも、チューミンの定義も、ケストラーの定義も、標準定義にはならなかった。創造性研究の道具主義に対し、マズローもまた、創造性は〝問題解決〟や〝製品作り〟のためのものではなく、自己表現のためのものだ、と反論している。〝目的やデザインや意識がなくても、創造性は発散あるいは放射されるし、問題のあるなしに関わらず、すべての命を太陽のように照らす〟。[*46]

芸術に焦点をあてた人間主義の創造性説は、イデオロギー的色合いを帯びている。芸術は昔から工業社会の病理の解毒剤と見なされてきたからだ。ロマン派の芸術家は、一般的には（実際にはそうでなかったとしても）資本主義的生産の埒外にあり、現代社会の疎外とは無縁だと思われていた。〝ベートーベンが第九交響曲を作曲したとき、第九はベートーベンであり、ベートーベンは第九だった〟と述べたのは、著名な芸術教育学者ヴィクター・ローウェンフェルドである。子どもたちに他人の作品を模倣しろと教えるべきではない、と述べたことでも有名だ。彼に言わせれば、創造的プロセスは、〝作品と創作者の区別がなくなるほど作品と一体化する〟能力によって定義される。この〝作品と完全に一体化する能力は、仕事が金を稼ぐたんなる手段と見なされる物質主義の時代には、希少なものとなった〟と彼は嘆いている。[*47]マズローもまた、芸術家と作品のあいだに距離はないと考えた。〝音楽家は作曲し、画家は絵を描き、詩人は詩を書くことで、自分自身とうまく折り合える〟。創造性は本質的には芸術ではないと折に触れ言ってはいたが、人と創作物がひとつになれる場所と彼が考えたのは、やはり芸術だった。

芸術に重きを置く者たちは、科学と技術志向の研究者たちに疑いの目を向けるが、彼らでさえも芸術のための芸術を語っているわけではない。彼らの念頭にあるのはもっと基本的なものだ。シラキュース会議の議事録編集者は読者に対し、創造性は美術品の制作に発揮されるものという思い込みをひとまず忘れるよう促す。彼らが言いたいのは、〝絵を描いたり、詩やバラッドを作るときに用いられる創造的プロセスは、精神統一に用いられるプロセスとおなじであり〟、創造性のルーツは〝前向きな自己総合力〟だ。マズローも芸術教育――より正確を期すと〝芸術を通した教育〟――を提唱しており、それは〝芸術家や芸術作品を創り出すためでなく、よりよい人間を創り出すためだ〟。[*48]つまり、芸術家は創造性のモデルであり、芸術的な生き方が生み出すのは芸術そのものではなく、何か別のもの。ここにパラドックスがある。芸術を〝平凡さ〟や〝商業〟や〝技術〟と切り離しながらも、芸術を芸術のためでなく――つまり、美術の制作ではなく――創造性と呼ばれる何か、技術や商業をはじめ様々な分野に応用できる能力を明らかにするために利用しているのである。マズローは芸術に偏向しているとはいえ、創造性は芸術に限られないと口を酸っぱくして言っている。例えば〝無学で貧しい家庭の主婦のやり繰り上手や家具の趣味の良さは、彼女が〝独創的で斬新で器用で意外で発明の才がある証であるから、彼女こそ創造的だと言わざるをえない〞。その一方で、〝創造的〞との呼び名も高いクラシックのチェリストがやっているのは、人が書いた音符を再生しているだけだ。〝創造性は特定の職業の専売特許であり、料理や子育てや家庭を作ることが創造的たりうるなら、詩人はその必要すらない[*49]〞という思い込みを、心理学者はあらためるべきだろう。真の創造性には芸術っぽいところがあるが、芸術そのものではない。

性別による創造性

創造性は芸術の枠外にあることを示すために、マズローは創造的な主婦を例にあげたが、それはまた、創造性研究が創造性の概念に性差別的思い込みを植え付けているという、彼の確信を示すものでもあった。〝われわれが利用してきた創造性の定義や例のほぼすべてが、男性や男らしさを扱ったものである〞ことに彼は注目し、そのせいで〝男性の創作物のみを創造的と定義し、女性の創造性を考慮してこなかった〞と記した[*50]。だがその一方で、創造性はある意味で女性化された概念でもあるから、心理学者がそのことを理解すれば、女性に対してでなくても、男の中の〝女らしさに〞対して新たな道が開けるかもしれない。マズローは言う。〝女らしさとは創造的なものすべてを意味する。想像力、空想、色彩、詩、音楽、やさしさ、感傷、夢想は、一般的には男が思い描く男らしさにはそぐわないものだ〟。多くの男たちが、ときには創造的な男でも、〝自分が女らしいとか女そのものと見なすものに激しい恐怖を示すのは、否も応もなくホモセクシャルと見なされるからだ〟。[*51] だが、創造性研究を行うマズローら人間性心理学者は、女らしさに共鳴することは心が健康な証であり、創造的人間の場合、生産的な特徴を示すと言う。マッキノンは、彼が選んだ創造的なサンプルが〝女らしさ〟の項目でより高い得点をあげたことから、性の境界を飛び越えたタイプの個人――女らしい男性や男らしい女性――のほうが、自分の性に適合した人よりも創造的だという仮説を立てた。前者のほうが一般的に抑圧的でなく、新しいアイディアを潜在的に取り込みやすい[*52]（もっとも、評論家はこの仮説を〝説得力がない〟としている）。[*53]

研究者が、必ずしもホモセクシャルではない、マイルドな女らしさというアイディアを歓迎するのは、戦後にセクシャリティとジェンダーの考え方が変化したことを示す好例だろう。それは、アメリカの伝統的な男らしさが強い懸念に晒された時代でもあったが、流動的な時代でもあった。第二次大戦中の徴兵活動によって、アメリカ男性が心配になるほど無気力なことが明らかになったが（大恐慌の影響だが、現代社会の根深い問題と解釈されることも多い）、その一方で、あらたに社会化した白人郊外居住者の存在が、〝過度の近代化〟と〝男性の女性化〟の恐怖を顕在化させた。こういったことが、男らしさ崇拝の復活を助長したものの（ジョン・ウェインや〈Boys' Life〉誌のボディビルの広告に見られる）、共同作業の現場では、まわりと波長を合わせられる男らしさが望ましいというあらたな感覚も生まれたのである。テレビドラマ『パパは何でも知っている』で描かれたのは、核家族の中で大黒柱でありつつも権威を振りかざす父親になるまいと努める父の姿だ（反対に母親は、家事を〝効率よく〟こなし、聞き分けのない子どもに暴君にならない範囲で厳しく接する）。芸術と文学の世界では、抽象表現主義の画家ジャクソン・ポロックや、ビートニクを代表する作家ジャック・ケルアック、それにノーマン・メイラーが、芸術は〝繊細〟かつ〝男らしく〟なれることを証明してみせた。心理学者にとって、創造的個性は、自分の女らしい部分と調和を保ちつつ、いかに強く生産的でありうるかのお手本だった。

とりわけマズローにとって、創造性に見られる性差の曖昧さは、心理学改革という、より大きなプロジェクトを映し出す鏡だった。彼のジェンダー本質主義的世界観にもとづく〝科学〟は、男性と〝芸術的〟女性——前者は〝厳しく〟て〝男らしい〟理性の領域であり、後者は道徳と〝しなやかさ〟と感情の領域——を対象としている。これはマズロー個人の、〝わたしの中の芸術家と科学者〟を調和させる苦闘から生まれた、ふたつの領域を調和させうる新しい心理学を構築するという願いを反映するものだった。[*54]

だが、マズローもまた、女らしくなりすぎることをひどく恐れていたのである。彼の日記には、肉体的に強く男らしくあれというプレッシャーに苦しんだ少年時代の思い出が綴られている。歴史家のA・M・ニコルソンによれば、マズローは生涯そのプレッシャーに苦しんだという。一九六〇年代、彼はカウンターカルチャーと解放運動で有名になったが、〝男らしさを失うこと〟や、〝やさしい性質の人や実存主義者、（ヘンリー・ミラーやケルアックら）ビッグサー・グループ、宗教家〟と付き合いがあるせいで、ほんものの科学者から〝頭が弱い〟と思われることをつねに気に病んでいた。こういった恐怖を、彼は社会に投影した。自分のアイディアがベティ・フリーダンのようなフェミニストの著作（一九六三年刊の『新しい女性の創造』（大和書房）はきわめてマズロー的）を通じて広まることを喜んではいたが、心の中では、フェミニズムは女性の従属と家庭的な特性を曲解していると考えていた（猿の性的特質の研究や、バード大学で短期間だが人間の女性たちと席を並べた経験からそう確信するにいたった）[*55]。創造的人間やマズロー自身と同様、心理学も、活力を維持するのに必要充分な女らしさを備えながらも、本質的には男らしくありつづけるべきだと、マズローは信じていた。

ビジネスに戻る

一九五七年に、もしマズローがマネジメントアドバイスを与えることに居心地の悪さを感じなかったら、一九七〇年に亡くなる頃には、アメリカ随一のマネジメント専門家と謳われていただろう。〝新製品が急激に廃れていく必然的事態に対処する能力〟が必要とされる企業経営者に、創造性を広める必要性を以前から認識していたものの、企業の仕事場が彼の思考の中心を占めるようになったのは、一九六〇年代になってからだった。はじめてカリフォルニアを訪れたのは一九六二年のことで、デルマーのノン＝リニア・システムズという会社から研究費の援助を受けてのことだ。このとき、ピーター・ドラッカーやダグラス・マクレガーの新しいマネジメント理論の本に触れた。[*56] また、エサレン協会の温泉に浸かりながら、彼の著作に関心を持つビジネスマンたちと交流を持った。この時期につけた〝日誌〟は、のちに『完全なる経営』(日本経済新聞出版社)として出版され、彼のもっとも読まれた本となり、経営思想の必読本となった。アメリカ心理学会の会長に選出された一九六七年、メンロー・パークにあるフードサービス会社の取締役会長が、人間の成長に関するマズローのアイディアに心酔していた縁で援助を受け、カリフォルニアに拠点を移した。[*57]

その〝日誌〟で、マズローは〝啓蒙されたマネジメント〟というアイディアを紹介している。従業員に、ただ命令に従うのではなく〝率先して動く人〟になりたいと思わせ、個人の目標と企業の目標を揃えることで——彼は〝相乗効果〟と呼んだ——従業員の自己実現と企業の利益目標を同時に達成するマネジメントである。そのために経営者は、従業員一人ひとりに〝自発性をもたせ、自分の運命の決定者であるという意識〟をもたせねばならない。これこそが革命的であり、現代の資本主義社会が抱える深刻な問題、すなわち疎外を解決できるマネジメントである。そのプロセスにおいて、企業はもっとしなやかに革新的になりうる。〝機械的で権威主義的な組織や、労働者を取り換えがきく部品と見なす旧弊な待遇が問題なのは、変化に対応できないからだ。民主的マネジメントの哲学を身につけるためには、創造性の精神力学を丁寧に学ぶことがとても大事だと、わたしは思う〟と彼は書いている。[*58]

現代のマネジメントは、心理学がそうであるように、病的なまでに理性的で、〝会計士〟や

〝権威主義的組織論者〟が幅をきかせすぎている。〝彼らは、数字や転換可能なマネーや、無形ではなく有形資産や、正確さや予測可能性や支配力、法と秩序にばかり目を向ける〟と彼は記した。混乱や混沌状態を抑えるのに規則を課すのは、賢いビジネスマンと言えないばかりか、〝神経過敏で非合理的で、きわめて感情的だ〟。それに対し、〝創造的人間〟は、経営課題という流れに身を任せ、ときがくれば解決策がおのずと見つかると腹を括ることができる。従業員も経営者も企業それ自体も見習うべきは、このような創造的人間である。

けっきょくのところ、人間性心理学者の創造性に対する〝全体論的〟アプローチは、ギルフォードたちのあからさまな道具主義的アプローチへの挑戦状ではあるが、冷戦時代の創造性研究の組織環境に合うものだった。いままでとは違う新しいものに人間の力を順応させることによって、人間性の長所を心の健康やリベラルな政治哲学、それに戦後に必須とされた革新と調和させることができる。戦後の創造性擁護者は、生産性向上と個人の成長をまとめて実現させ、当人たちの専門家としての成功は完全な自己実現の証となり、手段となった。ときにブルジョワの価値観に異議申し立てをしながらも、人間的創造性論は、経済と内なる自分との調和を求める、アメリカの共和主義的伝統と歩調を合わせるものだった。

人間的創造性論は、資本主義の文化構造を劇的に変える一助ともなった。マズローのカリフォルニア移住は、当時のアメリカ産業の大勢が、北東部と中西部の伝統的WASP層から南部と西部のサンベルトへ移ったことを象徴するものだった——シリコンバレーを例にとれば、それはカウンターカルチャーと学界と産業のトレンドのあらたな統合を生み、マズローはその手本となったのである。彼のアイディアは、〝停滞した〟ヒエラルキーから感受性トレーニング、そして二一世紀の企業と学生が共存する工科大学のテックキャンパスに至るまでの、果てしない企業改革を裏書きするものだった。

だが、〝丸ごとの自分でいる〟ことや文明の要求を撥ねつけることが、普通のホワイトカラー労働者たちにとってどんな意味があるのだろう？　ベートーベンは第九とひとつになれたかもしれないが、電子機器メーカーの生産ラインで働く従業員はもとより、一般の技術者や広告マンは、デスクに置かれたプロジェクトとひとつになれるのだろうか？　マズローやバロンが思い描いた相乗効果は、現代の職場の緊張状態を考えれば理想にすぎない。だが、そういった緊張はほぐせるものだと、彼らは信じていた。彼らにとって自律とは、プロジェクトを決めたり賃金を設定したりできる自由ではなかった。それは感触であり、心のありようであり、人格の問題だった。内在的なもので、持ち運びができて、芸術家のアトリエであれ企業のオフィスであれ、持ち主と一緒に動くものだった。だからとても便利なのである。

第四章――ザ・シューにおけるシネクティクス

ザ・シューは行き詰まっていた。

ブレインストーミングを試し、催眠術まで試したが、新しい製品のアイディアを生み出すための確実な方法を見つけられないままだった。

ユナイティッド・シュー・マシナリー・コーポレーション（USMC）の物語は、戦後のアメリカ企業の典型的な例である。靴だけでなく靴製造機械のメーカーであるUSMC（〝ザ・シュー〟の愛称で親しまれている）は、一八九九年の合併以来、ボストン地域で最大の雇用主のひとつでありつづけた。〈フォーチュン〉誌が〝最優良企業〟と太鼓判を捺《お》したほどだ。一九五〇年には市場占有率八五パーセントを占め、ほぼ独占状態だった。ところが、一九六〇年代に入ると、独占禁止法を巡って政府と法廷で争い、外国企業との競争も激化したため、製品ラインの大幅な多様化を余儀なくされた。経営陣は、企業経営において〝いかに創造性を解き放つか〟とか、機械設計における〝アイディア出力を高めることを保証する……段階的アプローチ〟といった書物を読み漁った。ウェストハウスやゼネラルモーターズ、ゼネラル・エレクトリック、アルコアがすでに創造的思考メソッドを導入していることを、彼らは知っていた。このようなトレンドを把握し、関連記事やパンフレットを集め、〝創造性トレーニング〟と名付けたホルダーに名刺を溜め込んでいた。一九六三年、研究部門の責任者たちは、〝創造的思考の対象――多様化すべき分野〟について四一項目からなるリストを作り、創造性の秘密を伝授してくれる専門家を雇うことを考えはじめていた。

一九六二年の五月から六月にかけ、〝シネクティクス――創造的潜在力を育てる新しい方法〟と題したパンフレットが、上層部と研究管理部に配布されていた。このパンフレットと、シネクティクス社の創立者との手紙のやり取りを通じてわかったのは、シネクティクス法がアナロジー思考に基づいているということだった。シネクティクスのセッションでは、訓練を受けたファシリテーターが参加者の類推を引き出し、元の問題からどんどん離れていくように導き、最後に(理想的には)実行可能な解決策へと立ち戻らせる。ブレインストーミングと同様に、シネクティクス法は〝男も女も生まれながらに創造的問題解決者である〟[*1]という説を下敷きにしている。ウィリアム・ホワイトのような個人主義者なら怖気をふるうだろうが、創造性は集団によって窒息させられることはなく、かえって高められる。シネクティクス社の副社長ディーン・ギッターは、創造性の内部構造を発見して以来、〝現代のエジソンの群れを探し回る〟必要はなくなり、〝自分の組織に充分な創造性が眠っている〟と述べている。[*2]ギッターによれば、シネクティクス法は、〝創造性の経験的レシピ――厳密な儀式であり……インスピレーションという霊妙な状態を機械的に作り出す〟。[*3]

この手の逆説的語法はシネクティクス社の得意技だ。創立者のジョージ・プリンスの著書『The Practice of Creativity（創造性の実践）』の口絵にはこんな言葉が並ぶ。〝創造性　気まぐれな調和、予想される驚愕、習慣的啓示、馴染みの驚き、寛大な身勝手、予期せぬ確実、実用的な頑固さ、生きいきとしたつまらなさ、統制のとれた自由、うきうきさせる安定、繰り返される開始、困難な楽しみ、わかりきったギャンブル、はかない確実さ、統一された相違、要求の多い満足、奇跡的な期待、習慣化した驚き〟。[*4] このような統合的手法は、明確な企業目的を達成するために、非合理的で遊び好きな詩心を解放するようデザインされたシネクティクスのメソッドにも反映されている。創設者によれば、ここで言う詩心とは〝論理を無視し、一見支離滅裂で見当違いの考えを口にだすことで、新しいアイディアに辿りつく能力〟だ（シネクティクス自体が〝本質的に異なる要素を結び付けること〟という意味のギリシャ語由来の造語だ）。シネクティクス社の社員たちは、この感覚を身をもって示していた。例えば彫刻家の顔を持つ科学者、ジャズクラリネットを吹く心理学者、アルバイトで絵を描く技術者。それに創立者のプリンスは白いシャツのポケットにカラーマーカーペンを入れていた。いたずら書きをしたくなったときのために。

ブレインストーミングが型破りな方法で実業界を虜《とりこ》にしたとしたら、シネクティクスのセッションは突拍子のなさで彼らの度肝を抜いた。〝知識のない者たちにとって、本格的なセッションは驚くべき出来事だ――LSDパーティーのような……あるいは、グループ精神療法の実験のような〟と、のちに〈フォーチュン〉誌は書いている。一見突飛なようだが筋は通っている、とシネクティクス社は主張する。だが、ザ・シューのような企業がそれを確かめるために大金を払うだろうか？[*5]

科学的管理法をぶち壊すために科学的管理法を用いる

シネクティクス社は非合理的思考に資本を注ぎ込んでいるが、その源は堅実で合理的だ。創立者ジョージ・プリンスとウィリアム・J・J・ゴードンは、大手コンサルティング会社アーサー・ディ・リトル（ADL）で同僚だった。科学的管理法が隆盛を極めた時代だ。ADLの名付け親である創立者は、一九〇九年に化学企業に技術的助言を提供する仕事でキャリアをスタートさせ、アメリカ初の企業コンサルタントとなった。製造プロセスと実験室はおなじ効率性の基本原則によって管理できるという前提のもと、R&D研究所を社内に設立し運営しようとする企業に助言を行った。一九四〇年代には、最大手のコンサルティング会社として、国中の技術者の監督にあたるようになった。

戦後の消費者経済は、古い前提を覆すという課題をもたらした。ADLのクライアントたちは製品多様化を積極的に推し進めたため、あらたな問題に取り組むための助言を必要とするようになる。まだ市場のない商品にどう取り組むか？　誰も求めていない用途のために既存の知的財産をどう生かせばいいのか？　ようするに、必要でなくても発明の母になるのかということだ。一九五八年、ADLは、社内から科学者と技術者を掻き集めて発明デザイングループを結成した。メンバーの大半が好奇心豊かなことで知られていた。例えばゴードンは、ハーバード大学をはじめ方々の大学で数学と心理学と生化学と物理学を学んでいる。[*6]〝発明デザイン〟という名称からわかるように、消費財を売るためには、技術的考察や実用的考察とともに、非実利的で美的な考察が大事だという認識のもと、グループは技術とデザインの世界の橋渡しをする役目を担った。やがて、元広告会社のクリエイティブ・ディレクターで動機調査——すなわち消費者欲求心理学——の専門家プリンスも仲間に加わった。

ゴードンとプリンスは、ADLが行ってきた伝統的なR&Dアプローチは〝力ずく〟のアプローチであり、労働集約型で金がかかって非効率的だと確信すると、さっそくクライアントにそう伝えた。[*7] 伝統的なアプローチで成果を出せるかどうかは、〝せいぜいが偶然の産物〟、〝一〇匹の猿に一〇台のタイプライターをあてがってシェイクスピアの作品を打ち出せる〟確率とどっこいどっこいだ。[*8] 官僚的なアプローチは、皮肉なことに、創造性は神秘的で気まぐれで天性のものだから〝創造性を後から生み出すことはできない〟という〝ロマン主義の考え方〟を踏襲していた。[*9] プリンスとゴードンは創造性の心躍る研究が行われていることに鑑み、創造性のプロセスが解明されれば積極的に発達させることが可能だと考えた。そのために彼らが手を伸ばしたのが、科学的管理法の最古のメソッド——経験的観察だった。

二〇世紀初頭、〝科学的管理法〟の発案者、フレデリック・ウィンズロウ・テイラーとフランクとリリアン・ギルブレスは、職場における人びとの〝動作研究〟を、ストップウォッチと図表と、のちにフィルムを使って行った。彼らは工場やホワイトカラーの職場、家内労働の現場に赴き、それぞれの仕事を構成要素に分解して非効率を取り除き、その仕事をするのに〝最良の方法〟を見つけ出した。プリンスとゴードンはこれに倣い、会議室にビデオとオーディオ・レコーダーを設置し、彼らが言うところの〝生身の〟発明と問題解決セッションを記録し、テープを詳細に検証して生産的要素を選り分け、非効率を特定した。[*10] この研究を通じて、プリンスとゴードンは、〝信頼できる創造性〟を生み出すメソッド――おそらく最良の方法――を編み出すにいたった。

彼らはじきに創造的思考の舞台でみなをあっと言わせることになる。一九五八年、二人はＭＩＴで開かれたジョン・Ｅ・アーノルドの夏季ワークショップに、ブレインストーミングの伝道師チャールズ・Ｈ・クラークと共に参加し、〝ゴードン・メソッド〟のお披露目を行った。ブレインストーミングに代わるものとして、これが創造的思考の本に取りあげられる。一九六一年、ゴードンは自分たちの発見を『Synectics: The Development of Creative Capacity（シネクティクス　創造的能力の開発）』として上梓し、彼とプリンス、それに発明デザイングループのメンバー数人はＡＤＬを辞め、シネクティクス社を立ちあげた。アメリカ初の〝創造性と発明〟に特化したコンサルティング会社の誕生である。彼らはハーバード大学があるケンブリッジのダウンタウンにオフィスを構え、クライアント相手にセッションを行い、シネクティクス法を世の中に広めるための人材トレーニングも行うようになった。初期のクライアントの大

シネクティクスのセッション、背後に記録装置。録画は創造性を発揮させる方法の改良に役立てられた。© Synecticsworld, Inc.

半は、製品にまつわる問題を抱えていたが、シネクティクス社は商品開発以外にも視野を広げてゆき、マーケティング・プランから社内再編までなんでも扱うようになる。彼らの売りは新商品だけでなく、〝創造性〟そのものだった。

ザ・シューの社内会議で明らかになったのは、コストに敏感な重役たちに、創造性コンサルティングのような曖昧なものに大金を投じるよう説得するのは大変だということだった。ある重役の本音は、こんな〝雲をつかむような〟アイディアに金を使うより、それなりの額――三年間で一〇〇〇〇〇ドル――を、専門技術や経費削減戦略を学ばせて資格をとらせるのに使ったほうがまし、だった。[*11] だが、手元の紙で計算して、健全な投資になりうると考えた重役もいた。〝五人にこれを学ばせて、一人が五人にそれを伝授すれば、一年目に三〇人がマスターすることになる。彼らが給料に見合った働きをするとして、平均で五パーセント業績がアップしたら、最初の年に先行投資の一〇パーセントが戻ってきて、その後は年々増えてゆく〞。そこまでうまくいかなくても、〝ほんとうによいアイディアがひとつでも生まれれば、投資した分以上の見返りがあるかもしれない〞[12]。ニュー・プロダクツ・グループの上級技術者、W・クラーク・グッドチャイルドは、シネクティクス法を導入しないことに決め、個人的には〝創造性全般に関心があるが……このトレーニングに価値があるとは思えない〞とCEOに進言した[13]。しかし、数年もすると、シネクティクス社は〈フォーチュン〉誌や〈ウォール・ストリート・ジャーナル〉紙に取りあげられるようになり、そのクライアント・リストにはアルコア、ゼネラル・エレクトリック、ゼネラルモーターズ、キンバリークラーク、プロクター・アンド・ギャンブル、ブラック・アンド・デッカーの名前が並ぶようになった（プリンスとゴードンはやがて袂《たもと》を分かち、ゴードンは、一九六四年に教育用メソッドを提供するシネクティクス・エデュケーション・システムズを設立した）。プリンスは地道に売り込みをつづけ、その努力がやがて実を結んだ。一九六五年、シネクティクス法は〝精神を刺激して整える〞のに最適の方法だとグッドチャイルドが納得し、ザ・シューもまた、一か八かの勝負に出たのである。

一九六六年六月、ザ・シューの研究部門の責任者五人が、ケンブリッジで三日間のワークショップに参加し、一一月にはグッドチャイルドが一週間のコースを受講してシネクティクス法のファシリテーターの資格を取った。彼が社内で取り仕切ったセッションでは、R&Dだけでなく様々な問題が取りあげられた。六月のワークショップには、リーバ・ブラザーズやゼネラルフーヅ、ウェスタン・エレクトリック、エッソ、シンシナティ・ミリング・マシーンの研究と新製品開発部門の責任者も参加していた。かなり過酷な短期間集中コースで、シネクティクス理論と用語と方法を叩き込まれる。例えば、ハンマーの頭を柄に固定するにはどうするか、といったサンプル問題に取り組む。これをシネクティクスの用語ではPAGと呼ぶ。与えられた問題《プロブレム・アズ・ギヴン》の略だ。ファシリテーターは参加者にPAU、問題をどう理解《プロブレム・アズ・アンダーストウッド》したかを明確に言語化するよう促す。すなわち問題の本質――この場合だと〝木を鋼鉄に繋ぐこと〟――を明確にするのだ。そこからグループはあちこちに〝脱線〟してゆくが、そこがファシリテーターの腕の見せどころで、DA直接的類推《ダイレクトアナロジー》、SD象徴的類推《シンボリックアナロジー》、PA主観的類推《パーソナルアナロジー》へと参加者を導いてゆく。これが〝柔軟な緊張〟や〝軟弱なヒーロー〟といった逆説的話法を売りにするシネクティクス法の真骨頂である。やがてファシリテーターは、FF圧力ばめ《フォースフィット》（機械部品の組み立てで使われるはめ合い方法）を求める。解決策を絞りだす作業であり、その過程で見当違いのイメージや印象、フレーズが出てくる（グループが最終的にどんな解決策を出したかは記録になかった）。

ケルシー・ヘイズ社のスチール製品工学部門の技術者たちが、〝歯車の丸め〟にまつわるありきたりの問題に取り組んだセッションはまさに奇怪だ。

ジャック：それじゃ、はじめよう。本日は一九六五年三月四日、PAGは〝歯車の丸めをいかに仕上げるか〟で、PAUは〝歯車を丸めずにいかに丸めるか〟。キーワードは丸いもの。最初に直接的類推をやってみよう。

アレックス：妊娠はどうかな？　迫《せ》り出《だ》した腹——丸いでしょ？

ビル：丸いものと言えば宇宙だな。

ホラス：おはじき。

ジャック：おはじきの象徴的類推をやってみよう。

ジム：そうだな、そう、ぼくは静かな湖——ぼくの上にいろんなものが映るのがとっても楽しい——風が吹いてさざ波が立ち、影ができなくなると狼狽えるな。

ホラス：さざ波が影を壊すから。

ジム：そう、さざ波はぼくを破壊する。

ビル：おなじ湖にぼくも入れてくれ。ぼくなら知識から喜びを得るよ……ぼくから流れ出た水が小さな流れを生むけど、何よりも誇らしいのは、ぼくから流れ出た水が水蒸気となってぼくを包んでくれること……美しい虹が見える。まさしくぼくの子どもだと気づいて……[*14]

〝司会者〟としかつめらしい軍隊式のパネルがいるブレインストーミングのイメージに比べ、シネクティクス法は、〈フォーチュン〉誌が指摘しているように、あらたに出現したカウンターカルチャーになんだか似ている。のちに脱工業化の創造的産業が好んで取り入れることになる、シネクティクス社のくつろいだ雰囲気のオフィスデザインは、〝グリニッジ・ヴィレッジの芸術家のロフトスタジオ〟にそっくりだ。剝《む》き出《だ》しの煉瓦、帆布のラウンジチェア、会社のロゴにもなった奇抜な螺旋階段。けっして冗談半分の造作ではない。〈フォーチュン〉誌はシネクティクスを〝狂った方法で作られた発明〟と呼んだが、役員たちは〝見かけほど狂ってはいない〟と主張した。見当違いの比喩を促すのは、前意識的部分にアクセスするためで、〝非合理的で無責任な行動〟が実は〝目的にかなって〟おり、埋もれた〝印象や情報や感情〟の〝巨大な倉庫〟から潜在意識を引き出して、市場性の高い方向へと導くことができる。

グループセラピーと比べることにより、シネクティクス法は磨かれていった。プリンスとゴードンは、一九五〇年代後半に、〝エンカウンター・グループ〟と呼ばれる集団心理療法を開発したカール・ロジャーズの影響を受け、さらにはグループ力学への治療的アプローチを行う〝Tグループ〟や〝感受性トレーニング〟といった戦後に生まれたアプローチも取り入れている（一九七〇年代になると、ニューエイジの自己啓発トレーニング、ＥＳＴ――エアハード・セミナーズ・トレーニングにも関心をもった）。ゴードンとプリンスが行った記録用のセッションは多くの成果をもたらし、創造的プロセスの解明ばかりか、人間関係力学――参加者が選ぶ言葉や態度、反応――がセッションにどんな影響を与えるかもわかってきた。

バッファロー大学のスクール・オブ・クリエイティブ・シンキングが心理学との協働を行ったために、プリンスとゴードンも実演や論文の提供で研究文献作りに寄与し、その結果、ＩＰＡＲの創造的個性の研究や、マズローとロジャーズの創造性と自己実現の研究に触れ、企業環境の解析調査にそれを生かすことができた。仕事への情熱が創造的人間の特質だとすれば、情熱を掻き立てるような環境を整えれば、取り組むべき問題や製品がどんなものであれ、創造的エネルギーに火をつけられる。発明を確実なものにするメソッドとしてシネクティクス法は最適だが、職場における疎外感を癒し、より速く商品を開発できる〝まるごとの個人〟に寄り添う一石二鳥のセラピーとしても、シネクティクス法は優れている。

たしかにシネクティクス法は個人セラピーの一種である。アメリカの職業人のひび割れた心を癒し、疎外感を生みやすい〝詩的〟で〝芸術的〟で〝感情的〟で〝ナイーブ〟で〝子どもっぽく〟、〝陽気〟で〝的外れ〟で〝不合理〟な部分を再統合するセラピーだ。技術者は〝極端に合理的なアプローチを行い、結論を導き出すときは保守的で、既存の知識体系を尊重する〟ように教育される。専門技術を崇める産業は、〝丸ごとの男（あるいは女）を形作り、新しいアイディアを生み出すのに不可欠な、個人的で非合理的で、うわべは的外れで感情的なもの〟を無視しがちだ。戦後のものの見方からすると、〝ぶっきらぼうで実用一点張りの機械工学士〟が、静謐《せいひつ》な山の湖や虹を詠《うた》った詩を吟じるのは、滑稽だけれども元気づけられる。組織人間が人間らしさを取り戻した姿がそこにある。[*15]

芸術は、シネクティクスの発明概念の比較対象であるとともにモデルでもある。ゴードンによれば、〝昔から……創造性の発露とみなされるのはもっぱら美術や詩だった。それに比べて、芸術でも科学でも、発明の才は、おなじ精神的プロセスから生まれているのに、似て非なるものと捉えられがちだった〟。[*16]その一方でプリンスは、テレビのインタビューでこう言っている。

〝美術館に展示されるような作品を生み出す源は一種の創造性ではない――べつの生き物だ〟[17]。

シネクティクス法はたしかに、芸術家が芸術品を作る一助としてデザインされたのではない。それなのに、発明の才について語るのに芸術を持ち出すのはいったいどうしてだろう？　創造性という言葉を――発明の才や独創性、創意工夫との対比で――使うとき、芸術や詩についてではなく、とわざわざ断らねばならないのはなぜだろう？　創造性の議論で必ず出る芸術は、シネクティクス法の宇宙論では実体のない幽霊みたいなものだ――つねに引き合いに出されながらちゃんと議論されることはない。芸術を持ち出すのは、シネクティクスの創造性ブランドは芸術と何がしか――材料でも技術でも知識でも状態でもなく、考え方とかあり様――を共有しているという合図なのである。シネクティクスの理論に則り、とは、詩的に考えるという意味だ。だが、仕事と一体であれという意味でもある。

シネクティクス法を学べば、あらゆる仕事がおもしろくなり、やる気で満ち溢れる。現代人にとって仕事は退屈で面倒なもの、終業時間がくれば忘れ去りたいものだ。雇われの身としては、仕事に刺激を求めるよりも〝社交優先〟でいきたい。だが、プリンスはザ・シューの研究部長のホーマー・オーヴァリーに対し、そのような態度では創造性に嫌われる、創造性の高い人は〝九時五時の平常業務を越えて仕事に打ち込むという研究結果が出ている〟、と語った[18]。シネクティクス法が目指すのは、満足感を維持し、〝正しいと感じるもの〟を伸ばし、〝丸ごとの自分〟を生かしつつ、仕事との深いつながりを生み出すことだ。むろん多くの企業は、残業してでもやりたいと思える仕事に取り組めと、ただ口で言っているだけではないだろう。プリンスとゴードンにとって、情熱が掻き立てられるのは商品そのものではなく、商品作りの過程だ。シネクティクス法のセッションを受けたあるCEOは、〝参加者全員がこの商品は自分のアイディアから生まれたと思っていました。熱意は涸《か》れることがありませんね〟と語った。[*19] シネクティクス法を実施すれば、職場での疎外感を軽減して当事者意識を持たせることができる。

個人と企業の願望を一致させるという点で、シネクティクス法はあらたなマネジメントのトレンドに合うものだった。経済理論家のクリス・アージリスは、著書『組織とパーソナリティー』（日本能率協会）の中で、ダグラス・マグレガーは著書『企業の人間的側面』（産業能率短期大学出版部）の中で、個性をうまく生かすことによる生産性の向上を示唆している。[*20] アージリスもマグレガーも、アブラハム・マズローの新しい人間性心理学をマネジメント用語に翻訳し、企業システムに適応することより、自己の深遠な部分の統一を企業もろとも目指すべきだと訴えた。[*21] マグレガーによれば、科学的管理法や、マグレガー本人が提唱した〝X理論〟といった〝伝統的価値観〟とは、労働者はそもそも働く意欲がないのだから、トップダウンのマネジメントとグループへの従属を通じて〝尻を叩く〟必要があるという考え方だ。もっと進化した〝Y理論〟では、企業のゴールを〝より高レベルの自己満足と自己実現〟に合わせる重要性に目を向けている。[*22] シネクティクスにとって、創造性こそが、個人と企業が自然に共有できるひとつのゴールだ。ゴードンによれば、〝個人はつねに独自性を追求し〟、企業は独自の商品開発を目指している。[*23] シネクティクス法は経営管理論のつぎの目玉になるだろうと言う向きもあった。USMCの研究部門の取締役W・L・アーベルは、ゴードンとプリンスに会った際、手帳の端に〝理論X、Y、いまやS〟と走り書きした。[*24]

創り出されるものの形や目的というより、創作のプロセスが人にやる気を起こさせる、とシネクティクスは考えている。新しいヘアドライヤーでも車椅子でもマーケティングプランでも(どれもシネクティクスが扱ったプロジェクト)、何をデザインするかはどうでもいいことだ。〝丸ごとの人間〟として取り組めば、製品と作り手の区別はなくなる。なぜなら、疎外されていない労働者だけが、ほんとうに創造的になりうるのだから。

同じ部屋でマーケティングと発明

士気を高めることに加えて、シネクティクス法は(ある程度まで)もっとありふれたこと、例えば人事の調整にも応用できる。R&Dシステムは、ゴードンとプリンスが指摘するほど機能不全ではないかもしれないが、消費者経済が突き付けてくる新しい課題に取り組むだけの力はない。R&Dはいまだにハイテク化された軍隊や産業に目が向いているが、重視すべきなのは消費者市場であり、この多様性の時代に技術者に求められるのは、誰も望んでいない商品の発明だ。商品開発において〝問題〟なのは、もはや明確に定義された作業単位ではない。例えばアルコアがシネクティクスのワークショップで課題に取りあげたのは、アルミニウムの新しい使用法だった。それも、物の世界だけでなく市場でも通用するような使用法で、アルコアの利益に関するかぎり、唯一の〝課題〟だった。シネクティクスのパンフレットでも創造工学の論文でも、〝問題解決〟と〝発明〟が地続きで論じられているのは、多くの技術者にとって、ふたつの境界線が消えてなくなったという事実を反映しているのだろう。

プリンスはザ・シューの研究部門宛の手紙で、着想と開発とマーケティングの担当者たちのコミュニケーション不足が、多くの企業で問題にされていると指摘している。シネクティクスのアプローチでは、最初からマーケティング担当者を交えることにしている。[*25] シネクティクスのセッションを受けたことのあるCEOによれば、商品開発で〝発想の大転換を迫られ……いまではR&Dの連中が広告スローガンを考え、マーケティングの連中が研究室に出入りしている〟。[*26] これが主流となり、研究集約的企業の多くが、多様化の一環として組織調整を行っている。戦略計画を練る際にも、社内のデザインチームを編成する際にも、マーケティング担当者を主要ポストに据えるといった塩梅だ。発明とマーケティングの混合――ピーター・ドラッカー曰く、現代的マネジメントの二大関心事――は、創造的問題解決の流れを支える共通原理だ。創造工学のパイオニア、ジョン・E・アーノルド――なんと一九四〇年代はじめにザ・シューの技術者だった――によれば、〝創造性は多様な専門家たちに共通の場と、アイディアを伝え合うための共通言語を提供してくれ……商品デザインは、分野の異なる人びとが集まって効率的に創造的作業を行う理想的な媒体となりうる。科学者、技術者、芸術家、哲学者、心理学者、社会学者、人類学者、セールスマン、広告マンがそれぞれのノウハウを出し合えば、商品開発を確実に成功に導くことができる〟。[*27]

ようするに、シネクティクスのセッションは、新しい商品開発体制に合った人事へのアプローチを提供してくれるのだ。それは産業科学というハードな世界に浸透するソフトな説得術であり、プリンスやオズボーンが広告業界から大企業のR&D研究所へと飛び込んだことに象徴されるものだ。

ザ・シューの技術者たちがシネクティクス法に魅力を感じたのは、消費者経済に合わせ技術一辺倒の組織を再編成したかったからだろう。戦争がはじまるまで、彼らは自分たちが何をすべきかわかっていた。靴製造機械をより速く、より確実に造ること。戦後になって、斬新的改良だけでは不充分だと気づき、起業家の発想でものを考え、消費と娯楽の分野で商機を見出す必要性を痛感した。例えば一九六八年、グッドチャイルドは研究スタッフ一〇人に招集をかけ、改良型スキーリフト・チケットシステムの開発を命じた。メイン州に旅した二人の重役の話がきっかけだった。ファスナー製造技術を生かせば、リフト券を切って渡す手間を省く方法を編み出せるのではないか。出されたアイディアは、低出力の無線発信機とかテレビのリモコンのような短距離超音波装置、ポラロイド写真をチケットに貼りつける、スキーの先端に半減期二四時間のベータ粒子を挿入したセメントを付ける、消える染料のスタンプをスキーウェアに捺す、などだった。

これらのアイディアや、ザ・シューが社内で行ったシネクティクス・セッションで出されたアイディアが商品化されたかどうかは不明だ。シネクティクスが果たした役割がどんなものであったとしても、ザ・シューの製品多様化戦略が実を結んだことはたしかだ。一九七二年には、それまで唯一の市場だった靴の製造が、総収入の三分の一を占めるのみになっている。現在では、産業市場と消費者市場に膨大な種類の製品を送り込んでいる。ファスナーに接着剤、靴に関係のない製造機械の設計、改良、製造、販売で、世界中に五八の工場を持ち、従業員二六〇〇〇人を抱える。[*28] 五〇を超える中小企業を吸収合併したためだが、中には社内で発明されたものもあり、それはシネクティクス・セッションの成果かもしれない。

*

シネクティクス社は商品開発に携わってきたものの、もっぱらよその企業の社員をトレーニングする仕事なため、自分の手柄だと公表できるものはない。ただし、ポテトチップスのプリングルズ（P&Gがアーサー・ディ・リトル社で行ったセッションで、ポテトチップスが輸送中に砕けてしまうという問題の解決策として出たのが、テニスボールのカートンを使うことだった）とスウィファーのモップはその限りではない。どちらも、既存の専有技術をこれまで需要がなかったものに応用した結果だ。重役も訓練生もセッション参加者も、シネクティクス社に惜しみない称賛を送っており、創造性心理学者の中には、人気のあるブレインストーミングよりも高度な集団発想法だと捉える者もいる。IPARのドナルド・マッキノンはシネクティクス法を創造的思考の〝最高のメソッド〟と呼んだ。[*29] 何より肝心なのは、シネクティクス法がどれほどうまく〝機能〟するかではなく、厳格な技術者の世界で、シネクティクス法のようなテクニックが、経験主義とロマン主義、能率と気まぐれ、集団の団結と個人の自由の甘辛い組み合わせを可能にし、R&D資金の合理的な使い方だと思わせたことだ。ダウ・ケミカルの〝Creative Review〟には、〝丸ごとの人間（心と手と頭）に重点を置くことで、シネクティクス法は効果的であることを示し、それを利用した人は仕事に喜びを感じるようになる〟と好意的な記事が載っている。[*30]

　シネクティクス法は、ある意味で、大衆社会から個人を救い出す試みと言えるだろう。一九六六年にプリンスはこう書いた。〝五〇年前、社会の様相はまるでカンザスの大草原さながらだった。どこを見ても聳《そび》え立《た》っているのは人間だった。われわれのいまの社会を見渡せば……大組織ばかり〟。プリンスは、大衆社会と国中で頻発する若者の反抗を結び付けて考え、こうつづけた。〝学生とわれわれとの唯一のちがいは若さだけだ。若いから反抗できる。だが、どちらも自分を見失い、この世界に意味を見出せずにいる〟。シネクティクス法とは、企業という枠組みの中で反抗心を育て、あらたな意味を見出させる試みだ。ブレインストーミングにしても、シネクティクス法にしても、そこには浮かれ騒ぎの要素がある。プロセスは楽しいものでも、最終的には誰かの利益にならねばならないし、セッションはかならず終わるものだ。それは芸術と科学、詩と実利を結び付ける試みであり、疎外感を和らげるセラピーであり、デザインと技術の境界線がますます曖昧になり、必要がもはや発明の母になりえない消費者経済に意味を見出すためのものだ。これからの数十年で企業がどう自己改革するか、その先駆者となるのがシネクティクス社だろう。いずれにせよ、創造性の概念――プリンス曰く、統制のとれた自由、うきうきさせる安定、わかりきったギャンブル、はかない確実さ――を明確に描き、パラドックスを戦後アメリカ社会に受け入れさせねばならない。

第五章――創造的子ども

一九五七年一一月、ソ連は人工衛星の打ち上げにはじめて成功した。アメリカの技術力の劣勢が叫ばれる中、研究部門の責任者や政策立案者たちは、学校教育はこのままでいいのかという不安を口にするようになった。冷戦強硬派と伝統保守主義者、それに、一九五四年のブラウン対教育委員会裁判の〝人種分離した教育機関は本来不平等である〟という主旨の最高裁判決に反対する人びとが手を組み、スプートニクを、歴史学者ダイアン・ラヴィッチによれば〝高い基準への無関心が招いた結果を象徴するもの〟とみなし、進歩主義教育と人種の違いにかかわらず教育機会を均等にする動きに責めを負わせた。それに歩を合わせて、数学と科学教育の強化、早期の専門教育、厳しい規則を求める声があがり、最精鋭の人材に注目が集まった。[*1]

その翌年、ミネソタ州立大学の教育心理学教授、エリス・ポール・トーランスのもとに巨額の政府小切手が送られてきた。〝才能ある〟子どもに関する複数年の研究資金としてである。

ジョージア州の農家の息子として生まれ、高校のキャリア・カウンセラーから空軍でエース・パイロットを研究する心理学者に転身したトーランスは、才能ある個人の重要性を痛感していた。だが、不適応者にも関心を寄せており――親近感を覚えていた――規則による締め付けや早い時期からの専門化には反対だった。ふたつの関心が創造性の旗のもと、トーランスの中でひとつになった。創造性研究の発展に心躍らせたトーランスは、世間にはびこる天才の概念――その概念を反映し強化するようなテスト――は、想像力のない大勢順応型で組織人間予備軍たちに有利だと結論づけた。

一九六一年、〈ルック〉誌の〝創造的子ども〟の特集記事で、トーランスはこう述べている。IQテストでよい点数をとるのは、〝イエス＝ノーや正しいか正しくないかを答える問題が得意……集中的思考を行い、実験はやらず、記憶に頼るタイプであり、真に創造的で独創的な頭脳とは言えない。IQテストや進学適性テストで才能ある子どもを測定しようとすれば、もっとも創造的な子どもの七〇パーセントがはじかれる〟[*2]。この記事が出た直後に、才能ある子どもの研究に政府の助成金がおりた。トーランスが焦点を当てたのは、いかに〝創造的才能〟を特定し育むかという問題だった。子どもの教育は、創造性研究者たちの当初からの関心事だったが、一〇年経っても、高度な科学知識をもつ人材や業績をあげた専門家にばかり目を向けていた。ところが、トーランスが子どもの創造性の研究を可能にする。数年のうちに、その名を冠したトーランス・テスト・オブ・クリエイティブ・シンキングを開発したのである。広く利用できる初の創造性測定筆記テストで、その後の創造性研究の絶対的基準となった[*3]。

スプートニク打ち上げにつづく国家的危機の最中、大勢順応を嫌うトーランスは、教育界の勢力争いとは距離を置いて創造性の概念の構築に没頭した。冷戦のお陰で得た研究資金を無駄にはできない。トーランスにとっても、ほかの研究者たちにとっても、創造性とは、天分と子どもなら誰でも持っているものとのあいだの、スキルと個人的価値のあいだの、曖昧な位置を占めるものだ。だからこそ挑戦のし甲斐があるのだが、失望して終わる可能性もある。それでも、トーランスは創造性研究の第一人者となった。結果を出す研究者として生涯創造性の擁護者に徹し、理想の子どもと教育の目的に対するアメリカ人の思い込みをあらためさせ、不確かな時代に子どもたちの将来を心配する教師や親を鼓舞しつづけた。[*4]

創造性研究に取り掛かる

のちに〝創造性の父〟と呼ばれるトーランスだが、一九五八年に創造性研究に取り掛かったときには新参者扱いされた。気持ちの上ではこの道一筋でやってきたのだが、とのちに語っている。[*5] ミネソタ州立大学で教える前には、空軍のサバイバル・トレーニング・プログラムの心理学者だった。朝鮮戦争で捕虜になったアメリカ兵が共産主義に〝洗脳〟されたという報告を受けて作られたプログラムだ（アメリカ人の健全な精神を巡る国をあげてのパニックの恩恵を受けたのは、このときがはじめてではなかった）。この時期、トーランスは拷問に抵抗するテクニックを詳述した〝尋問を受けるときの心理〟マニュアルを作成した。またエース・パイロットに関する研究でその名を知られるようになった。[*6] こういった経験から、不利で不慣れな状況下でも成功する人間がいるのはどうしてかという問題に関心を抱くようになり、これがのちに創造性特定の鍵となった。もっとも彼は成功できない人間とも触れ合っている。戦時中、不名誉除隊処分を受けた元兵士のカウンセリングを行っており、それ以前には、学校で問題児を扱うカウンセラーだった。トーランス自身も不適応者だった。ジョージア州の田舎で育った少年時代は、野良仕事を手伝わず本ばかり読んでいて家族の中で浮いた存在だった。問題児とエース・パイロットには多くの共通点――強い意志、素早い決断、規則や先入観に囚われない――があることに気づけたのはそのせいだろう。トーランスの考えでは、世間が出来損ないとみなすのは、たいてい才能があり、性格的に従えないような恣意的規則に窒息しそうになっている人たちだ。

これまで教育者がよい生徒と考えていた子どもたちは、いずれ大勢順応人間になるのがおちだ。つまりは、〝社会が認めた大量のデータを記憶できて、権力者に気に入られたいがために行動する〟人間。これまで才能があるとみなされてきた生徒は、教師や管理者に〝目をかけられ〟、成長する機会をふんだんに与えられてきたのに対し、きわめて創造的な生徒は〝ときに自由奔放な態度をとる〟ので教師の手にあまり、〝頭を押さえつけられ〟ほかの生徒たちの前で晒し者にされる、と〈ルック〉誌はトーランスの意見を代弁した嘆きの記事を載せている。おなじく〈ルック〉誌のインタビューで、カルヴァン・テイラーは、創造的生徒の中途退学率は国の標準を上回っていると述べている。またトーランスは、創造的生徒の抑圧は権力者に対する〝破壊的あるいは無力な敵意〟を生み出すと述べた。[*7] それは生徒に対して残酷なばかりか、貴重な潜在能力を無駄にし、社会にとっても損失となる。〝同輩集団や教育機関そのものからの威圧的な圧力によって、創造的才能が意味もなく抹殺される〟と、トーランスは警鐘を鳴らす。[*8]

西欧の教育システムを権威主義的だとみなしたのは、トーランスだけではなかった。彼が主催した会議で、ニューヨーク大学スクール・オブ・エデュケーションの学部長、ジョージ・ストッダードはこう述べた。〝学校では教師も教科書も（教師は判を捺され封印され冷凍保存されたも同然）大勢順応の神を讃え、三〇〇年間変わらぬその基準が、もっぱら条件反射と反復行動と権力者の声に頼る人間を生み出したのである〟。[*9] 進歩主義教育の提唱者たちは、丸暗記は権威主義的であるばかりか非効率だと反対してきた。いま彼らが恐れるのは、数学と科学に注目が集まることで問題が悪化することだ。技術重視の改革者たちでさえ静的思考に懸念を示したため、厳しい規則への反感が強ければ強いほど、労働力開発と才能ある子どもに対する関心が薄らいでゆくという状況をもたらした。もっとも、現代の学校の厳しい規則から創造性を救い出すことが、教育者の急務であることに異を唱えた者はいない。

トーランスが自らに課した任務は、創造的潜在能力としての〝才能〟を、教育省の官僚にもわかるやり方で再定義することだった。研究者の多くが、子どもの創造性を研究するのは不可能だと考えていた。広く認められた天才を特徴づける創造的作品を、いまだ創り出していない大学卒業生や一般技術者の創造性を測定することすら難しいのだから、まして児童や生徒の創造性を測定することなどできるわけがない。だが、トーランスにとってそんなことは問題ではなかった。彼にとって創造性とは創造物ではなく創造するプロセスで発揮されるものだ。ほかの研究者は、創造性を何か新しくて役に立つ物を創り出す能力と規定したのに対し、彼が設定した独特とも言える基準は、〝問題や欠陥、知識のギャップ、欠けている要素、不調和などを敏感に察知し、難しさを特定し、解決策を模索し、推量し、あるいは仮説を立て、仮説のテストを繰り返し、修正を加えてまたテストし、最後に結論を伝えるプロセス〟だった。[*10] 当時の心理学者はたいていそうだったが、トーランスも最初の頃、自らのテーマを〝創造性〟とは表現せず、何かを創り出すこととはあまり関係ないものと見なしていた。彼はクリエイティブ・エデュケーション・ファンデーション（ＣＥＦ）が編集した口述歴史の中で、当時を振り返ってこう述べている。〝あの頃研究していたのは創造性だったのだと思う〟。彼にとっても、第三章に登場したマズローにとっても、創造性とは思考方法であり――特定の創造物ではけっしてない。[*11]

創造的思考の段階に関するトーランスの説をさらに練り上げた結果、創造性研究と教育心理学を結び付けることが可能となった。著名な科学者や作家、建築家を研究するのとはちがい、被験者はすでに立派な業績を残している必要がなく、アイディアを伝えられればいいだけだが、それは言葉に出すのとおなじぐらいシンプルで、芸術作品とおなじぐらい複雑でもある。事実、トーランスの基準はただの基準ではなく、創造性がどう働くかを述べた学説だったのである。彼には研究契約を履行する必要があったため、このプロセスを実際に研究して立証するのに運

創造性テストを行うポール・トーランス。被験者である子どもは、玩具をどう改良するかを問われる。赤煉瓦テストの変形。© E. Paul Torrance Collection, Hargrett Rare Book & Manuscript Library, University of Georgia.

用可能な基準を設けねばならなかった。誰が創造的で誰がそうではないかを証明するための、データのようなものだ。幸いなことに、一九五八年時点で、ものになりそうな〝創造性テスト〟がすでに開発されていた。あとはこれを子どもの研究に応用すればいいだけだ。

気がついたら精神測定学者になっていた、とトーランスはのちに語っている。この手のテストの開発には門外漢だったせいで、子どもの創造性の研究をはじめてようやく、子ども向けの創造性テストが存在していないことに気づいたほどだった。[*12] とりあえずギルフォードの発散的思考タスクを応用してテストを作成した。当初はミネソタ・テスト・オブ・クリエイティブ・シンキングと呼ばれたが、トーランスがジョージア大学に移ったためトーランス・テスト・オブ・クリエイティブ・シンキング（TTCT）として知られるようになる。口頭テストと図形を使ったテストに分かれ、それぞれのタスクの説明と採点基準が記された試験官のための手引書付きの標準的な形式のテストだ。口述テストに含まれるのは、本のカバーの謳い文句を聞いてタイトルを答えるものなどで、図形を使ったテストで求められるタスクは、不完全な図形をもとに絵を完成させることだ。例えば、一二のまったく同じ四角が並んでおり、それぞれの四角形の中に一インチ間隔で垂直線が二本引いてあって、それが数ページにおよぶ。被験者は最初の二本線をスキー、つぎの二本線を超高層ビル、三つ目をおかしな顔の長い鼻、四つ目を泥棒を追いかける警官、といった具合に自分で描き加えて絵を完成させ、一〇分間それをつづける。

TTCTを構成するファクターは四つで、ギルフォードの創造性の一六の因子モデルを簡潔化したものだ。制限時間内に思いついたアイディアの数で測定する淀みなさ。ほかの被験者たちが思いつかないアイディアを出せるかどうかで測定する独自性。アイディアのヴァリエーションの多さで測定する柔軟性（二本の線を棒線画としてのみ捉えるか、家財道具や建物、動物、アクションシーン、大きなもの、小さなもの、異なった視点から見たものなど、発想を広げられるか）。最後は、詳細度をどこまで高められるかで測定する綿密さだ。検査官に求められるのはできるだけ主観を排除することだ――二本の線を梯子や家の壁とみなすのは創造的とは言えないが、梯子に座る黒い猫を描き加えたら詳細度が二ポイントあがる（猫で一ポイント、黒い色で一ポイント）。棒人間が梯子にのぼり、燃える煉瓦の家から手を振るもう一人の棒人間を助けようとしている絵ならポイントはさらに高くなる。これは絵の才能や言葉による表現力を測るテストではないので、芸術性や文章のうまさで判定しないし、美しさとか物語の深さ、辛辣さといった主観的な基準でも判断しない。それよりは、一般的に創造力を反映すると思われている特質、つまりアイディアを思いつく速さ、才気、想像力で判断する。

このテストをテストするために——テスト予測値があることを証明するために——トーランスは、ミネソタ小学校の児童二二一五人を対象に、大規模で長期にわたる研究を行った。彼らが七歳のとき、一二歳のとき、二二歳のとき、さらには四〇年後とテストを繰り返し、三年生のときによい成績だった子どもが、創造性を発揮して成功をおさめたかどうか追跡調査を行ったのである。なんとも気の長い話だ。

学校が創造性を殺すかどうかを知るのに何も科学的研究は必要なかったが、テストをはじめてすぐの段階で彼の確信を裏付ける発見があった。〝四年生スランプ〟と呼ばれるもので、創造性テストのスコアが急落するのだ。教育心理学者にとっては周知の事実だが、児童は四年生頃に社会的慣習を意識しはじめ、規則に関心を示し、想像力に溢れた自由活動をしなくなる。これには負の側面があるとトーランスは仮説を立てた。社会化はたしかに必要だが、過度の抑圧は〝ドロップアウトや非行、ノイローゼ〟につながる。アメリカの若者を観測してきた者たちがもっとも恐れる三つだ。

創造性が四年生時のギャップを乗り越えて維持できるかどうかを調べるため、トーランスと同僚の研究者たちは、ＴＴＣＴを応用したエクササイズを用いて児童のグループを訓練した。

一般的でないタスクをもとにした活動では、児童はひとつの物体――テストでよく使われる煉瓦ではなく人形――を渡され、異なる使い方をできるだけ多く考え出すよう求められる。TTCTの製品改良セクション（児童がホワイトカラーの世界でやがて直面するであろう職場での創造性を経験させるために設けられた）をもとにした活動では、児童は玩具の馬の改良に取り組まされる。当然のことながら、発散的思考タスクで訓練された児童のほうが、その後のテストでよい成績をおさめた。この発見によって、トーランスは楽観的な論文を書きあげた。想像的能力の喪失は、たんに〝人間の発達において必然的で健康な部分〟であるばかりか、周到な手段によって〝創造性〟を犠牲にすることなく〝発達〟を遂げさせることが可能だと示唆する論文だ。

特定から発達へ

トーランスはこの研究を武器にアメリカの学校を回り、創造性促進を訴えた。教室では芸術の素晴らしさを伝え、○×式の代わりに可能なかぎり自由回答の試験が望ましいと説き、創造的思考エクササイズを実演してみせた。教室で行うエクササイズを開発し、危険を冒し大勢に逆らうことの大切さを示すため、有名な探検家や発見者の物語を吹き込んだレコードを配布して宣伝に努めた。西欧の進歩発展の立役者であり児童にも馴染みのある彼らは、伝統的な意味で〝創造的〟ではないし、TTCTでよい点数はとれないだろうが、大事なのはそこではない。

彼らの物語を児童に聞かせた後、教師が発散的思考エクササイズへと導いていくことが肝心なのである。

一九五〇年代から六〇年代にかけて、創造性研究の主要なタスクは、誰もが生来持っているはずの創造性の特定にあると考える科学者たちと、目指すは創造的能力を刺激し発達させることだと考える科学者たちとのあいだにつねに緊張があった。ある心理学者に言わせれば、後者は〝事例証拠マニアか、実験をうまく制御できない連中〟ということになる。[*13] 創造的でない人びとの創造性に火をつける〝ブレインストーミング〟のようなテクニックを伝授する、アレックス・オズボーンやシドニー・パーンズは、実業界からやってきて学術用語を操るようになったので、トーランスを頼りになる味方と見ていた。トーランス自身は両者のあいだの緊張に影響されることはなかった。生まれ持った創造性が消滅の危険に晒されている子どもたちと作業し、創造性をテストすることも発達させることも、おなじプロセスの一部だと考えていた。一九五九年、彼は第三回ユタ会議に招かれ、創造的潜在能力の発達に関する新しい分科委員会を率いることになる。会議の名称が〝コンファレンス・オブ・ジ・アイデンティフィケーション・アンド・ディベロップメント・オブ・サイエンティフィック・タレント〟に変わった記念すべき年だった。もともと高度な科学知識を持つ人材に関心があったカルヴァン・テイラーは、一九六四年にこう記している。(創造性は) 学んで身につくものなのかという問題はいまだ解決していないが、心理学者たちは少なくとも〝あらゆる人びとに、ある程度の、潜在的創造性があると確信しており……あらゆる年齢、あらゆる文化、あらゆる人間の営みにそれは見られる〟[14]。創造性の意味は、生来の能力からスキルのようなものへとシフトし、広がったのである。

教育論争を繋ぎ合わせる

トーランスは、当時の教育関係者にとって救世主だった。創造性の優れた擁護者として、教育業界のタカ派もリベラルな改革派も、進歩主義教育の自由な探求精神も万人平等主義も、スプートニク後の冷戦の要求も、すべてを満足させることができたからだ。彼は歴史学者のアーサー・シュレジンジャーがアメリカ政治の〝活力ある中道《バイタルセンター》〟と呼んだ、個人の自由と社会的利益、平等と卓越とのバランスを取ろうとする優秀で知的な政策立案者たちと感覚を共有した。[15]広く流布した一九五八年のロックフェラー兄弟財団の報告書に、ジョン・ガードナー（ＩＰＡＲの創造性研究の後援者でもある）は、〝民主主義は……凡庸さの共有を促すものではなく……それぞれが独自の優秀さを発揮し、それに沿って生きることを可能にするシステムである〟と書いている。[16]教養科目と進歩主義教育の教義を、タカ派の唱える〝厳密な専門化〟から守るため、ガードナーは、ソ連が行っていると報じられるような〝才能の徴発を自由社会はやってはならず〟、進む道はそれぞれに選ばせるべきだと主張した。また経営者の視点から、〝それでもときに、隠れた才能や無駄にされたスキル、悪用された能力が、自由な人間の生存を脅かすという重大で複雑な問題に直面することがある〟とも述べている。個人の要請と社会の要請との緊張をほぐす答は、万人平等主義の教育ではなく、多元論的教育に見出せる。マイノリティ教育を進め、欠席がちな生徒を早いうちにケアしつつ、国家戦略の観点から生まれつき才能のある生徒にもっと注意を払うべきだ。文化遺産と民主的市民権を共有しているからだけでなく、急激な変化の時代の労働力開発の戦略としても、共通のカリキュラムを守らねばならない。この先何十年もつづくであろう議論を踏まえて、ガードナーはこう書いた。〝だからこそ、若者に基礎知識を教え込み、変化に対応できる力を身につけさせねばならない[*17]〟。

自由主義の教育改革者たちは、教育史家デイヴィッド・ラバリーが挙げたアメリカの教育が抱える三つの矛盾するアイディア（それぞれが異なる目標と異なる学習課目モデルを掲げる）を解消しようと試みた。〝民主的平等派〟が目指すのは、生徒を市民とみなし、学校の役割は標準的教育をあまねく施し、情報に通じた一般大衆を作ることだ。それに比べ、〝社会的効率派〟は、生徒を未来の労働者と見るので、学校は〝経済的役割を上手に果たす〟生徒の育成が第一義だとしている。どちらも教育を社会的利益の観点から捉えている。三番目の〝社会的流動性派〟は生徒を学習教材の消費者とみなし、学校は生徒に労働市場で優位に立てる競争力を身につけさせるべきだと考える[*18]。自由主義にもとづく戦後の学校改革では、これらの三つのアイディアを、個人と偉大な国家がたがいに補完し合うような多元的理想に融合しようとした。ロックフェラー財団の報告書にはこうある。〝自由な社会は個人の育成にあたり、社会活動に貢献するためだけでなく、自己実現と自己啓発に資することを第一に考えるべきである[*19]〟。

トーランスはしばしば、自らの研究の重要性を国家戦略の観点から正当化しようとしたが、経済的にも精神的にも現代社会に立ち向かえる能力をどう育むかを真摯に考え、思いを書き記している。彼にとって創造性教育は何よりも〝人間的な教育〟だ。[*20] 国は生徒に科学的専門教育を施すか、ソ連に負けるかの二者択一をすべきではない。特定の知識や専門技術ではなく、創造的に考える一般能力を磨くことによって、創造性は自己表現を促進し、なおかつ国の戦略的利害に役立つことができる。

宇宙時代はわれわれを、昔ながらの気楽なアイディアが通用しない場所へと誘《いざな》う。いまの小学生はより多くを求められるだろう。人間の生存が脅かされるいま、行く末を考えねばならないと同時に、子どもたちが創造的潜在能力に気づく手助けをする方法を模索する必要があり……今日、学校とは学ぶための場であるとあらためて宣言する。われわれはより厳しく生徒に学ばせねばならない。(だが) 未来の学校は学ぶだけでなく考える場となるだろう。今日の学校と大学に求められるのは、考えることのできる人間、科学的発見ができる人間、世界の諸問題に適切な解決策を見つけられる人間、洗脳されない人間、加速化の時代にあって変化に適応しつつ正気を保てる人間を輩出することだ。[*21]

ほかのすべて——考えること、発見すること、発明すること、問題解決、洗脳に耐えられること、変化に対する適応性——を可能にするような包括的能力こそが創造性だ。学校は知識を教え込むよりも〝考える力〟を育てる場だというトーランスの主張は、以前からある進歩的な教育論と、予測不可能な未来に対するあらたな懸念の両方に訴えるものだった。創造性は凝り固まった教育政策論争を超越するものだとトーランスは考えた。アメリカの学校を守るのは〝批判者でも擁護者でもなく〟、予言者と最先端の思想家だ。[*22] 彼は自身が教育革命、ひいては文化革命の先陣を切る者だと確信していた。〝人間の思考、創造的思考は発達しつづけるものであるから、一九六〇年代の人間は将来の世代にはうぶで野蛮に見えるだろう。穴居人がわれわれから見ればそうであるように[*23]〟。

親と教師のヒーロー

創造性は教えられるというトーランスの主張は、教育論争の当事者双方から批判——彼に言わせれば不当な批判——を浴びた。[*24] 進歩的教育者は、彼の発散的思考エクササイズは〝オペラント条件付け〟にすぎず、精神を自由にするというよりマシーンをプログラミングするようなもので、ほんものの創造性の薄っぺらな幻影だと非難した。保守派は、彼のメソッドを進歩主義教育といっしょくたにして、自由放任で気ままで具体的な内容に欠けると非難した。しかし、多くの親や教師、カウンセラーはトーランスの主張をひじょうに斬新だと受け止めた。彼の自伝によれば、〈ルック〉誌に記事が掲載されると二〇〇〇通を超える手紙が届き、三〇〇人以上の教師から、TTCTの資料を送ってくれとリクエストがあり、あらたに一〇〇〇〇人の生徒がテストを受けることになった。[*25]

これでようやく扱いが難しいが聡明な生徒に与えるツールが手に入ったと、教師たちは大喜びした。ホノルルの高校教師マリリン・スタッセンは、美容院で女性誌〈レッドブック〉を眺めていて、トーランスに関する記事を見つけ、〝お釜《ドライヤー》から跳び出しそうになりました。高いIQや几帳面さ、組織や規律、よい家庭環境が必ずしも想像力のある子どもを作るわけではないという話はよく耳にしていました……少年院に送られた子どもたちが、自慢できるものは何もないと言うのを聞くと悲しくなります。IQは普通だし……とくに手先が器用なわけじゃないし……でも、あなたには創造的潜在能力があるかもしれないと言ってやり、自尊心と教師の助けがあれば、非行少年たちの人生を変えられるかもしれません〟と手紙に綴った。もしかしたら想像力があるかもしれないのに、扱いが面倒な子どもを憶測で問題児扱いすることにも、自分の子どもは普通であればいいと思っている親の干渉にも、スタッセンはうんざりしていた。教師が生徒をもっと客観的に見るのに、トーランスのテストが役立つことを彼女は願った。手紙はこうつづく。〝親もテストの結果なら信じます。あら、まあ！　うちの子には可能性があるのね！〟[*26]。

〝少なくとも一人、おそらくはひじょうに創造的な子ども数人〟の教師であり親でもあるジョン・R・クローリーは、〈レッドブック〉誌と〈リーダーズ・ダイジェスト〉誌でトーランスのことを読み、〝おおいに元気づけられた〟。〝進歩主義教育の折り紙付きのアイディア〟を信奉しており、自身が勤めるニュージャージーの郊外の高校では〝第一次大戦以前の〟慣例に〝逆戻り〟していることを懸念していた。〝経済的にも社会的にも恵まれた生徒たちにとって、学校はまわりに順応してよい成績をとれとプレッシャーを与えられる場〟だ。スタッセン同様クローリーも、〝周囲から嫌われる問題児はえてして将来有望〟であることをなんとか証明したかった。トーランスに宛てた手紙に、こう書いている。〝これまでの経験から、独立独歩も偏屈も創造性を守るための手段だとわかっています。裕福な家庭に育った、どの教科でもまんべんなく良い成績をとる生徒はそうではありません。大手保険会社に就職し事務職としてそこそこ出世するでしょうけれど〟。

多くの親たちもトーランスのメッセージに希望を見出した。問題の多いわが子が、創造的かもしれないのだから。アラスカ在住の母親はこんな手紙を書いた。〝記事を読んで神さまに感謝しました。おたくの子どもは厄介だの、ふざけすぎだの、集団に馴染めないだの言われつづけた親たちが、自分の子はあなたのおっしゃる普通なのだとわかれば、どんなにほっとするでしょう〟。彼女は養子にしたネイティブアメリカンの一五歳の息子の写真を同封し、こう綴っている。〝あなたの記事を読んでようやく、肩の荷がおりた心持ちがしました〟。彼女も夫も息子を〝愛らしい子〟だと思っていたが、教師は彼を〝頑固〟で〝知ったかぶりをする〟と見ていた。トーランスの記事が彼らに希望を与えたのだ。〝先生方が彼のことや彼が抱える問題を理解してくれさえすれば、怠け者で遊び好きで責任感のない空想家ではなく、同じ波長を持つ人に対して美しい反応を示し勇敢な働きをする子だと見てくれるでしょう。わたしはあなたのアイディアをそう解釈しました〟。

〝まるでうちの息子のことを読んでる気がしました〟と記したのは、〈レッドブック〉誌の記事を読んで、同じ思いの多くの親たちを代弁して手紙を書いたマーガレット・マロリーだ。彼女の一六歳の息子は〝ハンサムで人懐こい子でしたが、すっかり自信を失ってしまいました〟。幼い頃にハムストリングを切って足が不自由になり、〝成績の悪い児童〟のクラスに入れられ、〝責任を負えない〟児童、〝学校に興味のない〟児童のレッテルを貼られるようになった。美術の教師はアートかデザインで前途有望なキャリアを積めるだろうと言ってくれたが、進路指導の教師は〝もっぱら言葉で勝負する人間から見れば、劣等生にすぎない〟と言い放った。マロリー夫妻は〝この先どうすればいいのか途方に暮れ、高校を卒業してから息子を正しい道に進ませられるのか不安でならなかった〟。息子の将来を見通すきっかけになればと、サンフランシスコの湾岸地帯で創造性テストを受けられる場所があるのかどうか、彼女はトーランスに問い合わせたのだった。

ブルックリンの母親はトーランス宛の手紙に、一〇歳の息子のデイヴィッドは〝あなたがあげた創造的子どもの特徴とぴったり合っています。まさにうちの子のことです〟と書いた。デイヴィッドは絵を描き彫刻し、生物採取が大好きで、知能テストは平均点だが、〝感受性豊か〟で社会性に乏しく、〝まわりから馬鹿にされ、悪口を叩かれ、教師泣かせ〟で、教師からは〝ほかの子どもたちと違う〟と決めつけられた――〝異端児で一匹狼〟というわけだ。学校からはカウンセリングを受けることを勧められたが、両親は踏ん切りがつかない。〝セラピーは役に立つでしょうか、それとも害になり、息子を収容所に送り込むのでしょうか？　あの子の個性が殺されてしまいます〟と心配になる。〝デイヴィッドにテストを受けさせられる人や、わたしたちに助言してくれる人がニューヨークにいたらどんなにありがたいことか。わたしたちはただあの子に幸せになって欲しいのです。彼が自分らしく生きられる世界で幸せになれたら、わたしたちはそれだけを願っています〟。

子どもの運命を左右する学校システムが、テスト偏重となり、冷戦下の〝風変わりなもの〟を怪しむ風潮に染まった時代に、親も教師もトーランスのテストに希望を見出した。それこそがまわりに馴染めぬ子どもたちの居場所になるかもしれない。労働市場が大卒のホワイトカラー労働者に占領されるのを見るにつけ不安を募らせていた多くの親や教師は、トーランスのメッセージに自信を取り戻した。たとえ子どもたちが、飽きっぽいとか、社会性や集中力に欠けているとか、知能が低いとか言われても、彼らのための特別なプランが用意されているとしたら、それは希望だ。

＊

二〇〇三年に亡くなるまで、トーランスは並々ならぬ才能を持つ生徒と、すべての生徒の中に眠る創造的潜在能力の両方を熱烈に擁護しつづけた。彼は一九六六年にジョージア大学に赴任して以来、黒人白人を問わず貧しい田舎の生徒向けの創造的思考プログラムを開発しつづけた。一九七〇年、フューチャー・プロブレム・ソルビング・プログラムを設立し、毎年、若者を集めて自由回答式で未来のシナリオを考えさせるプログラムはいまもつづいている。また一九七〇年代から九〇年代まで、創造性をあらゆる分野で生かすためのトーランス・インキュベーション・モデルをプロデュースした。優秀な生徒にも〝すべての子ども〟にも等しく関心を寄せる彼の拘りを反映した季刊誌〈ギフテッド・チャイルド・クオータリー〉と〈ジャーナル・オブ・クリエイティブ・ビヘイビアー〉はこの時期に刊行された。

アメリカの学校がどんな人間を創出すべきかという問題に、満足のゆく答を出すために彼は一生を捧げた。彼の〝創造的子ども〟は、教育史家でスタンフォード大学教育大学院教授のデイヴィッド・ラバリーが挙げた三つの理想形――自由で民主的な市民、熟練した労働者、刻々と変化するホワイトカラー労働市場で競える個人――を体現している。人は創造的子どもの中に、自分が見たいものを見ることができる。未来のロケット科学者も、未来の詩人も天才も、あるいはただ自由で幸福な子どもも。創造性はトーランスの手にかかって、天才の概念をアップデートし、すべての子どもがその潜在能力を十二分に活用できるスキルにもなった。どちらの場合も、創造性は著しく個性的で、強制も教え込まれもせず、妨害を受けずに解放される、一種の生産的思考とみなされている。それゆえトーランスは、冷戦時の大勢順応批判と、凡庸と文明の衰退を恐れる保守派を巧みに結び付けたのである。

トーランスのおかげで、一九六〇年代以降、創造性は、アメリカの教育の優先事項組み替えの主要概念となった。トーランスが創出した創造的思考テクニックは、芸術教育から〝クリエイティブ・ライティング〟プログラムまで広く応用され、創造性は、進歩主義教育の個別化の精神と、将来有望な人材を見つけ出すための自由回答形式の調査のどちらにも当てはまる概念となった。

第六章　広告業界の革命

アメリカの広告業界の二大業界誌のひとつ、〈プリンターズ・インク（PI）〉一九五九年一月号は、業界が直面するひじょうに深刻な問題について特集を組んだ。前例のない取扱高の時代──一九四七年から五七年までに年間総広告費が倍増し、つぎの一〇年でさらに倍増が見込まれていた──の真っただ中にいたのに、一九五八年の景気後退で広告予算は縮小され、広告担当重役たちは、景気は回復するのか、するとしていつ頃なのか先が見通せずにいた。産業界には、はたして広告は有効なのかという〝懐疑主義〟が蔓延し、販売やR＆Dに回っていた金を広告に回すべき根拠をクライアントに説明する必要に迫られた。懐疑主義の源のひとつと考えられたのは、過飽和──広告業界の成功の皮肉な効果──であり、クライアントの商品を数多ある商品の中でひときわ目立たせることにしのぎを削ってきた結果だった。〈PI〉の特集記事によれば、〝平均的アメリカ人は、毎日一五〇〇もの広告に晒されているから、大量の広告の中でひときわ輝く広告メッセージはよほど優れたものでなければならない〟[*1]。

このような抜本的問題に加え、大衆に植え付けられた広告の〝不運な〟イメージの問題がある。ジャーナリストで社会評論家のヴァンス・パッカードの『The Hidden Persuaders（隠れた説得者）』が世に出ると、広告担当重役たちは憤りを覚えた。広告業界は一九世紀後半に誕生した当初から、懐疑主義と醜聞暴露の標的にされてきたが、一九五〇年代にパッカードが起こした新しい批判の洪水は、冷戦下の政治的恐怖と手を携えて広告業界に襲いかかり、広告とは大勢順応を促す気の抜けた大衆消費主義であり、疑似全体主義的マインドコントロールだというイメージを大衆に植え付けたのである。〈PI〉は、このイメージの問題を広告業界存亡の危機と捉え、連邦取引委員会の〝厳しい取り締まり〟と、リベラルな連邦議会で広告業界の〝いかがわしい〟商行為に上院の調査が入ったことに責任の一端があると責めた。

治療法は？　創造性だ。創造性こそが〝五九年を生き抜く鍵〟[*2]と〈PI〉は宣言し、〝創造性がはるかに重要な役割を担うようになるだろう〟と予言した。サンフランシスコの広告代理店社長ウォルター・ギルドは、〝創造性があらたに脚光を浴びる〟のは、業界が苦境に喘《あえ》いでいる証拠と語った。最初のうちは、創造性が広告そのものの質を向上させるだろう。〝多すぎる広告はうっとうしいだけ！〟という彼の言葉は、広告のプロと批評家に共通のコンセンサスでもあった。クライアントは〝創造的な広告を貪欲に求め、それ以外の広告にうんざりしている〟。〈PI〉によれば、創造性は〝商品やキャンペーン、企業、コマーシャル、あるいは思考が一頭地を抜くための力となる〟[*3]。

ギルドに言わせると、そういう〝創造的〟広告を作れるのは、組織のしがらみから解放された〝創造的〟人間——コピーライターとアーティスト——だけだ。広告業界もまた、アメリカを蝕む官僚的慢心の犠牲となっている、と〈ＰＩ〉は記す。大手広告代理店が〝節度のない合併〟をするのは、クライアントの規模が大きくなるのに合わせてのことだが、クライアントも同様に節度のない合併を繰り返している。その結果、広告代理店はより大きなチーム、より多くの中間管理職、より多くの会議と、膨張をつづけていった。[*4] 広告代理店レオ・バーネットの創造性部門担当副社長ドレイパー・ダニエルズ（ＡＭＣテレビシリーズ『Mad Men』の主人公ドン・ドレイパーのモデルとなった）は、この状況を、ウィリアム・ホワイトが言うところの株式会社資本主義全般の苦難、保守的な管理職の群れによる才能ある起業家の征服と捉えた。アメリカは〝最初の下級マネジメント会議を生き延びられないというアイディア〟をもとに築きあげられた、とダニエルズは嘆いた。

典型的な広告マンの世間の評判が、このイメージを裏付ける。筋の下書きやメモアールや小説や映画で描かれた広告マンは、自宅で細々と仕事をする下請けの典型だった。意気地のないイエスマンで、グレイのフランネルの背広を着た因習的人間。[*5] 業界内の反乱は〝研究者"——科学的根拠に基づきアートとコピーについて公平な判断を下そうと市場を調査する——を相手に起きた。〝アメリカで事業を興した図抜けた才能のパイオニア〟はもういない。彼らの後釜に据わるのは、〝慎重な管理人であるマネジメントチームであり……高度な知識を持つ研究者とマーケティングのプロ集団を率い、新しいアイディア以外の何でも生み出す〟とダニエルズは書いた[*6]（彼は官僚制度の膨張と創造性論議の関係を明確に捉えていた。〝広告代理店が大きくなればなるほど、長たらしい会議はますます長たらしくなり、創造性をなくせばなくすほど、創造性の必要性をますます口にするようになる〟）。ギルドが願ったのは、〝売り込みに使う円グラフを少なくし、われわれの創造力をもっと強調して〟前に進むことだった。[*7]

創造的人間の解放は、広告そのものだけでなく、業界全体のイメージ向上にもつながる。傑出した創造的人間は〝広告を本来あるべきプロのレベルに引きあげ、それが創造的人間自身の自信になり、専門職にふさわしい敬意を払われ、史上最高の生活水準を達成できる〟とギルドは考えた。創造性をしっかり受け入れることで、広告業界はアメリカの繁栄を担う対等なパートナーとなりうるし、クライアントが余計な口出しをせずに創造的人間に仕事をやらせてくれれば、活力に溢れ生産的で、退屈なものでなく、真に創造的な広告を作れるから、広告業界のみならず、我慢強い大衆にも、広告という崇高な職業にも膨大な利益をもたらす。[*8]

広告によって作られたとも言える大衆社会向けに斬新な広告を送るため、何より期待されるのが〝創造性〟だ。業界に元気を取りもどさせ、大衆が抱く広告マンのイメージを、雇われ宣伝屋からほんものの予言者、偶像破壊者へと、魂を抜かれた消費社会の悪役から、消費者のユートピアのヒーローへと変えてくれるだろう。創造性の概念は、消費者の欲望の産物に人間的で高潔なものの探求という意味を与える。資本主義を個人と批評家にとっての安全地帯にしてくれるばかりでなく、大量消費に反対する批評家までも大量消費に走らせる。

こういった変化を促すのが〝創造的人間〟である。アーティストとセールスマンのあいだに位置する目立たない存在、ビジネスの世界に安住しているわけではないが、自身のビジョンとクライアントの要求をなんとかすり合わせ、資本主義の人間的で反抗的な顔となり価値の泉となる人。〝創造的人間〟がたんなる分類上の名称から人格型へと変わったのがこの時代だった。創造的人格を表すステレオタイプに、新しい心理学研究成果――これまで見てきたように、既存の〝創造的な〟人びとのステレオタイプを反映している――を混ぜ合わせ、広告業界が考える〝創造的人間〟と心理学で言うところの〝創造的人間〟を合体させたあらたなヒーローは、広告業界の官僚組織も企業国家アメリカも超越したユニークな存在だ。創造的人間は、広告業界の独自の強みとよい印象を具現化し、業界のみならず社会にとっても価値ある存在となるだろう。

創造性の議論が白熱したこの時代は、美意識も組織も激変した〝創造的革命〟としていまも記憶に新しい。広告の歴史におけるこの時代のことは、ビジネスやマーケティングのクラスで希望に満ちた寓話としていまだに取りあげられている。大勢順応に立ち向かうべく創造性が解き放たれた時代として。だが、この時代を、はじめて創造性の概念が固められた時代と捉えたらどうだろう？　創造性をすでにあった何か、抑圧され噴き出すときを待っていた何かとみなさず、広告業界の想像力が生み出した新しいもの、戦後アメリカの象徴である広告業界が抱いた、多彩で矛盾を孕む野望の受け皿とみなすのは、はるかに啓示的と言えないだろうか。

キャッチアップ

広告業界が創造性を基本理念とした瞬間をあげるとすれば、一九五八年四月初旬の二日間だろう。アート・ディレクターズ・クラブ・オブ・ニューヨークが、ウォルドーフ・アストリア・ホテルに広告業界のエリート五〇〇人を集めて会議を開き、自分のことではなく創造性について話し合おうと訴えた。会議の発起人ポール・スミスは、〝広告代理店は創造性に大きく依存していると思われており、高給取りの創造的人材を多く雇っているのに……この現象の意味をなかなか探ろうとしない〟ことに興味をひかれた、と述べている。[*9]

スミスの言うとおり、広告代理店は多くの人間――ビジュアルアーティスト、ライター、フォトグラファー、グラフィックデザイナー、オーディオプロデューサー、ミュージシャン、アクター等々――を雇ってきた。彼らは一九二〇年代以降、〝創造的〟人材とひと括りにされ、広告代理店に業務を委託する企業――産業の根幹部分を担う企業――は、〝広告主〟と呼ばれていた。よい広告を作るための技巧――効果的なコピーの書き方、ビジュアルのレイアウト方法、どんなメッセージやイメージが受けるか――について書かれた本は数多あるが、スミスが創造性という言葉で伝えたかったのはそれとはちがう。〈プリンターズ・インク〉誌はこの会議を持ち上げた記事の中で、それを広告を作るスキルというだけでなくもっと基本的な能力と呼んでいる。心理学者やマネジメントの専門家たちは、この能力についての知識を蓄積しているから、広告業界がそこから得られるものは多いだろうし、翻って貢献できることもあるだろう。スミスはそう考えたのである。

ゲスト出演者には、ソール・バスのような業界の名士も含まれ、第二章でも述べたようなブレインストーミング批判を行った後、ビジュアル・コミュニケーションについての私見を述べている。この会議には部外者もゲストとして招かれた。スタンフォード大学のジョン・E・アーノルドは創造工学について語り、ゼネラル・モーターズ、ACスパークプラグの創造性プログラム（オズボーンのプログラムをもとにしたもの）担当責任者は、自動車産業における創造性について述べ、精神分析学者グレゴリー・ジルボーグは創造的人格について語った。さらには、科学や音楽、マーケティングの各分野における創造性や、創造的プロセスの本質についての話もあった。偉大なジャズマン、エディ・コンドンと彼のオーケストラのライブパフォーマンスも行われ、聴衆は創造性を生で感じとることができた。ゲスト同様、会議の内容も多岐にわたった。会議最終日には、レコード・プロデューサーのジョージ・アヴァキアンがこんな質問を発している。〝創造性とはどういう意味なのか誰かわかりますか？〟。いつもながら、この言葉のほんとうの意味はわからず仕舞いだった。ただし、会議のテーマ、〝芸術と科学と技術の融合〟に暗示されてはいた。

スミスは言う。科学と技術の分野における創造性を強調しすぎたので、聴衆は違和感を覚えたかもしれないが、創造性はすべての分野にまたがる共通のものだ。いわゆる〝芸術的〟思考と、実用的で冷静で探求心溢れる科学のメソッドはじつはおなじものだ。この発見は、広告業界の意識改革のきっかけとなり、ほかの業界が広告マンを見直すきっかけともなった。スミスの考えは以下のとおりだ。

過去には、科学やビジネスの世界の頭の固い実務家は創造性を過小評価しがちだった。彼らが思い描く創造的人間は、ベレー帽に上っ張りにベルベットのズボン、キャンバス地のスニーカー姿で、雨が降っても傘をささず、自由恋愛を標榜し、屋根裏部屋で飢え死にする変人だった。しかし最近では、ちがった観点が取り入れられるようになった。絵を描くのでも、詩作でも作曲でも、新しいジェット推進システムやマーケティング技術や特効薬の発明でも、創造的プロセスにおいてはおなじ基本的能力が発揮されており……芸術の分野でも科学の分野でも、それらは兄弟だという事実が再発見されつつある。[*10]

一般的な創造的能力あるいはプロセスが、科学者や技術者を惹きつけるのは、勝手気ままで実用的でないというレッテルを貼られることなく、自らのボヘミアンな面を解放する許可を得た気がするからだ。広告の世界でも、おなじ機能を果たす。月給取りのアーティストやライターが、世間で言われるほど非現実的でも勝手気ままでもないと認められ、〝頭の固い〟ボスやクライアントから、自堕落なボヘミアンという目で見られなくなる。

創造的人間の創造性をいかに維持するか

〈プリンターズ・インク〉誌は、ウォルドーフ・アストリア会議を取材し〝創造的人間の創造性をいかに維持するか〟というタイトルの記事にした。誰よりも経営者が創造性ににわかに関心を寄せたいちばんの動機を端的に言い表している。創造的プロセスを理論付けるのは一般の創造的人材ではない。この業界誌が〝創造性〟の特集を組むようになったのは一九六〇年のことで、寄稿者たちは独自の〝創造的哲学〟を披露している。中でもコピーライターやアーティストは、どのくらいまでやっても許されるのかという問題や、目に見える階級制というきわめてデリケートな問題を取りあげがちだった。昔から言われるように、アーティストが集まっても創造性について語り合うことはしない。話すのは絵の具の値段ぐらいだ。秘密を守りたいからそうするのか、その問題にほんとうに関心がないのか。創造性を論じたがるのは創造的人間ではなく、創造的人間を管理する側の人間だからなのか。幾重にも重なる官僚制において、管理する側にとって〝創造的人間の創造性をいかに維持するか〟は大問題だ。広告業界の最たる代弁者であるピエール・マルティーノはこう述べている。〝ここに創造性部門ありの看板を出したところで……ほんものの創造性を生み出せるわけではない〟[11]（マルティーノのこの考えはアレックス・オズボーンの影響を受けている。先立つこと数年、彼はクリエイティブ・プロブレム・ソルビング・インスティチュートに少年非行のブレインストーミングのパネルとして出席した）[12]。

創造的人材を〝適切に理解し扱う〟方法についての助言は、大半が、やりたいようにやらせろ、だった。〝創造的人間の創造性を維持するには、創造性を発揮させればいい〟[13]。一九五八年六月、〝創造的人間　その気分と欲求〟と題された記事には、広告代理店の重役数人の助言が取りあげられていた。例えば、融通をきかせること。〝家で仕事をしたいとか、勤務時間中にセントラル・パークに行きたいと言われたら、どうぞご自由にと答えればいい〟[14]。あるいは、〝創造的人間〟には管理業務をやらせず、管理職は彼らに対し柔軟な対応をすべきだ。〝コピーライターやアーティストに大勢順応を求めたら、あがってくるコピーやアートもそれなりのものになる〟という助言もあった。このようなメソッドには新しい心理学の裏付けがある。著書『What Science Knows about Creative People（科学は創造的人間の何を知っているか）』の中で、ポール・スミスは、ジョイ・ポール・ギルフォードたちの研究成果を例にとり、こう述べている。創造的人間は〝創造的でない人に比べれば、権威主義者でも伝統的でもなく、慣習に囚われない。さらには権力をかさに着ることもなく、権力に媚びへつらうこともなく〟、どうしても管理する側に回らなければならないときでも、偉そうな態度はとらない。皮肉なことに、彼らは自分のアイディアにぜったいの自信を持っているので、他人の意見を尊重しないきらいがあり、仕事中には批判やプレッシャーを極力避けようとする。〝過剰なモチベーションも不安も創造性を殺す……まわりからの過剰な評価もしかりである〟[15]。

広告マンがよく口にするのは、文芸復興とも言える〝創造性への関心の復活〟であり、広告アートの浄化と黄金時代への回帰だ。黄金時代とは一九二〇年代で、詐欺呼ばわりされ、政府の規制が厳しくなったため、広告代理店は著名なスタジオアーティストを雇って広告をアートに変身させ、洗練と尊厳を身にまとった社会的責任も果たせる業界に生まれ変わった。大恐慌時代に経費が削減されると、広告は派手だが面白みに欠けるものに逆戻りし、抱きあわせやクーポンや無料サンプル、ダイレクトメールといったマーケティング戦略を取り入れるようになった。創造性の熱心な支持者たちは、〝広告が初心に返って輝きを取り戻し、たくさんのマーケティング機能を背負わされて元気をなくさない〟ことを願った。[*16]

戦後の知識人や創造性に携わる人びとと同様、広告マンも科学や合理性に批判の目を向けた。彼らの場合は、広告業界が科学的精神に囚われすぎていると感じていた。二〇世紀半ばにかけて、ほかの業界やアメリカ社会全般のトレンドについてゆくため、広告業界は、〝科学の水準に達した〟まっとうな職業であるという概念を慎重に形成するのに必死だった。こんなプロフィールがそのことを端的に言い表している。〝確立した原則にのっとり、実証された正しい手続きを踏んでおります〟。[*17] 広告業界を批判したパッカードへの反論として一九五八年に刊行された『Madison Avenue, U.S.A.（マディソン・アベニューU.S.A.）』は、広告代理店J・ウォルター・トンプソンについてこう記している。科学的アプローチの拠点であり、あらゆる広告は調査、統計的分析、審査の厳密なプロセスを経て作られ、アーティストもコピーライターも最終的な決断を下す立場にはない。歴史学者のスティーヴン・フォックスは、こう書いている。広告キャンペーンはいまや、〝タイプライターに向かう孤独なコピーライターのひらめきではなく、人口統計的研究とたしかなデータ〟に基づいて作られているという事実に、業界全体が満足している。[*18]

創造性革命に関わるようになった人びとはこれに異を唱える。〝広告業界には大勢の偉大な専門家がいる〟と言ったのは、因習打破のコピーライターで、自らの創造的チームに活躍の場を与えるクリエイティブ・ディレクターでもあるビル・バーンバックだ。〝彼らはあらゆる規則に通じ……広告の科学者だ。だが、ひとつだけ小さな障害がある。広告とは基本的には説得であり、人をその気にさせるのは科学ではなくアートだ[19]〟。バーンバックにはフォーカスグループは必要ない。頼るのは直感だ。〝われわれはすべてを自分たちでテストしている。われわれが気に入れば、それがいいものだ。気に入らなければ、駄目なものだ[20]〟。もっと穏健な意見の持ち主でも、調査が行きすぎることもあるという考えには賛同する。業界の長老、アーネスト・エルモ・カルキンズは、アレックス・オズボーンに共感してこう言った。〝よい広告はまったく異なる二種類のマインドから生み出される。ひとつは整然として系統だったビジネスマインド、いまひとつは自由奔放な創造的で発明の才のあるマインドだ。後者だけが広告に命と意味と結果をもたらすひらめきを生み出す。最初の統計的手法——研究、市場調査、テスト、格付け——はすべて役にはたつが、必須成分、つまりアイディアには到達しないし、アイディアは実地調査でも研究室でも見つからず、本能や直感から自然に湧いてくるものだ〟。アイディアは科学と商業両方の会計ロジックをすり抜けるとカルキンズは考えた。〝アイディアは計測できないし、交渉もできない[21]〟。創造的人間の肉体はオフィスの中にあるかもしれないが、その精神はどうやら商業の枠の外で活動しているのだ。

社内の批評家

広告業界が持つ〝創造的人間〟を理解し受け入れる能力は、意見の相違や反抗心を破壊することなくシステムにうまく取り込める可能性のシンボルとなった。二〇世紀初頭、理詰めでものを考える人間と創造的人間のちがいに、広告マンはため息をついたものだ。後者が頼りにならないボヘミアンとみなされていたからなおさらだった。戦後、この分断はさらに強固となり、たがいにいがみ合うようになった。建築とデザインの名門私立大学プラット・インスティテュートで学んだアーティスト、ジョージ・ロイスは、自分の仕事を貶す相手に暴力をふるうことでも有名だったが、その彼が理詰め人間についてこう言っている。〝彼らはこっちの仕事のやり方が気に入らない。話し方が気に入らない。服装も気に入らない。彼らは広告の何たるかを知らないし、広告がどんなに素晴らしい創造物であるかも知らない。彼らがこの業界をだめにしている。彼らはろくでもない広告作りに加担し、われわれを溺れさせる〟[*22]。一九六〇年、〝創造的革命〟を牽引したロイスは、マネジメント業務を担うことにうんざりして広告代理店ドイル・デーン・バーンバック（ＤＤＢ）を辞め、パパート・ケーニグ・ロイス（ＰＫＬ）を立ちあげて創造的仕事一本に専念できるようになった。

こういった職場放棄を避けるために、多くの広告代理店が、創造的人間を官僚主義の重圧から解放するため組織の再編に取り掛かった。彼らが取り入れたのはＤＤＢモデルだった。ＤＤＢでは、コピーライターとアーティストが、トップダウンではなく、自分たちだけでチームを組んで密接に連携し、門外漢の愚かな反対意見に潰されることなくそれぞれのビジョンを自由に出し合うことができる仕組みが整っていた[*23]。一九五八年、広告代理店レオ・バーネットは、

〝社内の創造的個性を損なわず維持するために〟彼らの多くを経営トップに昇格させた。[*24]〝創造的人間は時の人だ。彼らが当然払われるべき敬意を払われるときがきた。広告代理店は鉛筆を握る者たちを中心に回っている〟とは広告界の巨匠レオ・バーネットの言である。[*25]一九六〇年代はじめには、トップを走る創造的人間たちが、大企業から離れ、少ない予算と自信たっぷりな〝創造的〟態度で、〝ブティック〟や〝ホットショップ〟をはじめた。これを受けて大企業は動いた。高い報酬と創造的自由、社内に〝シンクタンク〟や〝クリエイティブ・アイランド〟を創設することを餌に、彼らを呼び戻そうとしたのである。

だが、自由と収益を両立させるのは容易ではなかった。創造的人間にどこまで自由にやらせるか、クライアントは新しいやり方をはたして受け入れてくれるかで、意見は大きく分かれた。創造的人間を擁護するのはよくいって非効率、悪くすれば彼らの評判をも貶めることになると、多くの人たちが危惧した。ブレインストーミングは〝怠け者〟向きと考える経験豊富な広告マン、デイヴィッド・オグルヴィはこんなことを言っている。コピーライターは〝ほっておかれるのが大好きで、創造するには完全な自由が必要というふりをしているだけ。ほんとうのところはプレッシャーを与えられたいし、邪魔をして欲しいのだ〟。[*26]ほかにもこんな意見がある。〝彼らは屋根裏で書いたり描いたりしない。創造的人間にはたしかな目標に向かって仕事をするための規律が必要だ〟。

創造的革命の反対者は、芸術を自分たちの実際的で筋肉質なビジネスの隠《かく》れ蓑《みの》に利用する。広告代理店会長のアート・テイサムは〈ウォール・ストリート・ジャーナル〉紙に広告を出し、批判されると〝商業主義の野蛮人に繊細なエゴを侵されたと感じる尊大な耽美主義者を、当社は必要としない……広告業界の創造的偉人たちはみな、甘えを許さぬ過酷な創造的風土を生き抜き立派に仕事をしてきた。真に創造的な人間は、自己表現——芸術のための芸術——に充足感を見いだすのではなく、後世に残る仕事のためより翌月の売り上げ増のために創造的才能を発揮したことに充足感を見いだす〟と訴えた。マッキャンエリクソンの会長兼社長マリオン・ハーパーは、〝広告業界の創造性崇拝〟を〝時間の無駄使い〟と呼び、クライアントは〝装飾を施された〟雑誌やテレビに大枚をはたかないから、〝広告を作る側は花とリボンで飾り立てた創造性を避けるべき[27]〟と指摘した。科学的市場調査と理由明示広告《リーズン・ホワイ・アドバタイジング》の擁護者アルフレッド・ポリッツはこう述べている。会社の規則が創造性を窒息させると文句を言う広告マンは、〝お墨付きが欲しいだけ。芸術や科学の分野のほんものの創造的天才は、そんなものは面《おも》はゆいだけと思っている[28]〟。彼に言わせれば、〝創造性〟の真の意味は〝想像力の進行型であり、厳しい規則に従いつつ実際条件を満たすために意図的に使われるものだ[29]〟。おもしろいことに、彼らが反対しているのは創造性そのものではなく、彼らが認めたくない自由を正当化するために創造性という言葉が利用されていることだ。だから、用語を排除する代わりに教化しようとする。テイサムによれば、〝われわれのビジネスに必要なのは、収益問題の解決に関わる創造性だけだ[30]〟。

　過激家はどちらの側にもいる。創造的革命の最中、大半の広告マンは表舞台に出て、反社会的ボヘミアンと意気地のないイエスマンというふたつのイメージを繋ぎ合わせようとした。創造性は〝変人〟の専売特許ではなく、実務家にも共通する〝基本的能力〟であると、ウォルドーフ・アストリア会議でスミスは述べた。創造的革命のスローガンは、ボヘミアン的振る舞いは創造性を守るためであり、創造性は物を売ることにボヘミアン的精神を生かすための手段である、というものだった。創造的革命と言えばビル・バーンバックと言われたのも不思議はない。彼は独立心旺盛だったからこそ、自分に甘いアーティストの自己表現ではなく、機能主義と自制の賜物である広告を生み出すことができた。そうして一頭地を抜き、世の注目を浴びるようになった。

創造的人間を上手に育てる方法については意見が分かれるところだが、彼らが人とちがっていることに異論を唱える人はいないだろう。ある重役は書いている。〝こういう人間だとひと括りにできないし、全員に当てはまる基本方針も考えつかない。ただこれだけは言える。創造的人間をほかの連中とおなじように扱うべきではない〟。前述のドレイパー・ダニエルズは戸惑いつつこう述べた。〝創造的人間もほかの人間と同じだと思えるような場面に遭遇したことがないものだから——どこがどう違うのかもわからない〟[*31]。経験豊富な経営者にしても、アーティストやコピーライターの扱いには苦慮するのだ。もっとも、経理マンや秘書や守衛の扱い方だって、これが正解というものはない。これぞというものがないとしても、創造的人間はほかの人間とは違うということを、おおかたの経営者が心に留めている。

創造的人間は、広告の社内批評家だとも言える。それにまた、業界が恐れる過剰な合理主義への解毒剤でもある。創造的人間の自由裁量を守ることは、個人企業を守ること以上に大事だ。

アメリカの資本主義の運命はそこにかかっている。広告代理店ヤング・アンド・ルビカム（Y&R）が一九六〇年に出した有名な広告は、創造性に対する自由放任主義的アプローチを誇る内容で、満足げな笑みを浮かべた男が、木の枝からナマケモノみたいに片手でぶらさがるイラストの下にこんなコピーがついている。

　アイディアが浮かんだそこのあなた。そのアイディアに自信があるとしましょう。人に批判されたり馬鹿にされたりする心配がなく、そのアイディアで一か八かの賭けに出られる。そんな方針の会社があればいいと思いませんか。なんでも自由にやれるとしたら。やってみることで新しい考えが浮かびます……新しいアイディアが。みんなアイディアを求めています。みんなが買うのは商品そのものだけではありません。商品のアイディア。みんなアイディアを買うのです。[*32]

イラストの男がぶらさがる木。それこそがY&Rの創造的人間の居場所だ。商取引の喧噪を尻目に、木の上で楽しくアイディアを生み出す。ビジネスを動かすアイディアを。寛容な仕事環境を求める社員予備軍に向けた広告だが、アメリカの資本主義における広告の重要性を広く訴える狙いもあった。束縛されない創造的人間が率いる広告業界は、究極の利益の源だ。

購買意欲促進マシーンの復活

商品よりもアイディアを売るという考え方は、いまではブランディングデザインの肝と言えるが、当時は度肝を抜く主張だった。ドングリの背比べ的商品を差別化する広告の魔法の力をどう表現するか、議論を繰り返してきた広告業界にあって、これはある意味ひとつの答とも言える。ところが業界内には、売るべきなのは商品そのものであるという考え方がはびこっていた。合理的な消費者は商品を特徴——二倍の速さできれいになるとか、煙の口当たりがなめらかとか、特許技術を持っているとか——で選ぶのだから、広告の役割は特徴を（必要とあらばでっちあげてでも）伝えることだという〝理由明示〟の考え方である。だが、豊かな時代には消費者の購買意欲を無理にでも掻き立てねばならず、あらたな消費者行動理論が必要となってきた。

消費者主義の下僕たる広告業界は、偽りのニーズに対するプロテスタント的懐疑からなんとか身を守らねばならない。その一方で、戦後経済は消費者の購買意欲を掻き立てることで成り立っているという事実に、批判の声もあがっていた。経済学者ジョン・ケネス・ガルブレイスはこう書いている。〝購買意欲は広告によって生み出され、セールスマンによって培養され、説得者の巧みな操作によって形作られているのだから、それほど切羽詰まったものではない[*33]〟。ほんとうのニーズから切り離されている社会は、倫理の方向性と超越的目標を失っている、と彼は論じた。消費者に金を使わせることで経済は強くなるという伝統的な広告の正当化は、コンセンサスを形成するうえで有効であったが、本末転倒との批判を受けて、広告業界はより優れた対応を迫られた。誰もが納得するやり方を見つけようとしたため、それまでたしかだったものが融けてなくなってしまったのである。

解決策のひとつは、実体のないものに目を向けることだった。広告は商品を買わせるためだけでなく、商品に意味を注ぎ込むものでもある。また、消費者資本主義に善なる力を与えるのが、まさにこの意味の領域だった。それが自己実現であっても。

皮肉なことに、創造的広告が経済発展のみならず民主的自由と自己実現の手段となりうることを実証した人物というのが、市場調査の生みの親であり、広告が悪者にされた原因を作った張本人だった。エルネスト・ディクター、ナチのドイツから逃げて、〈タイム〉誌によれば〝広告にはじめて科学的心理学を応用した〟人物である。彼は一九四六年にインスティチュート・オブ・モチベーショナル・リサーチを創設し、疑似フロイト主義の精神分析を消費者の動向テストに応用し、アメリカの消費者の心に潜む〝隠れた欲望や衝動〟を製造業者が知る手助けをした。[*34] ヴァンス・パッカードは、深層精神分析をパンティストッキングを売るのに利用するとは何事だと憤り、ディクターをアメリカにとって至極厄介な隠れた説得者だと非難した。数年後、ディクターは、ベティ・フリーダンの『新しい女性の創造』（大和書房）でも、女性を家庭に縛り付け消費させるために〝ほんとうに必要な物から目を逸らさせる〟と槍玉にあげられている。これに対し、ディクターは、〝うまく操られたアメリカの主婦たちは、ものを買うことによって、自己意識や目的、創造性、自己実現、さらには満たされない性の悦びすらも与えられているではないか〟と、正面切って反論した。インスタントのケーキミックスに乾燥卵を入れるなと、彼が製造業者に助言したのは有名な話だ。ほんものの卵を自分で加えるという単純作業によって、主婦は〝創造的になった気がする〟し、女らしさが欠けているのではという根深い恐怖を和らげることができる。だが、フリーダンはこれを〝アメリカ女性の人生をビジネスの道具と見なして破壊しようとしている〟と看破した。[*35]

ディクターはこう見ている。人を説得してものを買わせるのは、ペテンではなく公共サービスだ。消費者主義への苛立ちは、アメリカ文化が内包する時代遅れの〝清教徒的〟気風からきている。節約や節度、満足の先延ばしは古い世代には役立っただろうが、いまの世の中では時代遅れだし、危険ですらある。大量消費なくしては、〝われわれの経済は文字どおり一夜にして崩壊する〟。それゆえ、愚かな道徳家ではなく〝買う権利を守る個人〟こそが、〝前向きな人生観の守護神であり、繁栄と民主主義のほんもののセールスマンなのである〟。

ヘルベルト・マルクーゼやテオドール・W・アドルノを筆頭とする多くの亡命ユダヤ人たちの例に洩れず、ディクターも、ブルジョワの自己規制が全体主義の擡頭《たいとう》を許し、西側世界を精神的・政治的機能不全に陥らせたと信じていた。ただ、ディクターは、こうも信じていたのである。全体主義の擡頭は市場システムの弁明である、と。[*36] ルートヴィヒ・フォン・ミーゼスやピーター・ドラッカーも同意見だ。戦後、亡命知識人たちが特異かつ強烈な影響力を揮う中にあって、ディクターは商品の物神崇拝の歯に衣着せぬ唱道者となった。

ディクターにとって、消費を通して快感を得るのはまちがいでも浅薄でもなく、むしろ社会的破壊行動の安全な代替行為であり、豊かさのサイクルを強化するものである。彼はアブラハム・マズローの言葉をしばしば引用しつつ、西側社会は愚鈍な競争意識を超越し、自己表現と自己実現モードへと進むべきだと論じた。もしディクターが製造業者や広告業者を助けて、〝広告に原始的衝動《リビドー》を取り戻させる〟ことができ、男は不倫をする代わりに車を買うのだと妻に理解させることができれば、車のセールスマンも、夫婦も、アメリカ経済もみんなハッピーになれる。[*37]

ディクターにとって〝創造性〟は、市場で売買する人がこの離れ業を成し遂げる手段となるものだ。そもそもはこの分野のモチベーション研究を売り物にしていたディクターだが、一九五〇年代後半に、コンピュータが可能にしたきわめて精巧な定量的市場調査が出現すると、自分のアプローチはより〝創造的〟だと言いはじめた。定量方式は〝表面的〟であるが、彼のやり方は質的かつ解釈的で詩的ですらあり、消費パターンの〝より深くより感情的なファクター〟にアクセスできるというわけだ。[*38] しかも創造的だから、予想外の領域にもつれていってくれる。〝記述的研究〟は、誰がいつどれぐらいの商品を消費するかを算出できるが、消費行動を〝いつ変えたくなるか、いつ改善したくなるか〟を知るためには、〝創造的研究のテクニックが必要となる〟。それゆえ、〝創造的広告〟は商品に意味を付与するアートである。〝どんな煙草も煙草は煙草、どんな石鹼も石鹼は石鹼……煙草がラッキー・ストライクとなり、ポールモールとなるためには、つまりラッキー・ストライクやポールモールが煙草の代名詞となるためには、消費者の認識を変える必要がある〟とディクターは説いた。認識を変えるのは科学者の仕事ではなく、アーティストの仕事だ。いまだに合理的〝理由明示〟レベルに固執し、行動心理学の反復行動みたいなものをありがたがる広告業界は、人間意識の象徴的で感情的な領域に踏み込まねばならない。一九五九年、ディクターは〝六〇年代の信条は創造性であるべきだ〟と書いた。

ディクターのキャリアの中であまり知られていないのは、量より質への転換期に、なんとか食べてゆくため創造性コンサルタントへの転身を図り、アーネスト・ディクター・クリエイティビティ・リミテッドを立ちあげたことだ。当時、彼は創造性の概念の虜になっていた。業界団体向けに日に三回から五回〝創造性セミナー〟を開催し、〝趣味と実益を兼ねた創造性〟に関する講演を行い、『日々の創造性』と題した教育用カセットテープを販売した。[*39] テープの購入者は、オズボーンのアプローチやシネクティクス法のトレーニングを継ぎ接ぎしただけの〝ドクター・ディクターの創造性への一二のステップ〟を学ぶことができる(テープに添付された資料には、ケンブリッジで行われるシネクティクス法の一週間におよぶトレーニングの日程や地図が載っている)。ディクターはここで芸術家を比較の対象にするという愚を犯した。カセットテープのもっともらしいパンフレットには、バレリーナや彫刻家、油絵画家の写真が多用され、都会の通りを闊歩《かっぽ》する二人の経営者の写真も掲載されている。写真に添えられたキャプションはこんな具合だ。〝芸術家はそれを創造性と呼び、経営者は別の呼び方をする……成功〟。後半生におけるこの転身が吉と出たとは言いがたい。カセットテープは在庫の山となり、経営者向けのトレーニングもあまり人が集まらなかった。消費を煽るに煽った後で転身したのでは、創造性の熱狂に乗り遅れて当たり前だったのである。

いずれにせよ、ディクターが言いたかったのは、コピーライターが詩人と共有できる象徴的な意味の源である〝創造性〟をもってすれば、広告業界は消費者の真の欲望に訴えかけることができるということだった。豊かさの時代の〝創造的な〟専門家は、感情的・精神的ニーズを理解することで、経済的価値とより深い意味の価値の両方を生み出すことができる。ゆえに、創造性という言葉によって、購買意欲の促進は、自由民主主義に反する罪から、社会的責任を担う気高い追求へと変身を遂げたのである。

創造的革命とカウンターカルチャー

一九六九年八月一九日号の〈ニューズウィーク〉誌の表紙は、〝広告の創造的爆発〟を謳ったものだった。ひげ面のむさくるしいヒップスターたちがデスクに足を乗せた写真や、テーブルを囲んでトランスワールド航空やヴァージニア・スリムの広告について論じ合う写真と、〝創造性はライターのカビーホールやアーティストのブルペンから生まれる〟という文字が並ぶ。どちらも狭くて居心地のよい場所だ。記事の論旨は、〝広告業界を長く支配してきた金儲けしか考えない石頭連中は……想像力豊かで慣習に囚われず、アイディアの新しい波を作る男女に席を譲るべき〟だ。当時の広告の美学と姿勢はこの若返りを反映しており、サイケデリックなイメージやサブカルチャーの隠語や、あらたに出現した大金持ちで疑い深い世代におもねるための反大量消費主義的態度までも取り入れている。歴史学者やマーケティングの教科書がとりわけこれに共鳴し、創造的革命を流行に敏感でエキサイティングな広告の出現に結び付けた。そういう広告の作り手は、大手広告代理店を引き継いだ型破りで先見の明のある連中で、マディソン・アヴェニューにカウンターカルチャーの新風を吹き込んだ。〈ニューズウィーク〉誌の記事にあるように、広告業界は商売を毛嫌いするそういった連中と手を組むことで、業界の収益と対外イメージが脅かされた不確実な二〇年を経て盛り返したのである。*40

マーケティングのクラスで語られる過去六〇年間の物語によれば、この創造的革命は、一九五九年の大手広告代理店ＤＤＢによるフォルクスワーゲン（ＶＷ）の一連の広告からはじまった。このドイツの自動車会社は、まだヒトラーの第三帝国が記憶に新しい時代ゆえに旗色が悪く、アメリカの自動車市場になんとか割りこもうと必死だった。自動車産業は当時のアメリカ経済公認の牽引役であり、自動車メーカーの〝ビッグスリー〟に市場は独占されていた。三社は、奇抜な仕掛けや、ロケット形のテールフィンといった宇宙時代の装飾が満載の新型モデルを毎年送りだしていた。当時のシンプルで実用的なフォルクスワーゲンでは、市場への無謀な挑戦と受け止められても仕方がない。だが、ＤＤＢのビル・バーンバックはチャンスと捉えた。

ファンタスティックな車の広告のオンパレードや、広告が体現している底の浅い消費社会に大衆がうんざりしていることを察知すると、バーンバックはまっすぐな誠実さへと方針転換した。まず様式的なイラストをやめてシンプルな無彩色の背景の白黒写真を使い、当時は道路標識以外ではめったに使われなかった実用的で標準的なフォントの文字でコピーを作り、商品に控え目なイメージを与えた。例えばある広告では、VWの古臭さを前面に打ち出して安定感を強調した。中央に鎮座するビートルの写真に付けられたキャプションは、〝五一年型、五二年型、五三年型、五四年型、五五年型、五六年型、五七年型、五八年型、五九年型、六〇年型、六一年型フォルクスワーゲン〟。べつの広告ではステータスシンボルとしての車と比較してみせる。〝ここまで昇りつめた自分を示したいのなら、美しい大型車《チャリオット》を手に入れてください。でも、目的地まで行きたいだけなら、カブトムシで充分〟。ここにはふたつの痛烈な皮肉がこめられている——ひとつ目は、不運にもたった三年で終わったフォードの新ブランド、エドセルのステータスを意識させるスローガン（〝さあ、これでどこへでも行けます〟）であり、ふたつ目は、自動車産業を茶化した一九五八年刊の『The Insolent Chariots（傲慢な大型車）』だ。皮肉めかしたユーモアで、DDBの広告——というか、反広告——は、意識高めのドライバーの空疎な大量消費主義への嫌悪を共有する唯一の自動車会社として、VWを〝反自動車〟の地位へと押し上げた。[41] 彼らの売り込みは的を射ていた。トマス・フランクは端的にこう表現している。〝大衆社会の大勢順応や偽善とは距離を置きたい？　だったらきみにぴったりの車がある！〟。

DDBのVW広告は傑作だった。競争が激しい分野で商品の売り上げを伸ばしたばかりか、本質的な教訓をも示していると思われ、広告業界の敬愛の的となった。バーンバックのような個人が、自身の反体制意識を効果的な広告に生かし、反大量消費主義的心情を大量消費主義寄りに変えることを可能にしたのだから。[42] それは偶然ではなかった。その当時、ヒッピーたちは

A地点からB地点に行きつく方法を模索しはじめており、どの車が自分たちに適しているかすでにわかっていた。[*43] その旅はオハイオ州のシェーカー・ハイツからマンハッタンのワシントン・ハイツまでだったのか、あるいはマディソン・アヴェニューで終わったのかもしれない。創造的革命は、やりがいのある仕事を見つけるのに〝ドロップアウト〟する必要はないと若者に示すことにもなった。ミッドタウンの快適なスイートルームにいても創造性は発揮できる。広告業界の伝説の中で、DDBのVWキャンペーンが創造的革命のシンボルと謳われたのは、いろいろな面で〝創造性〟が前面に押し出されていたからだ——広告の斬新さ、アートとコピー主体のアプローチ、それに広告業界を現代の資本主義病の解毒剤に作り変えた反大勢順応的な姿勢まで。

創造性とは広告業界が取り込んだヒッピーの価値観ではない。広告業界は一九六〇年代にすでに、よそからいろいろなものを取り込んでいた——車や煙草を売るために、サイケデリックなイメージやフェミニストのスローガンを利用している——が、〝創造性〟はむしろ自家製だ。カウンターカルチャーを取り入れるのは自然な流れであり、ヒッピーと広告業界が手を携えて、まったく新しいものを求めたようにも見える。創造的革命の新しい美学と新しくて自由なマネジメントのスタイルを支えたのが、概念革命だった。それは広告のプロによる創造性の概念そのものの固定化と、生粋の広告マンが権力に屈しないための護符の役割を、創造性がにわかに担わされたことだ。その概念は曖昧なままだったが、それでも創造性は、危機に瀕した産業に大きな目標とスローガンを提供した。ほかの産業にとってもこの言葉は特別な響きを持ち、身近さと馴染みのなさ、両方の音色を奏でる——企業に崩壊の危険を知らせるという点で馴染みのないものであり、産業の永続的進歩の重要な目標と容易に一体化するという点では身近なものだ。

*

一九七〇年代半ばになると、創造的革命も峠を越した。景気後退とカウンターカルチャーの失速とともに多くのホットショップが看板をおろし、過剰にサイケデリックなイメージを捨てて地味な〝理由明示〟広告へと逆戻りした。だが、根っこの部分では何も変わっていなかった。反文化革新と反抗の原動力としての広告業界のアイデンティティは揺るがなかったのである。大衆文化キャンペーンがその証拠で、例えばアップルの〝1984〟と〝Think different〟と銘打ったCM、『草の葉』で有名な詩人ウォルト・ホイットマンの詩を使ったリーバイスのCM、ペプシがスーパーボウルで流し大炎上したスポットCM。このCMでは人気のファッションモデル、ケンダル・ジェンナーを先頭に、ミュージシャン、アーティストなど創造的タイプの若者が〝Love〟や〝Peace〟といった六〇年代のスローガンが書かれたプラカードを掲げ、警察隊に向かってデモをする内容で、ジェナーが警官にペプシの缶を渡して終わる。抗議の対象を示さなかったために、問題なのは抗議の相手ではなくデモ行為そのものであるという印象を与えると同時に、安易な和解を描いたことでデモ行為を貶めていると批判が殺到した。商品がチューインガムであろうとヨガパンツであろうと、この手の反体制マーケティングは、フランク曰く〝文化的永久機関に力を与えることになり、そこに渦巻く消費社会の不正や見掛け倒しや日々の圧迫感への嫌悪が、まわりつづける消費の車輪を否が応でも加速させることになる〟。[*44]

創造的革命はまた、あらたな職業的アイデンティティ――〝創造的《クリエイティブ》〟――をのちの世代に伝え、それは広告の世界を飛び越えて広がり、（けっして偶然ではなく）〝創造的産業〟として知られるようになる領域を占領することになった。美学経済、ブランディング、それにインターネットの隆盛により、印象を形作るアートとクラフトが経済の中心となる。アメリカ企業は自分たちを（海外に業務委託して作られる）商品ではなくアイディアやイメージの作り手と考えるようになり、広告代理店とその下請けはアメリカ企業のテンプレートとなった。広告代理店はいまでは〝クリエイティブ・エージェンシー〟に倣い、デザインやエンターテインメントの〝スタジオ〟を借りることで、商業よりアートにちかい業種であることを強調している。ボヘミアンを前面に押し出し、〝創造的〟職場環境を売り物にするのが、創造的産業や、自分たちの〝クリエイティブな波動《バイブ》〟で勝負する産業では、決まり事となっている。[*45]

広告の文化革命黎明期には、〝創造的産業〟の〝創造的〟とは何を指すのか、あるいは〝創造的人間〟とはどんな人間なのか定義が曖昧だった。新しく価値のあるシンボルやイメージやメッセージを創造するから創造的というわけだが、個性を表す意味でも使われていた。いまわれわれが〝創造的〟と言う場合、特定の消費パターンや職務上の習慣といった経済的役割と、個性の両方を念頭に置いている。戦後の創造的革命家たちと同様、いまも創造的人間は自らを、資本主義の境界線上のごく狭いスペースを占める者と捉えている。もっとも、いろんな意味で彼らはど真ん中にいる。たとえナイキの広告で生活費を稼いでいても、彼らは大量消費主義に懐疑的だ。政治的にはリベラルか左派であっても、ほんものの芸術家がそうであるように、彼らも〝退屈〟で陳腐なものに対する怒りを胸の奥にしまい、表向きは雇い主やクライアントと認識を一《いっ》にしている。つまり、創造性の概念は、文化産業に従事する彼らにとって、職業倫理にもとらぬ仕事をすることであり、それは第八章でおわかりのように、技術職でもおなじである。

第七章 創造性は死んだ……

創造性研究は、一九六〇年代の中頃までには当初の目標をほぼ達成していた。創造的能力評価は、空軍からNASA、ゼネラル・エレクトリック、ショックレー半導体研究所など主要機関が導入済みだった。ギルフォードが一九五〇年に見つけた欠陥も修正された。数多く掲載された関連記事がトリクルダウン効果を発揮し、創造性研究は心理学の教科書や教養課程のシラバスにも載るようになった。例えば〈マシーン・デザイン〉誌は一九六五年五月と六月に三回シリーズの特集を組み、ギルフォードたちが使った発散的思考テストや、トーランス・テスト・オブ・クリエイティブ・シンキングの絵を完成させるテスト、IPARでバロンとマッキノンが使った人格目録などを紹介している。[*1] こういった記事を通じて、創造性研究者たちは、創造性の戦略的、経済的、文化的、個人的成長の重要性を世間に伝えることができた。『the Encyclopedia Americana（アメリカ大百科事典）』にフランク・バロンが執筆した〝創造性〟

の項目が加えられることになるのだが、[2] それに先立つ一九六八年、バロンは、このような重要な問題に世間の注目が集まったことを寿いでこう書いている。〃いま現在のように、日々の活動において創造的であることが善行だと一般に認められたことは、いまだかつてなかった〃。[3] ここまで弾みがつくと当然ながら棚卸が必要になってくる。[4] 一九六二年から六四年にかけて、カルヴァン・テイラー、フランク・バロン、E・ポール・トーランス、シドニー・パーンズなどこの分野の重鎮たちは、意見調整の必要性に迫られ、メソッドの多様性がはたして結果を出せるのかを検証する本をいっせいに著した。カルヴァン・テイラーは、一九五〇年以来のこの分野の進歩に驚嘆しつつ、〃創造性について実りある研究は成しえないなどと誰にも言わせない〃と記した。[5]

だが、すべての心理学者が、創造性研究はしっかり根付いたと思っていたわけではない。ギルフォードの演説から一四年のときを経て、アメリカ心理学会の会長クイン・マクネマーは、あのときのギルフォードとおなじ壇上に立ち、〃フェンス越しにこの分野を眺める人はみな、あまりの混沌ぶりに驚くだろう〃と述べた。[6] トーランスの研究を援助してきたアメリカ教育研究協会会長のロバート・L・エベルは、創造性研究は〃鬼火を追いかけるようなもの〃と述べている。[7] これに困惑したリーアム・ハドソンは、創造性研究は〃時流に乗り、充分に元気で健康なわれわれはそこにひらりと飛び乗った〃ものの、その先は行き止まりだったと記した。[8]

マクネマーが指摘するように、〃いわゆる創造性テストが実際の創造的達成〃を予言できるとは実証されていない。[9] 一九六三年八月に出た書評には、〃ギルフォードは、彼の創造性テストが実世界における創造的達成に明らかに結び付くのかどうか、いまもって示していないが、彼の仕事は、最近作成が試みられている創造性テストの基礎となったことはまちがいない〟とある。そのひとつが、業界でもっぱら使われているACスパークプラグ・テスト・オブ・クリエイティブ・アビリティである。[*10] ハドソンは、自由回答形式のテストをすべて〝創造性〟テストと呼ぶ困った習慣について言及しているものの、創造性テストが創造的達成を予測できるという仮定には、〝一片の事実の裏付けも〟見当たらない、と書いている。知能テストの権威、ロバート・ソーンダイクは、いわゆる一般的知能は単純化されすぎているというギルフォードの指摘を認めながらも、〝われわれ心理学者は知能テストについて語るとき慎重を期すよう教えられたが、創造性テストという用語を用いる場合はいっそう慎重になるべきである〟と警告を発した。[*11]

たしかに、創造性と知性は区別できないものである、あるいは、もっとも優れた才能を見いだすのに標準的な知能テストは役に立たないと言える程度には区別できないものであることを、研究者たちは立証していない、という批判がある。もっとも創造性心理学者たちは、主要な研究においてIQと創造的達成には高い相関が見られたと主張する。ゆえに、IQテストは、とりわけ応用科学の分野で、それに芸術の分野でもある程度は、成功を予測する最良の指標であることに変わりはないのだろう。[*12] いろいろな意味で当時の創造性テストの旗頭だったトーランス・テスト・オブ・クリエイティブ・シンキングは、批判の矢面に立たされた。トーランス自身がのちに失望を口にしている。二五年後、四〇年後の追跡調査で、子どもの頃の高得点と大人になってからの創造的達成の相関が低かったからだ。[*13] 自身のテストの予測力に失望はしても、創造性の全体像のごく一部でも捉えられた、とトーランスは主張する。また批判の声に対し、大規模で長期的な研究のために、テストを過度に単純化せざるをえなかった点を指摘している（もともとはほかのふたつ、つまり伝記的ファクターと個人的ファクターの研究と並行して行う予定だった）。[*14]

こういった事実は、新しい道具を使う研究者たちの興奮の陰に隠れてしまうものだ。ひとたび公開されたテストは具体化の道を辿る。発散的思考テストが実施され結果が報告されるまでの過程で、〝創造的思考〟と〝創造性〟の区別は曖昧なものになり、高い得点は〝創造的〟に分類される。ギルフォードが〝天才〟の概念について批判したように、発達心理学の先駆者ジエローム・ケイガンも、一九六七年にこう記している。〝創造性〟は実社会で発揮する才能よりも、テストの得点で決められるようになった。まさに本末転倒である。〝これまで数世紀にわたり、慎重に単一のユニットにこのラベルを貼ってきたのに、われわれの世代は、その形容詞形を日々無数の若者たちに嬉々として当てはめている。前の世代の聡明な司祭たちは、実証されてからラベルを貼った。同世代人たちは、まるで創造性を平均寿命か何かのように予測したがる。将来の子どもの数のほうがまだ概念的にちかいだろうに〟。[*15] 創造性は一般に言われる潜在能力ではなく、人が実際に創り出したもので測るべきだと、ケイガンは言いたいのだろう。心理学者がやっているのは、〝創造性〟を定量化できる精神的特徴に変え、〝創造的人間〟を識別できるタイプに変えることだった。創造性を実証的研究の対象とするために、〝創造的〟を単純に人の〝ある状態〟に変えてしまったのだから当然の帰結ではある。

テストがなかったらそういうタイプは存在しなかったのではないか。これはますます重要度を増す問題だ。批判の根本にあるのは、数多くのいわゆる創造性測定が重要な〝相互相関〟を欠いているということだ。研究者たちがテストの対象とした異なる特質――発散的思考力、自我の強さ、非対称を好むこと等――は、実際には一人の人間の中に寄り集まって存在していないものだろう。研究者が創造性と呼ぶものはすべて、客観的かつ心理学的な意味において関連しているのだろうか。研究者たちは、数十年前に知能テストを行った者たちとおなじ誤りを犯したのではないか。〝創造性〟という言葉が存在するのだから、創造性と呼ばれる何かがそこに、脳の中に存在しているにちがいないと考える誤りだ。[16] だが、そういうもの――際立った知能、あるいは分野を問わず斬新な創造物を生み出すプロセス――が存在すると言えるのかどうか、いまだにはっきりしていない。

創造性研究に対する根強い批判は、数多くの心理学者に共通のものだ。最近では二〇一二年に〈ジャーナル・オブ・クリエイティブ・ビヘイビアー〉誌が疑問を呈している。

一般知能因子gに類似するものがあるとして――それをcと呼ぶ――それでほとんどの領域における創造的達成を予測しうるのか？　創造的広告キャンペーンのデザインを助けるような創造的思考スキルは、創造的なソネットを書いたり、かち合うスケジュールを調整する創造的解決策を見つけたり、技術的問題への新しい創造的アプローチを開発したり、創造的なダンスのルーティーンを振りつけたり、創造的な科学理論を生み出したりするのに応用できるのだろうか？[17]

累積調査によれば、必ずしもそうではない。ひとつの領域における創造性は（どんなふうに定義されようと）一組の特徴と行動パターンに依存しており、べつの領域における創造性が依存するのはべつの一組のそれであって、〝領域普遍的なスキルあるいは特徴は、創造的達成にはほとんど寄与しない〟。ゆえに、ギルフォードの一連のテストやＴＴＣＴといった領域普遍的創造性テストは、研究者たちを〝立証不可能な解釈〟へと導いたのだろう。これらのテストをもとに行われた研究の正当性――創造性の原則の大部分――は、再考が必要だ。創造性自体のカテゴリーも然り。

興味深い工芸品やプロセスや人をひとつのカテゴリーにまとめるのに、〝創造性〟は便利な用語であり、別個の意味や別個の領域において働く、それぞれが関連のない多様な認識プロセスをひとまとめにするのに、〝創造的思考スキル〟は便利な用語だ。しかし、このような概念は誤解を生じる。というのも、観察者には似たように見えるものをひとまとめにしたところで、認知心理学で言うところの正当性は持たない。[18]

言い換えると、ジャズピアニストもエンジニアも子どもも、〝創造的〟と人をうならせるようなことができるだろうが、彼らを結び付ける心理学的事実はないように思われる。心理学の見方からすれば、〝創造性〟のようなものは存在しないのかもしれない。一九六〇年代の批評家がすでに指摘していたように、〝創造性〟は、研究者たちが肯定的に捉える様々な特徴の受け皿にすぎなかったのである。ハドソンはこう書いている。

このおかしな言葉はいまでは心理学の専門語になっていて、ある種の心理学テストの答だろうが、妻とよい関係を築くことだろうが、すべてを網羅する。ようするに、〝創造性〟は心理学者が認めるありとあらゆる性質に当てはまるのである。それに、多くの美徳――例えば正義――と同様、認めないわけにはいかないし、どういう意味かと問うのは憚《はばか》られる。*19

このような定義付けの曖昧さが、長く苛立ちのもととなってきた。一九五〇年代の末に創造性シンポジウムに招かれた心理学者H・ハーバート・フォックスは、数多くの論文が提出されていながら、ひとつとしてその言葉を正確に定義していないことに苛立ちを募らせた。〝言葉、言葉、言葉。どれも曖昧で取り留めがなく、捉えどころがなくてわかりにくく、不可解である。どれも大雑把な思考と対象の混沌とした状態を暗示しているにすぎず、創造性の多面性の一部を表現する無数の言葉を読まされているだけで、意味を定義する言葉はひとつもない〟。研究者たちはこの言葉を、読者はわかっているだろうという〝暗黙の前提〟に立って〝気ままに〟使っているが、〝研究対象自体が曖昧模糊としている現状では、ほかの人が考える創造性とわれわれが考える創造性がはたして同じものなのか確信はない[20]〟。このシンポジウムの議事録を読んだ批評家はこう結論づけた。〝創造性という用語は理解の妨げとなるから、不必要なものとして捨ててもいいと納得させられそうになった[21]〟。

創造性万歳

天才や知能の時代遅れの概念にしがみつき、発展の邪魔をしているだけだという批判に、創造性研究者たちは異議を唱えつづけた。つねに時代の先をゆき、変化を嫌う社会の趨勢に果敢に立ち向かう創造的個人と自分らを比較することで、彼らは批判をかわしたのである。もっとも、彼らも創造性の定義付けの難しさは認めざるをえなかった。一九五九年の第三回ユタ会議でカルヴァン・テイラーもそれを認めている。〝この分野で仕事をする人びとすべてに合うような、(創造性の)唯一の定義をいまだ用意できておらず〟、基準の矛盾の多さが将来の研究の足枷《あしかせ》になっている[22]。心理学教授アーヴィン・テイラーも一九五九年に同様のことを述べた。創造性は〝子どもがはじめて人を描いたたどたどしい絵から、アインシュタインの質量とエネルギーの等価性の公式にいたるまで、その伝達力の有効性が減弱してしまった。あまりにも多くの意味を含有しているために、中には矛盾するものもあり、誤解を避けるため用語自体を検証しなければならない[23]〟。彼は一〇〇以上の創造性の定義を検証し、五つの〝明確な心理言語学的用法〟を明らかにした。創造性研究の実行可能性をあくまでも信じた彼は、創造性という名前で通用する五つの異なる現象を挙げたのではなく、創造性を子どもの〝表現的創造性〟から、パラダイムシフト思考の〝発生的創造性〟に及ぶ〝五つのレベル〟を持つひとつのものとして捉えたにすぎない。創造性の様々な〝様相〟や〝次元〟を説明するのにも、同様の方法が用いられた。芸術や科学の飛躍的偉業を示す〝大文字のC〟の創造性と、日々の創造や問題解決を示す〝小文字のc〟を区別する方法は、中でも広く認められている。それぞれの研究が必ずしも重複しないという事実を説明するのに、〝四つのP〟――パーソン、プロセス、プロダクト、プレイス（環境という意味での）――を用いる方法もある。[*24]

　広く創造性と呼ばれるものがほんとうに存在するのか疑問視する声があがっていても、創造性を固く信じる人たちは、群盲象を評す喩《たと》え――木を見て森を見ずの意味――と同じだとみていた。カルヴァン・テイラーはこう結論づけた。〝創造性は方法や媒体によっていろいろに表現されうるものであるから〟、その定義も多様なものになるのは予想できた。[*25] テイラーの言葉から、創造性の概念が徹底的に具体化され鍛えられてきたことがわかる。創造性研究により、創造性は〝単一〟ではなく〝複雑〟なものであることが明確になったからなおさらのこと、〝それ〟はまだそこにあって〝表現される〟のを待っているような気がしてならない。

　創造性研究者たちが、創造性より説明が容易と思われる創造的達成に言及しなかったことが、創造性と呼ばれるものの存在を強く信じ込んでいる証と言えるだろう。創造的達成とは教育や階級といった〝外部〟あるいは〝環境上〟のファクターであり、それらは一般的には心理学の範囲外とみなされている。ある研究によれば、創造的科学者にはたいてい恩師と言える人がおり、奨学金や特別研究員制度の恩恵を受けているから、学費稼ぎのアルバイトをする必要がない（もともと働かなくても暮らしていける資産のある者を研究対象から除外したかどうかは不明）。この研究はまた、創造的科学者はそうでない科学者に比べ、大学院時代により多くの時間を研究に費やし、より多くの書物を出版していることを示している。だが、このことを、生活費を稼がねばならない人たちは、そもそも研究や本の執筆に当てる時間が少ないことと結び付けて考えず、創造的科学者が様々な特権を享受していることも無視し、成功をたんに〝モチベーション〟の賜物と結論づけている。[*26]

たしかにモチベーションや献身、勤勉さ（それと、そういったものを醸成する時間と空間）は、創造的達成のもっとも一般的なファクターであり、成功した科学者や建築家、芸術家、あるいは昔の偉人においても同様だ。創造的人間のＩＱが高いかどうか、才能を開花させるのが早いか遅いか、内向的か外向的か、万能選手か専門家か、一般集団よりも発散的思考に優れているかどうかは、研究によって明らかにされていない。だが、ひとつだけ研究者が異口同音に言うのは、仕事へのひたむきな献身だ。このこと自体は驚くに足りない。何事によらず粘り強さが大切なことは、昔から常識だったし、科学的事実でもあった。一九二六年にキャサリン・コックスが行った研究でも、〝最高峰とまではいかなくても高い知能があり、粘り強さも持ち合わせた人は、知能は抜きんでていても粘り強さで劣る人よりも優れた仕事を成し遂げられる〟ことがわかっている。[*27] だがこれは、エジソンの名言、〝天才とは一パーセントのひらめきと九九パーセントの努力である〟のような常識に科学的根拠を与えたにすぎない。

このような伝統的な知恵に戦後の創造性研究のデータがお墨付きを与えたのだから、カルヴアン・テイラーがアメリカ国立科学財団（ＮＳＦ）の創設者たちに、それなりに高いＩＱの勤勉な労働者を集めて時間と場所を提供してみろ、と提案してもいいはずだった。しかし、テイラーたちが求めつづけたのは、もっと大きな創造性と呼ばれる何かだった。粘り強さこそが創造的達成の唯一で最高の予測因子だという考えを、ギルフォードは却下すらしている。〝（粘り強さ）は、どの分野でも偉業をなし、名声を得るのに貢献する特徴かもしれない……（だが）それが創造性と特異な関係を持つことを示すものは何もない〟。いまにして思えば、ギルフォードが言いたかったのは、創造的達成は努力以上の何ものかによって生み出されるものであり、それこそが創造性概念の存在論的集合であるということだったのだろう。ちなみに存在論とは個々の問題ではなく存在それ自体を扱う哲学理論である。ようするに創造性とは物語の骨組みを作り、現実を説明する力だ。科学者たちが求めつづけずにいられないもの、それが創造性の概念なのである。

＊

創造性研究の問題点を予測あるいは理解していた心理学者の中に、この分野をひそかに避けた者たちがどれぐらいいたのだろう。一九六〇年代後半になると、創造性研究のバブルは弾けはじめていた。創造性関連書物の出版は一九六五年に頂点に達し、ユタ会議やＩＰＡＲ創造性研究やギルフォードの適性プロジェクトなどへの資金提供は満期を迎えた。トーランスは、おそらく奨学金を巡る問題で、ミネソタ州立大学を去ることになった。一九六四年、カルヴァン・テイラーですら、〝創造的努力そのものと同様、創造性研究も完成を見ず、その意図を実現できぬまま、目的達成に至らぬことを認めざるをえない〟と言っている。[28] 一九六九年、いくらか態度をやわらげたフランク・バロンは、創造性研究者たちに、〝自分たちのビジョンの唯一性を深刻に考えすぎるな〟と警告している。[29]

一九六〇年代後半、資金提供者や資金提供機関が去りはじめると、創造性心理学者たちは、創造性の応用分野である〝創造的問題解決〟に活路を求めた。アレックス・オズボーンが創造的思考の福音を広めるためにバッファロー大学に創設したクリエイティブ・エデュケーション・ファンデーション（CEF）（第二章参照）の援助を受け、一九六七年には創造性研究に特化した定期刊行物が創刊された。もはや既存の学術誌に相手にされなくなった創造性研究に、発言の場を与えるためだったのだろう。[30] 一九七〇年代から少なくとも八〇年代まで、バロンとトーランス、ギルフォードが常連の寄稿者であり主導者だった。[31] これも自然の流れだ。経験的創造性研究と応用的創造性研究というふたつの流派はたがいに疑念を抱き合ってはいたものの、柔軟な倫理観と、創造性を広めることを使命とする共通の土台があった。

問題は山積みでも、創造性研究は、戦後世界のために、卓越性のあらたな概念に沿って、人的資源を選別するツールを再調整しようとした心理学者の熱意を反映している。創造性は天才よりも民主的な何かであり、知性よりも英雄的で、たんなる発明の才や工夫力よりも気まぐれで、想像力や美的感覚よりも有用な何かだ。軍事と文化と精神性を結び付け、過去のエジソンたちと未来のホワイトカラー労働者たちを結び付ける――研究者たちはそう思っていた――共通項だ。人間的な理想と産軍複合体の要望の調整を図り、〝凡庸と崇高のはざまを行き来する〟方法を模索しながら、研究者たちは、あらたな心理学のカテゴリーとそれを形にするテクノロジーを構築する手助けをしたのである。[*32]

創造性の定義の拡大は、致命的な欠陥であり、創造性研究を可能にする条件でもあった。それが知識の定着をほぼ不可能にしたものの、異なる方法論や理論的背景や心理学会内部のいくつもの流れをひとつにまとめる力ともなった。そういう流れと、それぞれを代表する人びとが、たがいに補完し合う形で歩み寄ったのである。マズローやロジャーズやバロンの人間主義的理念は、心理測定学者が産軍複合体の要請で職員の能力テストを行うだけでなく、もっと広い社会的道徳的領域で発言力を持つ後押しをした。

その一方で、人間性心理学者たちは、自分たちの知恵が自由世界の存続をその手に握る人びとから求められていることを知り、重要性や危機感を感じとった。きわめて合理的な心理測定学と、解釈的心理分析アプローチの両方を受け入れることにより、創造性研究は、差し迫った戦略的ニーズと、民主主義や労働やアメリカ人気質といった広範な問題を結び付ける重要さを訴える力を持ったのである。創造性研究が高級将校も問題児の行く末を案じる者たちも同様に惹きつけたことが、彼らの探求の重要性を物語っている。人間性心理学と心理測定学の統合に、実用一点張りの合理主義に人間味を持たせたいという冷戦期の願いを見ることができる。リーアム・ハドソンが述べたように、創造性研究者たちがアメリカの〝軍事産業〟を代表する物理学者に気を遣いすぎたことが、心理学の〝理想に走りがちな〟進歩的伝統に不利に働き、合理的な科学的行動主義者と知能テスト担当者に有利に働いたのだろう。だが、彼に言わせると、創造性研究の第一の特徴は賢明で進歩的な人道主義だ。[*33] たしかに多くの場合、様々な意見は噛み合っておらず、張り合ってばかりだった。それでも、溝を埋めようと努力する姿からは、時代の野心に合わせようと必死な心理学者の奮闘ぶりが伝わってくる。

第八章――進歩から創造性へ

一九六八年以降にアメリカの学校を訪れると、教師がプロジェクターか視聴覚機器を取りだし、灯りを落とし、『Why Man Creates（なぜ人間は創造するのか）』と題された二九分の映画を映すのを必ずと言っていいほど目にするだろう。このアカデミー短編ドキュメンタリー映画賞受賞作はソール・バス脚本演出で、CBSの『60ミニッツ』ではじめて放送された。いまではアメリカ議会図書館のフィルム・レジストリーにおさめられ、史上もっとも見られた教育映画と言われている。幕開けはアニメで――『スクールハウスロック！』や『The Point』と言ったアニメの教育映画と同じ――四分間に凝縮された西欧発展の歴史を見ることができる。カメラがゆっくりと上にパンすると、様々な時代の発見やアイディアや発明がつぎつぎに映し出される。先史時代の狩り、洞窟壁画、車輪の発明、新しい神の創造、ピラミッド建設、石に彫られたアルファベット、鉄と青銅を鍛えて作る道具。ギリシャに哲学が生まれ、ローマが栄え滅亡する。暗黒時代のつぎは啓蒙運動、つぎからつぎへとすごい速さで時代は進み、ワットと蒸気機関、ピアノに向かうベートーベン、エジソンと電灯。人間は動物だとダーウィンが言い、フロイトがちがうと言う。人が集まってきて、木箱に立つ男たちが政治スローガンを叫び、車に飛行機にテレビがどんどん積み重なってゆき、カメラが不意に止まる。渦巻く放射能雲の中に一人の小さな人間が立っており、咳きこみながら虚空に向かって何かを叫んでいる。

一風変わった幕開けは、創造性の美点を讃えるものだろう。だが、茶目っ気のある序曲につづくのは、一九六〇年代特有の大量消費主義とテクノロジーに対する皮肉だ。それが不意に陽気な楽観主義の色合いを帯びる。〝アイディアはどこからくるのだろう？〟。やさしい声のナレーターが落ち着いた調子で言うと、一連の〝創造性の探求とエピソードとコメント〟の映像が流れる。つぎは規格からはみ出すことを讃える〝寓話〟だ。工場の組立ラインからはじき出されたピンポンボールが、外の世界を暢気《のんき》に飛び跳ねてゆき、跳ね返りの標準値を上回る跳びを期待するピンポンボールの観衆の激励に押され高く、高く、宇宙まで跳んでゆく。アイディアは〝のらくら過ごす〟ことから生まれることもあるが、（エジソンやヘミングウェイやアインシュタインの言葉にあるように）気概と努力から生まれるものでもあることを教えてくれる。それに、カメラには映っていない芸術作品に、怒った通行人が侮蔑の言葉を投げつける映像からは、社会が新しいアイディアに抵抗を示すことも伝わってくる。この短編映画の主人公、映画でお馴染みのカウボーイ姿のヒッピーっぽい白人男性は、そういう批判の銃弾を腹にぶち込まれる。またある場面ではアニメのカタツムリが疑問を口にする。〝過激なアイディアは体制を脅かす。ところが過激な連中が体制側に回ると、今度は過激なアイディアに耳を貸さなくなるのはどうして？〟終幕で全体のトーンは落ち着き、ナレーターがこの映画の肝となる疑問を口にする。〝人はなぜ創造するのか？〟古代芸術やロケット打ち上げ、印象派の絵画、楽譜、落書きのモンタージュにかぶせて、ナレーターは答える。〝人間の様々な表現には関連があり、共通点が見いだされる。それは自分の内面を見つめ、世界に向けて叫びたい衝動だ。これがわたしだ。わたしはユニークだ。わたしはここにいる。わたしはわたしだ〟。

ピタゴラスの定理からマルクス主義、原子爆弾、そしてボーイング747へと社会は進歩してきたけれど、どれも一人の人間の個性を表現したい思いに端を発している。それがこの映画のテーマなのだろう。この主張こそ――TNT火薬の発明よりも油絵のほうがわかりやすいが――戦後の創造性概念の核心だ。すなわち、地球上のありとあらゆる新しいものは個人から生まれた。無数の社会的ファクター――どんなものを発明するかを決める組織、労働力の結集――は除外する。後に残るのは、認められたいと熱望する孤独な創造者だ。

映画は肝心の〝なぜ〟を避けて通る。すべてが積み重なって有毒なゴミになるだけなら、創造性はそもそもいいものなのか。映画のタイトルの〝なぜ〟は最終目的――なんのために人は創造するのか――に聴衆を導くのではなく、ただ煽り立てる。冒頭のテクノロジーへの懐疑と、その後につづく創造的プロセスの輝かしい成果を並べることで、映画のスローガンが浮き彫りとなる。進歩は止まる。創造性万歳。

バスを雇ってこの映画を作らせたオークランドの企業、カイザー・アルミナムは、そんなメッセージに関心があったのだろうか？　飛行機が黙示録さながらに積み重なってゆくのを見て、カイザーの重役たちは不安を覚えたとしても、映画の上映を中止させはしなかった。それどころか、オークランドに本拠地を置くアメリカ第三のアルミニウム製造会社であり、軍用機の胴体とテレビディナー用トレイ（軍事用と消費者用のなんとも素晴らしい取り合わせ）を作っているこの企業は、映画をまず従業員に見せてから一般公開したのである。最近では『カイザー・アルミナム・ニュース』という贅沢な企業誌の特別号『あなたと創造性』まで刊行している。サンフランシスコのスタジオが制作したフルカラーのポスターに、カール・ロジャーズ、アブラハム・マズロー、ジョイ・ポール・ギルフォード、フランク・バロン、アレックス・オズボーン、それにシネクティクス社の言葉が添えられ、読者が煉瓦の奇抜な使い方をリストアップできる創造性エクササイズまで載っている。実用的なものから熱狂的なものまで、この二〇年で積み上げられた創造性についての様々な見解の一種のサンプルブックだ。

科学研究から応用創造工学プログラムまで、創造性にまつわる知識を、企業国家アメリカがいかに消費し、創造したかがよくわかる。革新を促しながら、疎外と不信に立ち向かってきたのだ。創造性の概念を通して、大衆社会の様々な批判は社会システムの中心へと取り込まれていった（バスはブレインストーミングを悪し様に言いながらも、広告マンはただの〝麻薬密売人〟にすぎないとわかっていたから、現代文明の進歩における自分の役割に相反する感情を抱いていた）。バスが内心で〝創造性映画〟と呼んでいたこの映画は、産業のモラルの土台だった進歩の概念が大きく揺らいだ時代に、テクノロジーへの信頼が危機に瀕していることを訴えるために、企業国家アメリカが創造性というアイディアを利用したことを指摘しているのである。

だが、実際にはどのようにして？ カール・ロジャーズが指摘したように、創造性は本質的にモラルとは無縁の概念だ。〝創造的プロセスの良い目的と悪い目的を区別してみたところで何の意味もない。苦痛を和らげる方法を発見する人がいる一方で、政治犯のより巧妙な拷問方法を編み出す者がいるのだから〟[*1]と、彼は書いている。『カイザー・アルミナム・ニュース』の創造性を特集した号でも、〝スラムと戦争と武器、貧困と犯罪、ゴミと汚染は、イーゼルに立てられた絵や工場の機械、空気中に漂う音楽と同様、人が創造したものだ……創造活動は、創造的産物が有益か有用かを保証しない〟と認めている。[*2]創造性が生み出したものがたとえ忌まわしかろうと、創造性そのものに罪はない。マズロー曰く、〝評価もモラルも倫理も文化も超えたものであり……善悪も超越している〟[*3]。

カイザーのような企業、あるいは戦後アメリカのどんな企業も、映画が静かに訴えているように、創造性を抱き込むことで焦点を製品から製造プロセスへと転換したのである。たしかに、映画に映し出された製品はすべてがぼんやりしている――特定の何かを示すのではなく、馬鹿ばかしいぐらい抽象的だ。実際の製品を映しても、芸術や科学、テクノロジー、それに人間が書いた文字の代表的な例として挙げているだけだ。製品からプロセスへの移行中に、落書きや高尚な芸術、哲学、ハイテクを同等に扱うことで、創造活動は一般的で中立なものとなる。創造的プロセスのこの道徳的中立は、テクノロジーをより人間的にしたい人びとや、より人間的に見せたい人びとにとって魅力的だ。これまでの章で見てきたように、創造性はテクノロジーに対する明らかに教化された対抗勢力と捉えられている。創造的思考はより賢いから社会的責任のある創造物を生み出すだろうという仮定に立ってのことだ。さらには、たんに避けることによって、あるいは注意の向け先を製品からプロセスへ、社会基盤から個人のクリエーターへ移すことによって、創造性は科学とテクノロジーのモラルジレンマを解決してきた。創造性の概念は、テクノロジーを情け容赦ない非人間的システムの成果としてではなく、敢《あ》えて民衆を無視する無垢で情熱的な個人の連なりへと作り変える。このような解釈によって、科学やテクノロジーに従事する労働者と彼らを雇う企業は、あらたな卓越した価値観を手に入れ、自分たちの仕事の価値を理解し伝えることができるようになる。

テクノサイエンスの乱心

第二次大戦後の時代は、科学とテクノロジーと進歩に対する賛否両論を特徴としている。左派の理論家ルイス・マンフォードは、戦前には集団の〝技能《テクニクス》〟の人道的可能性について熱く論じていたが、戦後は〝テクノロジー支配の巨大社会《メガマシーン》〟を悲観的に捉えるようになった。冷戦によって戦後秩序の〝剣を鋤《すき》に〟の夢が破れてゆくと、マンフォードは神学者ジャック・エリュールらと声を揃え、人の生活全般に浸透し、社会から人間的で道徳的な要素をすっかり吸い出してしまう、効率重視の道具主義的思考に狙いを定めて批判した。*4

戦後の識者たちは、冷戦による科学とテクノロジーの結び付きに困惑した。企業は博士号を持つ人材をどんどん採用し、大学は企業並みに運営される研究センターと化し、彼らは大学と政府と産業を好きに渡り歩き、〝研究〟と〝開発〟、〝純粋科学〟と〝応用科学〟の境界線は曖昧になるばかりだった。*5ある識者は、〝技術者と科学者の両方を表すひとつの言葉が必要だ。ひとつのコミュニティーのふたつの形にすぎないのだから〟と言っている。*6これはまさに、歴史学者スティーヴン・シェイピンが言うところの〝科学が目指すのは真理、ビジネスが目指すのは利益。純粋科学研究を担うのは自由に動ける個人であり、応用研究開発を担うのは組織化されたチーム〟*7という伝統的な自由モデルからのドラマチックな脱却である。ウィリアム・ホワイトの、科学者を管理しすぎると進歩を阻害するという懸念に、科学者個人のモラルを窒息させうるという懸念が加わる。〝社会倫理〟を守る経営者は、〝組織の終焉とモラルの終焉は同時に起きると考えがちだ〟*8とホワイトは書いたが、近代史、とりわけ第三帝国の擡頭《たいとう》がそうはならないことを示している。前の世代の人たちが、精神労働の理性的領域であり進歩の鍵だとみなした専門化は、いまではアメリカ人の精神を狭めたと批判されている。かつてはテクノクラシーの見識あるリーダーと謳われた産業に従事する科学者や技術者は、この観点から見れば、指示されたことを黙々とやる組織人にすぎない。

モラルという観点から見ると困惑を覚えるのは、科学が軍事と結び付いているからだろう。ドワイト・アイゼンハワー大統領は有名な演説で、〝産軍複合体〟の勃興に警鐘を鳴らし、〝昔から自由なアイディアと科学的発見の源泉だった大学において……知的好奇心が政府からの受注に置き換えられている〟ことに懸念を表明している。その一方で〝公共政策そのものが科学技術エリートの手に握られるという逆の危険〟も生じている。[*9] ようするに、ホワイトカラーの専門職にとっての産軍複合体は、国民生活を支配する非民主的な力を与えてくれるファウスト的契約なのである。たとえそれが、政府や資本家階級に精神労働を売り渡すことであっても。

信念の危機に直面しているのはテクノロジーではなく、テクノクラシーだ。いつかメシアが現れて社会を完全なものにしてくれると信じるカウンターカルチャーや抗議運動のメンバーですら、テクノロジーが作る未来に背を向けることはできない。彼らも進歩した技術にある程度は信頼を寄せており、(増大する技術労働者と同様)それを生み出せるのは大規模なトップダウン組織ではなく、テクノロジーの鍛え抜かれた民主的なＤＩＹの倫理観だと考えている。[*10]

そんなわけで、科学者と技術者は困った立場に置かれた。彼らは、哲人王の役を務めるに足りるだけの力を持ちながらも啓蒙され過ぎず、政治的圧力に立ち向かう道徳的行為者として力を持ちすぎないことを期待されているのだ。科学者と技術者が批判にとりわけ敏感なのは、世論に見放されたら暮らしてゆけないからでもあるが、二〇世紀のはじめから続く長い発展期の技術的仕事を正当化するために、自己犠牲と合理性の理想を追求したいからでもある。彼らは計算尺を捨ててコミューンの一員になるより(あるいは人文科学の教授になるより)、同類が築いてきた技術的秩序の救世主になることを希求している。歴史学者スティーヴン・ウィズニオスキが〝変化するテクノロジーのイデオロギー〟と名付けたものを信奉し、テクノロジーの変化は避けられないものだから、逆説的かもしれないが、テクノロジー由来の問題を解決できるのは自分たちだけだと信じている。でも、どうやって？　創造性こそがその答なのだろうか。

責任をとれる創造性

科学者と技術者が汚名を挽回する方法のひとつは、テクノロジーの行方に責任をとることだ。原子爆弾の悔い改めた生みの親、J・ロバート・オッペンハイマーは、科学と技術に関する見識ある民主的な対話の重要性を訴えた。規制機関（米国議会技術評価局のような）を重視する者がいる一方、テクノサイエンス内部からの改革を求める者もいた。[*11] ようするに創造性の投入である。スタンフォード・リサーチ・センター長、E・フィンリー・カーターは、〝防御用兵器や破壊兵器に多大な努力が払われている〟のを認識し、その対抗策として〝創造的思考を駆使してこうなった現状をよく理解すること〟を挙げた。[*12] カーターのリサーチ・センターは、軍事産業プロジェクトにスタンフォード大学の俊英を貸し出すため、第二次大戦後に創設された。一九五九年には、一〇〇〇人以上の科学者と技術者が、社会科学から武器体系までを網羅するプロジェクトに雇い入れられた。カーターはこの年、こう問いかけた。〝われわれは危険を顧みない奔放さで発明物を生み出すだけで、育てるのはほかの誰かに任せていいものなのか？　それとも先のことにまで責任を持つべきなのか？　どうするかはわれわれ次第だ。創造物を孤児にせずに成長を見届けるなら、うまく飼い慣らして豊かな人生を送らせることができるだろう〟。[*13] 技術をうまく飼い慣らすには、創造性を発揮する必要があり、〝モチベーション〟と〝科学者は仕事によって生かされているという意識〟が大事だとカーターは述べている。[14] モチベーションを持つ創造的科学者が、どのようにして大きな責任を負うか、というところまで彼は突き詰めていないが、彼らの道徳観が舵の役割を果たすと示唆している。

ゼネラルモーターズでクリエイティブ・エンジニアリング・プログラムを開発したMITとスタンフォード大学の教授、ジョン・E・アーノルドにとって、創造性は技術的頭脳を社会問題に向けさせせうるものだ。創造的思考とは昔ながらの技術的な考え方からの解放である。[15] 〝未来の創造的技術者とは、科学者と芸術家の融合であり、新たな組み合わせであって、芸術家のように創造するが、そのやり方は計画的かつ計算された科学者のそれだ〟とアーノルドは書いている。メカニカル・エンジニアリング部の中にあるスタンフォード・デザイン・インスティチュートの創設者であり、ビジネス・マネージメント部の教授も兼任するアーノルドは、学生たちに文学と作文、それに美術のコースもとるよう勧める。人の感情的欲求を満たすようなデザインができて、自分のアイディアをうまく人に伝えられる能力——どちらも現代の消費者経済で必要とされるスキル——を備えた技術者を養成するためだ。[16] 創造的技術者——アーノルドは〝理解力のある技術者〟とも呼んでいる——は、社会的思考力を持ち、〝世界志向〟で、飢餓や経済的不平等といった重大問題を解決しようとする意欲がある。さらに彼はこう記している。〝クリエイティブ・エンジニアリングのひとつの目的は、物理学と社会科学と芸術の結合を図ることだ。この方法が、唯一この方法のみがおそらく、われわれの発明品が人間の何らかの欲求を満足させせうるという確信をわれわれに与えてくれる〟。

アーノルドの目的は苦難を軽減することだったろうが、それはまた技術者を技術という職業領域から救い出すことでもある。社会設計を政治家に任せず、技術者も生活のより広い分野を開拓すべきだ。〝創造的問題〟――彼が言わんとしているのは、正しい答もまちがった答もない問題――が存在するところならどこにでも、創造的技術者がいる。オズボーンとブレインストーミングの章で見たように、創造的思考による〝人間の問題〟の解決というと、反国家統制主義だのノンポリの思い込みだのと言われる。アーノルドに言わせれば、創造的技術者は社会の不公平を承知のうえで、〝そういった不公平は政治による再分配だけでは解決できない〟ことも理解しているから、最終的に技術的解決を図ろうとする。〝資源をできるかぎり有効利用し、電力を隅々に行き渡らせ、すべての人の生活を……より効率的に、能率的にしなければならない〟。アーノルドは芸術に秋波を送ったものの、技術者をより〝創造的〟にする彼のキャンペーンの根底にあるのは、きわめて合理的でテクノクラート的な気風だった。技術者を通し、規制や政策では解決がつかない分野で、創造性が力を発揮できるという考え方だ。

創造活動における芸術と科学

創造性はテクノロジーをより道徳的なものにするというカーターとアーノルドの信念は、一八、一九世紀の考え方を受け継ぐもので、芸術家が一種の司祭の役割を担う。創造的とは、英知をもってテクノロジーと取り組むことだ。だが、芸術家にはもうひとつ重要な役割がある。

自律のモデルとしての役割だ。創作にひたむきな創造的芸術家だからこそ、戦後のテクノサイエンスの道徳的両義性をよい方向へと導くことができる。創造性の概念は、科学者と技術者が芸術家と分かち合えるもの、そして芸術家が科学者や技術者と分かち合えるものなのである。

一例が〈サイエンティフィック・アメリカン〉誌の一九五八年九月号だ。〝科学の革新〟を特集した号で、ルネッサンス期の乳飲み子イエスと聖母マリア、それに大天使の絵画を詳細に論じている。〈サイエンティフィック・アメリカン〉誌は冷戦時代のテクノサイエンスに対する世論形成に重要な役割を果たし、技術者や科学者、研究担当重役たちの支持を得たが、科学に関心のある一般読者、すなわち先端の応用科学に強い関心を抱く戦後に急成長した集団にも広く読まれていた。[*17] ペンタゴンマネーの成果である最新のロケット科学やレーダー、半導体に多くのページを費やし、毎号の表紙を飾るのは高解析度の写真や、新しい装置や研究所や宇宙を図解したイラストだ。

〝科学の革新〟特集号で、国家安全保障に関係すると誰もが思う驚くべき装置の引き立て役に、五〇〇年前の宗教画をもってきたのはなぜか？　巻頭記事を書いたイギリスの博識家、ジェイコブ・ブロノフスキーは、レオナルド・ダ・ヴィンチの『岩窟の聖母』（一四八三〜八六年）を選んだのは、作者に目を向けさせるためだったと述べている。ダ・ヴィンチの中には科学と芸術が自然に融合している。彼が描いた詳細な人体解剖図や植物図から、科学的観察に長《た》けていたことがわかる。ブロノスフキーもまたルネッサンス的教養人だった。物理学者で数学者でありながら、ウィリアム・ブレイクの詩について論じ、広島と長崎への原爆投下の影響に関する報告書は多方面に影響を与えた。著書『Science and Human Values（科学と人間の価値）』によって、哲学的大問題に果敢に挑む科学者としてその名が知られるようになった[18]（ちなみに広告マンを〝麻薬密売人〟と呼んでソール・バスを動揺させたのは彼だ[19]）。

心理学的レベルでの科学者と芸術家のちがいは人為的なものだ、とブロノフスキーは言う。とくに科学者はステレオタイプが示すほど〝理性的〟ではない。そもそも科学的理解はどことなく美的である。コペルニクスの地動説は、純粋理性によってではなく、〝美的な一体感〟から生まれた。光は波か粒子かの論争も、煎じ詰めれば〝アナロジーや詩のメタファー〟について論じているにすぎない。科学理論はたんなる客観的実存の置き換えではなく、〝事実に勝る独創的選択〟の産物だ。科学的理解は〝美的〟な調和を直感することから生まれ、知識は裏に何らかの目的があって追い求められるものだ、というジョン・デューイの考え方を踏襲しながら、ブロノフスキーは、科学も芸術も〝環境を支配したい〟という意志が原動力となっている、と論じた。シェイクスピアの『オセロ』を〝天才の創造物〟とみなすのに、コロンブスの西インド諸島発見やベルの電話の発明をそうみなさないのはなぜか？　後者には〝一意専心〟が認められないからだが、ブロノフスキーに言わせれば、どれも同じ材料からできている。

芸術家と科学者は気質がおなじだ、とブロノフスキーは言う。冷静な科学者や激しい芸術家といったステレオタイプは作り話だ。アイルランドの科学者、ウィリアム・ローワン・ハミルトンが酒の飲みすぎで死んだのは、〝放蕩《ほうとう》がたたったからだが、おなじことが酒飲みの若い詩人にも言える[20]〟（〈インスティチュート・フォー・パーソナリティ・アセスメント・アンド・リサーチ〉にフランク・バロンが記した言葉、〝きわめて独創的な科学者と芸術家には共通する特徴がある〟がこれを裏付けている）。[*21] ブロノフスキーはまた別の例――理性的で行儀のよい芸術家――を挙げているが、これは科学者に似ていると芸術家に思わせるためではなく、本質的には芸術家なのだと科学者や技術者に思わせるためだった。ブロノフスキーの巻頭記事には、モンティニャックの洞窟壁画やヘンリー・ムーアの現代彫刻の写真も掲載されており、西欧の進歩の原動力となった個人の想像力の長い伝統に読者を誘う。

ブロノフスキーにとって何より重要なのは、ほんものの科学者はほんものの芸術家と同様、個人主義ということだ。二〇世紀半ばの批評家が、自己を犠牲にした研究者たちによる共同プロジェクトとしての科学を――それに芸術もある程度――讃える一方で、ブロノフスキーは孤独で個人主義的な邁進に光を当てた。科学も芸術も、〝名もなき人びと〟の忠誠や職人技が尊ばれた東洋ではなく、古代ギリシャやルネッサンス期のような個人主義的環境で花開いた。[*22] こういう考え方は冷戦期のアメリカの信条を表している。人種差別的で反カトリック的な憶測に彩られたこの信条は、ソ連を前世紀の遺物である東洋化と集産主義の国と決めつけるのにもってこいだった。

むろんこれは戦後の科学とテクノロジーの現実からは大きくかけ離れていた。テクノロジーの進歩において、集産主義国家であるソ連に大差をつけられただけではなく、アメリカの科学者も技術者も、協力体制が進んだ管理された研究所で、孤高の天才でありつづけるのは容易ではなかった。

ブロノフスキーの主張は応用科学――発見よりも創意工夫の分野――を見ればいっそうはっきりする。新しいアイディアを花開かせた西欧の個人主義は、禁欲的あるいは〝瞑想的〟順応の対極にある〝直接行動〟と手に手をとって進んだ。科学とは本質的に客観的発見である、あるいはそうあるべきだという考え方に対し、ブロノフスキーは科学者の独創性を強調する。理論だけあっても、何かを生み出さなければ絵に描いた餅だ。〝純粋〟科学と〝応用〟科学を分けるのは、芸術とテクノロジーのちがいを論じるのとおなじで幻想にすぎない。どちらもこの世界を征服するための人間力なのだから。

ブロノフスキーが芸術と科学とテクノロジーを並べて論じるのは、職業的アイデンティティのジレンマから科学者を守るため、と読者は考えるかもしれない。自立心旺盛で私心のない真実の探求を行う人というのが、昔ながらの科学者像だが、現実の科学者は、学問の自由に守られ、自分のために仕事をしており、発明よりも発見に勤《いそ》しんでいる。どちらにせよ、冷戦期の状況にはマッチしない。だが、よくよく見ればすべてが発明なのであり、ブロノフスキーが指摘するように、科学者が商品の発明や製造に従事することはべつに悪いことではない。科学者としての主体性を保ってさえいれば、自分で選んだプロジェクトではなく与えられた仕事をしたとしてもなんの問題もない。受け身の発見などというものはないと思うことで、冷戦期の科学者は、客観的な真実の追求者としての自分と現実的な目標を達成する自分とのあいだの葛藤に苦しまずにすんだのだろう。*23 自分の理解も支配もおよばぬ組織に雇われている身であっても、頭の中では芸術家同様に個人主義だと思えば安らぎを見いだせたのだろう。〝創造的科学者〟

という用語自体矛盾してはいるが、新しい理想形だったのである。

だがここでもまた、創造性の概念の曖昧さゆえに、功利主義と非功利主義のどちらからも利用されうるという状況を招いている。代表例をあげれば、〝創造的科学〟という用語は〝応用科学〟の同義語として用いられ、発見との対比で何かを創造する意味となるが、ときには正反対の、純粋なアイディアという意味を持つ。〈サイエンティフィック・アメリカン〉の〝発明〟特集号が出る少し前に、編集者のデニス・フラナガンは、アート・ディレクターズ・クラブ・オブ・ニューヨークの創造性に関する会議で、原子爆弾の発明はほんものの創造的活動ではないと述べている。破壊的だからという訳ではなく、たんなる道具にすぎないからだ。〝科学におけるほんものの創造的活動とは、新しい法則の発見であり、原子爆弾の発明は既存の法則を応用したにすぎない。コペルニクスが太陽を太陽系の中心に置いたことをほんものの創造的活動と言う〟[*24]。しかるにこの事実を尊重し、テクノロジーの実用的関心から創造的科学者を守らねばならない。それには〝科学とテクノロジーのちがいを油断なく維持しつづける必要がある〟[*25]。

〝われわれの社会は実用的なものには喜んで資金を提供するが、いまだに長髪の連中〟――中産階級にふさわしい振る舞いをせずに高尚な芸術にうつつを抜かす連中――〝に疑いの目を向け、科学の才能がある若者に、残酷にも経済的圧力をかけて、実務家に仕立てようとする〟とはフラナガンの弁だ。長髪の連中とほかとを分けるのは、純粋で飽くなき好奇心だ。マズローは〝音楽家は曲を作らずにいられず、画家は絵を描かずにいられず、詩人は詩を書かないではられない〟と書いたが、フラナガンは創造的人間をこんなふうに言い表した。〝地上の何ものも、才能ある画家の描きたい思いを止められないのと同様、地上の何ものも、彼らの知りたいという思いを止められない〟[*26]。それに、長髪の連中のものの考え方は、実務家のそれではなく芸術家のそれだ。ブロノフスキーと同様フラナガンも、土台となる科学的発見のプロセスとは、〝地道で機械的な事実の収集〟ではなく、〝直感〟が頼りの、〝意識下のレベル〟の働きで、〝詩人や画家や作曲家とおなじやり方〟[*27]だと述べている。フラナガンにとって、ほんものの創造性とは意味それ自体を追求するものだ。科学とテクノロジーの結婚を祝福する雑誌の編集者が、時機を捉えているとはいえ、こういう発言をするとは驚きだ。むろんフラナガンは反テクノロジーではない。彼の論法からすると、創造的人間の非功利主義は、イデオロギー的立場や政治的立場を示すものではなく心理的なものであり、あまり創造的でない人びとの労働を足がかりに物質的進歩という結果を残す。

テクノサイエンスの生態系のどこに位置していようと、創造性は芸術をその懐に抱え、完璧な理想を提供してくれる。ほんものの技術者はほんものの芸術家を発明者仲間とみなし、協力して新しいものを作る。その一方、ほんものの科学者はほんものの芸術家を思想家仲間とみなして手を携え、自分たちのためのアイディアにその身を捧げる。創造性を純粋科学あるいは応用科学の研究者の特徴と見るにせよ、私欲のない発見あるいは日々の問題の解決に役立つものと考えるにせよ、創造性は専門職に就く人びとにこそ必要なものという考えに誰も異を唱えないだろう。

企業価値としての創造性

創造的人間のアイディアを実用に供する能力は万国共通、あらゆる努力傾注分野で見られる……科学でも芸術でも。おなじ基本的現象から生み出されたアイディアを、人それぞれ、交響曲を作曲し、ソネットを書き、魔法の薬を開発し、数理モデルを公式化し、原子炉を設計することで社会の役にたてる。

これは、ウェスティンハウス・ベティス・アトミック・エナジー・ディビジョンの広告だ。海軍向け原子力発電の設計と開発を行うため、ピッツバーグ近郊に一九四九年に設立された政府所有の研究開発研究所である。心理学者が主題の範囲を示すために使用するようなリフレインを、〈サイエンティフィック・アメリカン〉誌の読者が目にすることになった同誌の九月特別号に掲載された広告は、掲載記事と同様意味深いものだった。なぜなら、一般大衆のみならず、未来の従業員たりうる大勢の技術者の関心を引くために、創造性の概念を持ち出しているのだから。自分たちを芸術作品や個々のクリエイターと並べることで、冷たくて合理的で官僚的な怪獣というイメージを覆す戦略だ。

ボーイング・サイエンティフィック・リサーチ・ラボラトリーの広告は、アメーバみたいな同心円状の輪の上を重なり合ったギザギザの四角形が渡ってゆく抽象画が目を引く。〝芸術家

“アルコアがあなたの創造的思考にあらたな方向性を与えます！”冷戦下で芸術とテクノロジーが混ぜ合わされた例。© Alcoa 1958.

＝科学者〟のチームが描いた白鳥座の絵で、彼らに言わせると、〝宇宙の知識は人がその目で見たものではなく、想像から生まれたものだ。たしかに白鳥に見える。しかし、電波望遠鏡のような天才の創造物が明らかにしたのは、いまだ探検も説明もされていないエネルギーの源だった〟。広告のコピーは、望遠鏡と絵を並べて、どちらも宇宙を支配したい衝動を表したものだと言う。アルコア・ケミカルズの広告は、空に突き出す四体のミサイルを描いた色鮮やかな立体派の絵だ（グラフィックデザイナーのS・ニール・フジタは、ザ・デイヴ・ブルーベック・カルテットの『Time Out』や、チャールズ・ミンガスの『Mingus Ah Um』のジャケットにもよく似た抽象画を提供しており、どちらのレコードもその翌年にリリースされた）。この広告は、自社の有標化学製品〝アルコア・アルミナに想像力を注入して〟、より耐熱性にすぐれたノーズコーン（ミサイルの先端の円錐形構造物）を生み出そう、と名もない会社に勤める技術者たちに誘いかける。

この広告を、ひどい暴力を美化する策略と解釈する向きもあるだろう。だが、この雑誌のあちこちにミサイルが誇らしげに掲げられているのを見れば、〈サイエンティフィック・アメリカン〉誌の読者は銃声に怯えるタイプではなさそうだ。狙いはミサイルをテクノロジーから芸術へと変身させることだ。芸術に仕立てれば、民間軍事会社が製造するテクノロジーによる問題解決の道具ではなく、〝想像〟の産物となる。読者の目を製品、つまり世界に破壊的な効果を与えうるものから、製造プロセスへと向けさせる。ブロノフスキーやボーイング社の広告が、科学理論と人工衛星を詩や絵画と比べてみせたように、アルコアの広告は、ＩＣＢＭを人間の創造力の様式化された表現へと変身させる。

〝想像力を注入し〟と誘う広告の一風変わった感覚は、芸術と技術を混ぜ合わせたアルコアのキャンペーンの一環だ。一九五七年、アルコアはチャールズ・アンド・レイ・イームズ・スタジオのデザイナー、ジョン・ニューハートを雇い、自社の原料と太陽電池を使った〝何もしないマシーン〟をデザインさせた。ニューハートが芸術を具現化したカラフルで非功利的な装置は、人間の想像力を純粋な形で表している。それはブロノフスキーの主張――発明品は謎を解明したい衝動から生まれるのではなく、遊びと気まぐれから生まれる――に非功利的ひねりを加えたものだった。それに、純粋なテクノロジーは純粋科学と同様、確固とした目的をもたないことを示唆してもいる。太陽電池のそもそもの発明目的が何であったにせよ――人工衛星や車に電力を供給するためだったのだろう――出来上がった装置は人間の想像力とおなじで使い方は無限にある。筋金入りの材料科学に支えられて目的のある製品を作ることで知られるメーカーが、何もしないマシーンのデザインに金を払い、絵筆のひとはけでノーズコーンにやわらかみを与えることに金を払ったのは、企業がテクノロジーの発達に矛盾する感情を抱いていることの表れだろう。[*28]

これらの広告とプロモーション用装置は、テクノロジーの発達に寄せる独りよがりの信念や地政学の没個性的力によってではなく、創造的従業員一人ひとりの精神によって企業が存立していることを示す試みとも読める。こうした対外イメージキャンペーンがターゲットにしているのは、一般大衆だけでなく従業員及びその予備軍なのだろう。ニュージャージー郊外やボストンやサンベルトに広大な敷地を持つ企業の、技術者を呼び込む作戦で、自主性と無制限の活動と創造性の尊重というイメージを打ち出している。原子炉とソネットを比べたウェスティンハウス・アトミックの広告は、〝科学分野における創造的個人のいちばんの擁護者〟と自画自賛する。〝われわれは個人の（創造性の）発掘に自信があり、整った環境で訓練と実習を通し創造性を伸ばします〟。創造的環境を売りにする企業はほかにもある。リンク・アヴィエイションの広告が力説するのは、創造的労働のための温暖な気候とそれにふさわしい精神風土だ。その当時発表されたアメリカとソ連の〝ミサイル・ギャップ〟を反映し、ゼネラル・エレクトリック・ミサイル・アンド・オードナンス・システム・デパートメントの広告は、〝ギャップを縮めよう……技術者の潜在能力と創造的生産物のあいだの〟と呼びかける。強調するのは、〝多くの――おそらく大多数の――技術者と科学者は、自分たちの創造的能力が最大限に生かされていないと痛感している〟ことだ。そこでゼネラル・エレクトリックは約束する。〝創造力を最大限発揮する〟妨げとなるもの、例えば〝融通のきかない上司〟、〝挑戦しがいのない仕事〟、〝個人のアイディアに対する無関心〟はわが社にはありません。[*29]

これらの広告が才能ある人材を必死で求めている背景には、冷戦による技術職激増がある。給料や手当てや団結心ではなく、創造的（いろんな意味で）に働けるチャンスを目玉に求人を行ったのは、技術者たちが仕事の正当性を疑問視しはじめていたせいでもある。そこにホワイトカラーが抱える疎外感や軍国主義、テクノクラート社会のモラルの制約への懸念が重なり、それまでのようにプロ意識や専門技術に訴えるだけでなく、個人的表現の価値を前面に押し出す必要が浮上した。革新それ自体も変わらざるをえない。それは系統だった科学の旗手たちが思い描いた機械化された社会プロセスによってではなく、ひとつの自由な丸ごとの――つまり創造的な――精神から放出されるアイディアの集積による革新である。

＊

これまで見てきたように、創造性の概念は、戦後のアメリカが抱える構造的矛盾に対処する心理的解決策となってきた。それはあらたに生まれた個人主義――それ自体が進歩的で自由で反発的な要素を含んでいる――と、大衆社会が抱える一見明白な問題とをすり合わせる役割も果たした。戦略的、経済的、イデオロギー的圧力がいっしょくたになって押し寄せた冷戦下のアメリカで、それは花開いた。もっとも熱心な擁護者たちにとって、創造性の概念はすべてを備えていた。それは大衆の凡庸に対する卓越でありながら、開かれた社会の民主的な潜在能力でもある。無政府主義に堕することのないダイナミズムであり革新でもある。技術者の世界に人間性を注ぎ込むものでありながら、革新と消費者主義と経済成長を後押しするものでもある。生産力と自己実現を結び付け、昔ながらのブルジョワ生産者の倫理観を復活させるものでもあった。ただしこの倫理観は、消費者主義の時代に合わせ、よりやわらかく、より心理的で、ある程度は女性化したものだった。

後に残る課題は、一九六〇年代以降に誕生するまったく別な世界にどう関係していくかを紐解くことである。

第九章――創造性万歳

これまでの章で、創造性の概念がどんなふうに生み出されたかを見てきた。冷戦と消費者主義と大勢順応や疎外への不安が渦巻く戦後アメリカで、それは生まれた。だが、創造性のキャリアはまだはじまったばかりだった。創造性が英語の集合語彙となり、社会学者アンドレアス・レックヴィッツが〝創造性装置〟と呼んだもの、すなわちわれわれの言語や社会制度やアイデンティティに組み込まれた創造性が、アメリカはもとよりヨーロッパやオーストラリア、アジアの文化がそれによって特徴づけられるほど一般常識になったのは、一九七〇年代以降の数十年である。[*1]

それが成し遂げられたのは、企業の綱領や授業計画、官庁や卒業式のスピーチで繰り返し使われたからだ。グーグル・ブックスによれば、二〇〇〇年にわれわれが〝創造性〟という言葉を用いた回数は一九七〇年の二倍に達する。日常会話にこの言葉が広く浸透している証拠だろう。以前なら〝想像力〟や〝創意工夫〟と言っていた文脈で、この言葉を使っている。言葉の専門性は薄れ、多くの批評家が指摘するように、すっかり流行語となった。だが同時に、創造性の知識や使い方が製品化され制度化されるにつれて、言葉の意味は固められていった。それはこれまでの章で見てきたふたつの流れによるものだ。ひとつは学問としての心理学、もうひとつは〝創造性の応用〟である。『Encyclopedia of Creativity』(創造性のあらたな権威と呼べる百科事典)によると、一九九九年から二〇一一年にかけて出された創造性に関する書籍や記事は、それ以前の四〇年間に出されたものを上回っている。[*2] この最終章では、一九七〇年代から二〇〇〇年代にいたる流れを概観したのち、一九九〇年代後半から二〇〇〇年代初頭に起きた現象——〝創造的産業〟、〝創造的クラス〟、〝創造的都市〟などの出現——を追ってみたい。これらは創造性の具体化の産物であり、あらたな発展を意味するものだ。こういった現象を見れば、創造性の概念がどのように栄え、いまの時代と戦後数十年とを分ける重大な変化を、創造性がいかに可能にしたかがわかるはずだ。

戦後のその後

創造性の概念が固まりはじめた一九七三年頃、戦後の社会秩序は崩れはじめた。国内成長は鈍化し、実質賃金の伸びも止まった。オイルショックに環境汚染にスタグフレーションがつぎつぎと襲いかかる。〝豊かな社会〟で自分たちはどう振舞うべきか不安だったのが一変、戦後の社会秩序を支えた右肩上がりの成長が疑わしくなったのである。内部矛盾でがたがきた民主党もケインズ主義の政策立案者も答を出せず、自由市場の信奉者たちが権力の座について、小さな政府を標榜し様々な対策を実施した。繁栄には規制が必要だとする戦後の考え方は、規制撤廃と委譲と雇用状態のパートタイムへの切り替えというあらたな〝西部〟に席を譲った。

いわゆる新自由主義の改革は、一九五〇年代にはじまった脱工業主義への流れをさらに強めた。合併と買収によって巨大化した多国籍企業もまた解体の憂き目にあう。労働組合をなくし人件費を削減するため、工場を海外に移すだけでなく、多くの場合、会社そのものを売却し、あるいは顔の見えない入札者の入り組んだグローバル・ネットワークに外注し、社内で行うのは知的財産を使ったデザインとマーケティングのみとなった。この現象を要約すれば、アップルの製品すべてに記されている八語になる。〝Designed by Apple in California Assembled in China〟。

脱工業主義の物語は、選択的な自己実現の予言で成り立っている。二一世紀に入っても、アメリカはいまだ世界一巨大な生産者であり、物作りで金を稼いでいる。そのことが国中に知れ渡っていないだけだ。期待がもてるのは、これまで輸出が盛んでなく、繁栄の真っただ中にありながら不均衡な発達をしてきた分野——ＦＩＲＥと呼ばれる産業（金融《ファイナンス》、保険《インシュランス》、不動産《リアルエステート》）や、エンジニアリング、デザイン、マーケティング、エンターテインメント、それにメディアだ。こういった売れ残っていた高品質な資源が、エコノミストや政策立案者や、アメリカの未来を語る楽観的な物語を望む人びとの関心を集めた。雇用がもっとも増大したのは小売や接待といったサービス業だったが、〝情報〟と〝知識〟の〝新経済〟、つまり〝創造的経済〟は、環境汚染の原因である〝ダーティーな〟産業を、クリーンでスマートなものに置き換えたと言っていいだろう。

古い体制、フォーディズムの体制は、工場の設備や労働者の気概を拠りどころにしていたのに対し、新しい体制は物を作らず、経験やライフスタイルやアイデンティティやイメージを売り物にしている。企業はいまや〝ブランド〟で、レストランも〝コンセプト〟だ。そういえばわれわれも、コンテンツとメッセージとアイディアとデザインとアイデンティティを創造する仕事に従事している。余暇は余暇で、アテンション・エコノミーの基盤となるフリーコンテンツを生み出し、消費することに費やされる。形あるものはすべて雲散霧消した。社会学者ジグムント・バウマン曰く、〝液状化〟した現代においては、気分も流れのままだ。資本はより低いほうへと流れ、何ものもそれを止めることはできない。誰もかれも流れに乗ろうと必死だ。[*3]

この新しい経済の秩序は価値の変化に支えられている。信頼性や忠誠心、熟練の技やチームワークを褒めたたえた社会が、いまや起業家精神や柔軟性や因習打破を謳う。[*4] 病院からウィスキーにいたるまで、〝革新的〟で〝破壊的〟を売りにしている。フォーディズムの時代の安定した雇用は消えうせた。勤続四〇年の記念の金時計もなくなった。三〇歳になる頃には、四つの会社を渡り歩いている。仕事はプロジェクトごとに、下請けとそのまた下請け、コンサルタントとフリーランスと非正規雇用者によって賄われる。不安定さが標準となり、ジャズマンみたいにギグ（一回一回の契約）で働く。ほとんどの仕事が機械的で無意味なものであっても、スティーヴ・ジョブズの二〇〇五年スタンフォード大学卒業式の祝辞、〝愛せるものを見つけなさい〟[*5]に倣おうと奮闘している。

このあらたな気風《エートス》は、起業家となったインターネット時代のヒッピーが生み出したものだ。一九七〇年代以降は、個人の解放、自助、人間の潜在能力、アイデンティティやライフスタイルの自由が全盛となる。たしかにその多くが革命的ではあったが、一九六〇年代の終わり頃から識者たちが指摘していたように、どれも自己実現への渇望を満たすゆきすぎた消費者資本主義にぴたりとはまっている。これまで見てきたように、この〝新しい〟消費主義文化の萌芽は一九五〇年代にすでに見られていた。創造性の擁護者たちを含む脱工業化社会の予言者たちは、そういう社会の誕生を当然のことと見なしていた。彼らは社会契約論的自由主義の腐食を予測も支持もしなかっただろうが、促進を助ける新しい気風にはほほえみかけただろう。その気風とは、官僚主義や九時五時の働き方を唾棄し、不安定さと適応性と妥協しない個人主義を維持し、情熱こそが仕事の原動力だと確信し、クレージーな新しいアイディアのパワーですべての問題を解決できると信じることだ――フォーディズムの企業秩序の崩壊から生まれたこのような価値観が、新しい経済の人を奮い立たせる理想となった。しかるに、創造性崇拝は戦後とわれらが時代のイデオロギー的懸け橋となる――六〇年代以降の時代があちこちにほころびを生じても、創造性だけは無傷のままだった。

創造性の制度の持続と変化

一九六〇年代の半ば、創造性研究は苦境に陥った。研究は集大成のときを迎えたものの、その概念形成において幅広い分野から激しい反発を買ったのである。一九七〇年代の停滞期を抜けると、新世代の研究者が現れて旗振り役を引き継いだ。

新世代の研究者に影響を与えたのが、社会科学の大きな潮流である。そのひとつが、学界に登場した新左翼による〝社会〟の再発見だ。創造性研究の第一世代は〝創造的個人〟に拘りすぎていたと多くの研究者が感じ、社会や文化が創造的活動にどう影響しているかに目を向けはじめた。[*6] しかしながら、この社会志向の研究も、対象に選んだのは依然として個人であり、創造性の自主性の概念、例えば、ハーバード・ビジネススクール教授のテレサ・アマビールの、創造性は外部報奨よりも〝内因性モチベーション〟に動かされるという調査結果を踏襲していた。[*7]

もうひとつのこれとは逆の潮流とは、神経科学の擡頭《たいとう》だ。愛から薬物依存まで、すべての謎は脳の内部を見れば解明できるという魅力的な学問は、われわれ世代の想像力を大いに掻き立てた。創造性に熱い視線が向けられたのも不思議ではない。その熱量はギルフォードが彼の経験的メソッドに注いだものに匹敵する。二〇〇八年に報告された研究では、ジャズピアニストに上からキーボードを吊るしたｆＭＲＩマシーンに横になってもらい、ソロでプレイしたとき脳のどの領域が活発化するかを調べた。[*8] 社会心理学と神経科学のどちらの研究でも、その予測妥当性を疑問視する声はあるものの、ギルフォードの一連のテストやトーランス・テスト・オブ・クリエイティブ・シンキングといった発散的思考テストがここでも使われた。

その間も〝偉人〟伝説は脈々と受け継がれた。ハワード・ガードナーの『Creating Minds: An Anatomy of Creativity Seen Through the Lives of Freud, Einstein, Picasso, Stravinsky, Eliot, Graham, and Gandhi（創造的頭脳 フロイト、アインシュタイン、ピカソ、ストラビンスキー、エリオット、グレアム、ガンディの人生に見られる創造性の解剖学）』がよい例だ。創造性の権威で『Genius, Creativity, and Leadership（天才、創造性およびリーダーシップ）』や『Greatness（偉大さ）』といった著書があるディーン・キース・シモントンは、〝科学や哲学、文学、音楽、芸術、映画、政治、それに戦争で発揮される卓越さと天分と才能〟を理解することに学者人生を捧げた。世紀の変わり目にもっとも話題になった創造性に関する著作がある心理学者のミハイ・チクセントミハイは、若い頃、創造性研究のパイオニア、ジェイコブ・ゲッツェルズ（一九六二年の画期的研究論文『Creativity and Intelligence（創造性と知性）』で、創造性を固有の能力と見なすべきと論じている）の薫陶を受けたが、のちに創造性を〝発散的思考〟と同一視していると恩師を批判し、明らかに創造的なテスト集団からはじめることによって、創造性研究を確固たる根拠のあるものへ戻そうとした。彼が研究の対象としたのは、社会学者のデイヴィッド・リースマン、博物学者のスティーヴン・ジェイ・グールド、ピアニストのオスカー・ピーターソンだった（心理学者、政治家で創造性研究の創設者、ジョン・ガードナーや、モトローラのCEOで、アレックス・オズボーンの『Your Creative Power（あなたの創造力)』を従業員全員に配ったことで知られる創造性研究の擁護者ロバート・ガルヴィンも研究対象になった)。[*9]

だが御多分に漏れず、これらの研究は天才や卓越性それ自体を理解するためではなく、教訓を引き出すために行われていた。〝ピカソやダ・ヴィンチやアインシュタインの経験を理解することで、われわれと傑出した個人とに共通する何かを見つけ出すことに、研究者は必死になっている〟とアマビールは言う。また、創造的人間を理解すれば〝われわれの人生はもっとおもしろくかつ生産的になる〟と、チクセントミハイは一九九六年刊の『クリエイティヴィティ』に書いた。[*10] 創造的人生は〝たいていの人生よりも満足のいくものである〟から〝模範〟となりうる。この本の目的は、〝いかにして自分の人生を創造的な人生にちかづけるか〟を読者に知らしめることだった。[*11]

冷戦とフォーディズムの秩序が終焉を迎えても、創造性研究者たちは相も変わらず現代の社会制度が進歩を阻害することを恐れ、創造的思考だけが文明を救えるという信念にしがみついていた。アマビールとベス・ヘネシーは、〝創造性をもってすれば、学校や医療施設、市や町、経済、国家、さらには世界が直面する数多の問題に取り組むことができる。創造性は文明を前進させる主要なファクターのひとつである〟と記した。[*12] チクセントミハイは創造性を、生物の進化に匹敵する〝文化の進化〟と呼び、〝貧困や人口過剰の解決策は自然に湧いてきはしないのだから〟、創造性を理解しなければならないと訴えた。[*13] そもそも創造性研究は、それが充分に足りていないという不安に駆られてはじまったものだ。

現代の創造性研究者たちも、戦後の先達たちを悩ませた基準の問題と闘っている。ジャズピアニストをfMRIに入れて行った研究でも、傑出した科学者の伝記との共通点は認められなかった。それでも、この分野の統合への思いは強い。アマビールとヘネシーは、新しい創造性研究の急増で〝分裂〟が進むのを懸念し、〝もっとも深い神経科学レベルからもっとも浅い文化レベルまで〟すべての領域の研究をひとつにする〝包括的な〟理論を打ち立てるよう進言する。[*14]神経科学の研究を中心に置き、そのまわりに認識、個性、グループ、いちばん外に社会的ファクターの順で配置した同心円を作って仮説を立てることを提案したのである。[*15]社会は変わっているのに、この概念の中心にあるのは、いまだに創造的人間——正確には創造的頭脳——だ。

創造性研究の増加は〝創造性の応用〟の増加に歩調を合わせている。ブレインストーミングがあまりにも一般的になったのでつい忘れがちだが、創造性を謳うメソッドやクラスやコンサルタントは年々増えつづけ、誰でも創造的になりうるという福音が巷に溢れている。それは世界中に広まった。二〇一九年、わたしはオランダで最大級の科学技術学校、デルフト工科大学のインダストリアル・デザイン・エンジニアリング学部で教えることになった。初日に、〝シネクティクス〟と記されたスタジオに興味を惹かれたので学生に訊くと、デザインメソッドのクラスで、創造性を刺激するテクニックを習うのだそうだ。なんと胸の躍ること。ほどなくして、創造性の新しい小前提を作り上げる講師たちのグループに入らないかと誘われた。世界中のいろんな大学で創造性について学んできた彼らは、アレックス・オズボーンとシドニー・パーンズ、ジョイ・ポール・ギルフォードをこの分野の先駆者とみなし、新しいカリキュラムで彼らの功績を讃えると言っていた。そののち、ヨーロッパ・アソシエーション・オブ・クリエイティビティ・アンド・イノベーション主催の催しに出席したところ、賓客席にいたのはシドニー・パーンズ夫人で彼のバッファロー・レガシーの語り部、ベア・パーンズだった。

バッファロー大学はいまもこの分野の中心だ——毎年、クリエイティビティ・ソリューション・インスティテュートが開催され、バッファロー大学に一九六七年、パーンズが開設したインターナショナル・センター・フォー・クリエイティビティ・スタディーズでは、科学修士の学位をとれるし、学部生は創造性のクラスを副専攻にできる。創造性の研究と実践のためのセンターはここ以外にも数多くあり、例えばジョージタウン大学には、トランス・センター・フォー・クリエイティビティ・アンド・タレント・ディベロップメントがある。もっとも、こういったプログラムの卒業生の多くは、マネジメントやマーケティング、あるいはアートでキャリアを積んでおり、コンサルタントやファシリテーターになる者も多い。創造性を育むためのあらたな手法も枚挙にいとまがなく、いちばん新しいのはデザイン・シンキング（DT）だろう。これはブレインストーミングに驚くほどよく似ている。どちらもできるだけ多くのアイディアを集めることが目的であり、出てきたアイディアを書き留めておく必要がある——ブレインストーミングの場合はアイディアリストだったが、DTではポストイットを使い、そこら中にベタベタ貼り付ける。どちらも準アカデミック・センターで制度化された——DTが生まれたのはスタンフォード大学のデザイン思考研究所、ハッソ・プラットナー・インスティチュート・オブ・デザイン（dスクールの愛称で呼ばれる）だ。オズボーンがそうであったように、DTの生みの親のデイヴィッド・ケリーも、DTでどんな問題も解決できると信じている。〝人間中心のデザイン〟の実践者であり、彼によれば、デザインは〝体系的〟変化に焦点を合わせるべきで、ほんものの創造性は共感を内に持っているから、より人間的な解決策を生み出すことができる。オズボーン同様ケリーも、あらゆる分野でDTを実践すべきで、大学のどの学部もカリキュラムに含めるべきだと考えている。ブレインストーミングと同様、DTもデザイナーや教養課程の教授陣から批判を浴びている。デザイナーの仕事を単純化しすぎているという批判、それに、功利的すぎるし、それで解決できるのは商業分野の問題であって、微妙な政治問題や哲学の問題には対処できないという批判だ。

大学でも創造性の応用分野でも、創造性探求は産業志向であるのは否めない。最近の創造性研究は組織学の分野から生まれているし、優秀な研究者の多くがビジネススクールに籍を置いている。また創造性研究を支援するアカデミック・センターの多くが、芸術や人間性や政策や社会正義よりも、デザインや工学やビジネススクールと歩調を合わせている。[16] 創造性の応用に取り組む人たち、あたたかくて陽気な連中は、企業から払われる金で生活を賄うことに複雑な思いを抱く。自分たちは謹厳な企業風土のはずれ、あるいは外に位置していると思っているからだ。企業風土の内側に入れば、もっと〝人間中心の〟あるいは〝責任をはたしうる〟問題解決のアプローチをしたいという衝動に駆られる。それでいながら、どんな状況であっても、創造性が発揮されるかぎり、問題を解決するのは良いことだと彼らは純粋に信じている。

永遠の神話

何よりも不思議なのは、ギルフォードやバロンやマズローがなんとか解こうとした創造性にまつわるロマンティックな誤解が、七〇年経ったいまでも大手を振っていることだ。そのことは多くの書物から見てとれる。

〝屋根裏部屋で飢え死にしかけ、遥か文明を離れた湖畔でペンを走らせる孤独な詩人の姿を、われわれはロマンティックに思い描いた。だが、研究によってわかったのは、われわれにも創造的な能力があるということだ[*17]〟と書いたのは、〈ビジネスウィーク〉誌の元編集者でパーソンズ美術大学教授ブルース・ヌスバウムだ。また、人気のトレーニングビデオ『Everyday Creativity』は、〝創造性の驚くべき真実：それは魔法でも謎でもなく、使い勝手のいいツール〟が謳い文句だ。『Encyclopedia of Creativity』の編者で心理学者のロバート・ステルンベルグは、〝人びとは創造性をごく少数の人間の天賦の才能であるかのように語る……たしかにヴァン・ゴッホやミルトン、ベートーベンが残した作品には大いに興味をそそられるが……創造性は知性とおなじで、誰もがある程度は持っているものだと思う[*18]〟と書いている。デザインコンサルタント会社IDEOの創立者でdスクールの創設者でもあるトムとデイヴィッド・ケリーはこう記した。〝創造性という言葉を耳にして……多くの人がそうであるように、彫刻や絵画、音楽、ダンスといった芸術を即座に思い浮かべたとしたら、あなたは創造性と芸術性を同等視している……あるいは、茶色の瞳と同様の生まれ持った特徴と思っているのかもしれない――創造的遺伝子を持っているかいないかといったような〟。ケリーはこれを〝創造性神話〟と名付けた。

だが、われわれは、創造性を芸術家や天才の専売特許だとほんとうに思っているのだろうか？　謎めいているとか非合理だとか、浮ついているとかいった説明を、鵜呑みにしているだけではないのか？　本書で取り上げた研究によれば、少なくとも創造性について書いている人たちはそうは思っていない。彼らが打破しようとした創造性の古い概念は、創造性ではない何かの概念だ。進歩の原動力となった天才たちを、社会は褒め讃えすぎたのではないか？　たしかに。だが、新しいアイディアを生み出せるのは天才だけだと言った人がいただろうか？　むろんいない。芸術を生み出す才能とメカニカルな創意工夫の才は別のものと考えがちではないか？　たしかに。だが、発明家は創造的でないと言った人がいただろうか？　わたしが知るかぎり、いない。

創造性について書いている人たちは、こういった途絶えることのない神話に、本人たちが言うほど悩まされてきたのだろうか？　それとも、そういった神話の存在は、揚げ足をとるだけだとしても、創造性批判になくてはならないものではないのか？　われわれが創造的だと思っていることに限っても――創造性の専門家によれば、自分は〝創造的でない〟と言い張る人が多いそうだが――創造性に関する書物には必ず芸術家や天才が取りあげられており、彼らを持ち上げたかと思うと貶め、彼らを讃えることが本書の主題ではないと言い出すのだが、そういうことがわれわれの判断に影響しているのではないか？　ケリーの著書でも、〝創造性神話〟の一節に添えられた、嫌でも目に入るイラストは、いかにも芸術ぶった抽象的な水彩画だ。随所に挿入されるこういったイラスト——色鮮やかでちょっと漫画チック——には、イーゼルに向かう画家や旅回りのギタリストが描かれているが、本文では絵の描き方や曲の書き方にはいっさい言及していない。[*19]

専門書にしろハウツー本にしろ創造性に関する書物は、芸術と非芸術（一九六〇年代以降だと高尚な芸術と商業芸術）や天才と非天才のあいだでバランスをとることを身上としている。創造性の概念を論じるのに、この手の比較は不可欠であり、それがなければおもしろみに欠けるのだろう。ようするに、歴史上の〝偉人〟説（たいてい偉人を褒め讃える内容）への反発であり、ロマン派のエリート主義と反啓蒙主義への反発（ありふれた日常の悲喜こもごもに光を当てる）であり、それこそが創造性の概念のおかげで誰でもできるようになったことである。

まさに周到でレトリカルな策略だ。〝みんなはxだと考えるが実際にはy〟方式であり、みんながほんとうにxだと考えているかどうかに関わりなく、売れるノンフィクションや多くの専門書はxからはじまっている。そうやってもっと深いロジックへと読者を導く。戦後の研究者たちが、天才と区別するために創造性の定義付けを試み、多くの英雄たちを研究したように、あるいは人間性心理学者たちが、創造的人間の典型として芸術家を例にあげながらも、創造性は芸術の分野だけに限られないと主張しつづけたように、現代の創造性に関する書物も、創造性をあらためて定義付けるために芸術を例にあげざるをえないのである。

これまで見てきたように、創造性という用語そのものは、天才の偉業や芸術家の自己表現だけを意味してはいない。天才より普遍的で、芸術よりも発明の才にちかいものだ。長く誤解されていたものの隠れた真実を発見したというよりも、われわれが見たいと思う真実を具現する概念を発明したと言っていい。

創造的なものすべて

創造的産業。創造的階級。創造的都市。創造的スペース。これらは二一世紀の語彙に組み込まれている。一見したところなんの違和感もない。創造的産業とは、デザインや映画、出版、ファッションのような創造的な仕事を行う産業だ。この数十年で成長したセクターだから、何か新しい言い方をするのは理に適っている。だが、これらはただの用語ではなく、憧れでもあるのだ。ここで使われる〝創造的〟はたんにカテゴリーの違い（芸術ではなく科学あるいは工学といった具合に）を示すのではなく、キース・ニーガスとマイケル・J・ピカリングが言うところの〝ふさわしい価値を与え、文化的ヒエラルキーを構築する〟ものである。*20

〝創造的産業〟という用語は一九九〇年代にイギリスとオーストラリアで広く使われるようになった。イギリスのニューラボール（一九九〇年代半ばから二〇一〇年まで労働党がブレアとブラウンの指揮下にあった時代を指す）政権がそれを計画の中心に据え、学校でも創造性が授業に組み込まれた。伝統芸能や商業演劇も含む〝文化的産業〟が、呼び方を変えたということだ。おかげで含まれるカテゴリーが増えて、より金になる〝情報産業〟や〝知的財産産業〟や〝知識産業〟まで含まれるようになった。これはどちらにとっても有益だった。テクノロジーと情報のセクターは芸術に革命的な概念を付加して経済的重要性を与え、芸術は情報技術装置（ＩＴＥ）にクールで文化的生活に寄与するというオーラを纏わせる。[*21] 教育改革が創造性の促進を後押しして、職業訓練と進歩に弾みをつけた。

このセクターは広告およびその関連分野の発展につれて格段に成長した。メディアプロダクションやライティング、デザイン、ストラテジーを含む分野で、現代の〝創造的エージェンシー〟にはそのすべてが揃っている。こういったビジネスは広告産業の慣習や物語《ナラティブ》や言語を受け継いでおり、創造的革命の枠組みの中で、彼らはおもしろくて反抗的でビジョナリーであり、クライアントに価値をもたらす。ショーン・ニクソンはこう書いている。広告業界の人びとは〝独特の習慣行動を持ち……話し方にも創造性をちらつかせて、仕事で使い物になるアイデンティティを形成する〟[*22] 創造的産業に関する書物も、戦後の柔軟な創造的個人に関する知識を利用して、〝文化的産業〟の中心だった連帯するミュージシャンや俳優ではなく、ヒップなフリーランサーや独立系のスタジオアーティストを新経済の寵児《ちょうじ》に仕立てあげる。

二〇〇二年のベストセラー『クリエイティブ資本論』（ダイヤモンド社）でも同様の再分類が行われており、著者のリチャード・フロリダはこう記している。社会のあらたな支配集団は、〝新しいアイディアや新しいテクノロジーや新しい創造的コンテンツを創造する人たちである〟[*23]。そこには科学者、技術者、教師、それに銀行家まで含まれるが、中心にいるのはアーティスト、ライター、デザイナー、映画制作者、建築家といった〝超創造的中核〟である。現状の劇的逆転は、〝資本主義が……それまでは除外してきたエキセントリックで大勢順応しないグループ……ボヘミアンな非主流派として活動していた風変わりな一匹狼を取り込み、革新と経済成長のプロセスのど真ん中に据えたことによる……創造的個人が……いまや主流だ〟[24]。低賃金のサービスセクターよりは小さいが、より大きな文化的影響力を持つ創造的階級《クリエイティブ・クラス》が基準を作り直す。ボヘミアンなライフスタイルがあらゆる働き方――カフェで仕事をすること、カジュアルな服装、不規則勤務――を常態化した。仕事も遊びも全力投球の〝プロテスタント〟と〝ボヘミアン〟の価値観の組み合わせを、フロリダは〝創造的気風《エートス》〟、いまの時代精神と呼んだ。

負の投資と都市部から郊外への白人の移動の三〇年の後、人びとが都心に舞い戻ってきたのは創造的階級の擡頭に起因する。都市は創造性に適している、とフロリダは言う。古典的経済理論では、労働者はたくさん稼げる場所に流れてゆくものだったが、創造的人間は金で動くのではなく、自分の創造性を掻き立てるもの――ほんものが集まるコミュニティー、刺激的な経験、多様性、安いスタジオ――を求めて、親たちが逃げ出した都心へと戻ってくる。フロリダは都会で成功するための要素を〝3T〟と呼んだ。テクノロジー、才能《タレント》、それにゲイやレズビアンを受け入れる寛容《トレランス》さだ。型にはまらずいろんな考え方を許容できる偏見のない態度をフロリダは想定している。この3Tからフロリダが割り出したのが〝創造性指標〟で、彼はこれを使ってアメリカの都市をランク付けした。

誰もが創造的な潜在能力を持っているのとおなじで、どの都市もあらたな創造的中枢になりうる。ようは創造的〝ライフスタイルのメンタリティ〟を受け入れられるかどうかだ。ピッツバーグとデトロイトは〝組織時代に囚われたまま〟で保守的、〝プロテスタント〟で〝家父長制に縛られた白人……九時五時〟の仕事ぶり。それに比べるとオースティンは変人に寛容だ。[*25] 企業のオフィスやモール、スタジアムへの減税措置をとり、歩きやすい通り、自転車専用道路、歴史保存、〝ほんものの〟文化的快適さに的を絞れば、創造的階級に好まれる都市になれるとフロリダは言う。

フロリダは世界中を飛び回り、政府や財界のリーダーたちに利益につながる創造性の活用法をアドバイスしてきた。二〇〇三年にはメンフィス（都市の創造性指数で四九番目、つまり最下位となった人口一〇〇万を超える大都市）で会議を主催した。会議の終幕には、北米の都市から集まった〝創造的な一〇〇人〟と名付けられた参加者が、三ページにわたる創造性の福音〝メンフィス・マニフェスト〟に署名した。その序文はこうはじまる。〝創造性は人間らしさの礎であり、個人とコミュニティーと経済の最重要資源である。創造的コミュニティーとは人間らしく生きられる活気に満ちた場所であり、個人の成長を促し、文化とテクノロジーの躍進の火付け役となり……創造的一〇〇人は、アイディアの力に突き動かされる未来の展望と機会を信じている〟。

やがてロードアイランド州プロビデンスからシンガポールまで世界中に——リチャード・フロリダの創造的階級グループの助言に従い——〝創造的都市〟が出現した。創造的都市現象は、住む街の〝デザイン地区化〟や都会の再ブランド化といった政策や、アーティストのスタジオや巨大〝イノベーション・ハブ〟への資金提供など、様々なもののゆるい集合体と言える。創造的都市は、文化政策、都市計画、地域の経済計画のアイディアを取り入れており、中には一九六〇年代から受け継がれてきたものもある。例えば、草の根のコミュニティーアートと戦術的都市化、〝クリエイティブ・クラスター〟論、ビルバオ効果——スペインの都市ビルバオでは美術館や文化施設を建設して観光客を呼び込むことに成功した——それに〝SOHO効果〟、つまり低所得者が住む街にアーティストが移り住んだことで裕福な住民が増え、不動産投資が活発となった例だ。こういったことと並行して、新世代の都市計画者が、歩きやすく活気がある多目的の都市スペースを増やしていった。創造的都市現象は——もっぱらリチャード・フロリダの働きにより——こういった流れをひとつにまとめ、創造性の概念を加えて経済モデルとした。創造的で快適な環境は創造的労働者を惹きつけ、やがて彼らは経済的創造性を促進する。[*26]

創造的都市のパラダイムは変わった組み合わせも生んだ。産業が空洞化した都市の指導者たちは、そこに経済成長の未開発の資源を見いだす。多様性とコミュニティーの発展に力点を置く彼らの思惑にぴたりと合っているからだ。スモール・イズ・ビューティフルを信奉する都市計画者は経済的根拠を求めるが、不動産開発業者は廃墟となった倉庫を職住一体のロフトに改装できるかを考える。文化的にリベラルな経営者は、芸術を支援するのに収益を求めるが、たいていのアーティストや、老朽化した美術館とかうらびれた市民劇場といった文化施設は、支援を訴えるための新しくて力強い言葉を必要としている。事実、創造的都市は芸術活動にまったく新しいパラダイムを提供した。〝創造的な場の創造〟である。フロリダの著作に影響されたらしい全米教育協会の主導で、アーティストたちが力を合わせて打ち捨てられた都市スペースを甦らせた例もある。
　創造的産業、創造的階級、それに創造的都市への動きを含む創造的経済のパラダイムは、戦後の大衆文化を批判する時代の到来を告げている。大企業よりも創造的起業家を好み、ピカピカの新しいオフィスビルよりも適応型再利用《アダプティブリユース》を好み、フォーディズムの機能分離よりも生活と仕事と遊びの融合を好む。ポストモダン時代のハイカルチャーとローカルチャーの断絶を受け入れつつ、ブルースが聴けるバーも美術館と同等の文化的経済的価値があるとみなす。何かと何かを平気で分離しながらも、芸術と商業、芸術とテクノロジーの橋渡しをしようとする。
　むろん現実はもっと複雑だ。創造性擁護者が推進してきた連合の構築と様々なセクターの集合は、たやすく実現できるものではなかった。創造的階級も一枚岩ではない。ダグ・ヘンウッドはこう記す。〝ブルックリンのブッシュウィックにある廃工場で電子音楽を作曲する者もいれば、マンハッタンのミッドタウンでデリバティブ取引を行う投資銀行家もいれば、ブルックリンのダンボでアプリを作っている者もいる……まったく異なる生活を送り、収入を得る形も様々だ〟。デザインやファッションをはじめ、〝超創造的中核〟の仕事のチャンスは広がっているのに、実際に成長し、金を稼いでいるのは、前述のFIRE産業（金融、保険、不動産）とエンジニアリングに従事する、そこまでセクシーではない頭脳労働者たちだ。都市をクールにした立役者のアーティストは、不動産投機にはとても手が出せない。[*27]
　創造的セクターについて、メディア研究の第一人者ニコラス・ガーナムは、〝本質的に異なり潜在的に相反する利害の寄せ集めを流動させるもの〟と定義した。[*28] 超創造的中核の一員である画家の多くが、広告マンやアプリ制作者と一緒くたにされることに居心地の悪さを感じ、新経済レジームのための〝おとり〟に利用されることを毛嫌いしている。二〇〇九年、ドイツのハンブルグのアーティストとミュージシャンのグループが、高級志向の不動産に生まれ変わる予定のビルを占拠し、〝われわれの名において反対する〟と題したマニフェストを出し、リチャード・フロリダが訪れて以来、〝ヨーロッパに幽霊がとり憑いた〟と抗議した[*29]（フロリダはこう反論した。〝アーティストはそもそも政治に関心がないし、創造的でいられるかぎり喜んで企業のために仕事をしている。この抗議行動からわかるのは、ボヘミアンにもいくばくかの反骨精神が残っているということだ〟）。

学者や社会的平等を訴える活動家が批判の矛先を向けるのは、〝新自由主義的都市開発のファンキーな側〟に立つための創造的脚本と〝付け焼刃〟の高級化だ。〝創造的脚本〟は進歩的な気風を謳いながら、社会のセーフティーネットへの失望を煽る。創造的人間は金で動かず、つねに仕事を楽しみ、安定した仕事より不規則な一回限りの仕事を好むという概念が、フォーディズム後の社会で雇用不安と働きすぎを助長させた。創造的生活を謳歌する者たちは誘惑をささやきかけるが、失敗したのは自分に人間的欠陥があるからだと思う多くの人たちに、成功するための具体策を提示することはできない。創造的人間に憧れ、搾取されることを貧しい芸術家の永遠の苦闘と美化する〝創造的最下層〟が、創造的経済には必要なのである、と批評家は指摘する。創造的経済の物語は、誰にでも創造性はあるという考えを売りにしているから、より実力主義であり多様な声によく耳を傾けるはずなのに、自己決定の手段として創造的仕事を求めても、白人の多くが享受する社会資本も経済資本も持たない有色人種や労働者階級には冷たい。[*30] フロリダがトロント大学に赴任した直後に現れた〝創造的階級の奮闘〟ブログによれば、〝創造的階級のまことしやかな神話は、弱い者をますます弱く、力のある者にさらなる力を与えるにすぎない[*31]〟。

しかしながら、こういった矛盾は少なくともいまのところは顕在化していない。創造的社会のビジョンは大人気だし、この先もそうだろう。なぜならそれは、革新と成長に全体論的な人道的価値を結び付けるものだからである。創造性の概念そのものが接着剤だ。エンジニアとアバンギャルドな映画制作者をおなじ〝階級〟に組み込む。もっぱらファイナンス主導、テクノロジー主導、インターネット・プロトコル（ＩＰ）主導の経済にボヘミアンな芯があると宣伝できる。限られた〝才能〟の争奪合戦を都市が繰り広げる一方で、ただの仕事を〝創造的なもの〟に変えることができる。創造性の概念のおかげで、仕事やライフスタイルの好みを、階級特有の傾向ではなく個性の表現だと言い逃れできるし、個人と経済成長が直結しているとイメージできる。近年の資本主義を、数十年におよぶ政治的選択の賜物ではなく、必死に自己表現を試みた結果だと言うことができる。

何より驚くべきなのは、創造性を語るのにつぎつぎと奇策が繰りだされたことではなく、それが成果をあげたことだ。それは、われわれの集団的意識の中で、創造性の概念が矛盾も何も含めてすっかり固まっていたからだ。リチャード・フロリダ本人から聞いた話だが、彼の創造性への強迫観念は、子どもだった一九六〇年代に流行した創造性心理学と関係しているそうだ。

彼の物語のヒーローである〝創造的人間〟は、ある意味で〝アーティストあるいはミュージシャンである自分と学者である自分を無意識のうちにひとつにしたもの……一人の人間の中で両立させたものだった〟。[*32]

二一世紀初頭の創造性崇拝は、五〇年にわたってわれわれの世界観を形作ってきた創造性談話の論理的帰結であって、そこにずれが生じていることにも、見たくない矛盾が巧みに隠されていることにも、われわれは気づいていなかった。

創造性の文化的矛盾

創造性は使い尽くされ、粗末にされ、骨抜きにされた。最近出版された本、その名もずばり『Against Creativity（反創造性）』の中で、オリ・モールドはこう述べている。〝創造性という言葉は資本主義に呑み込まれ〟いまでは〝有効活用され、資本主義に都合のよい意味しか持たなくなった〟。彼が提案するのはあらたな〝革命的創造性〟であり、それは〝資本主義に取り込まれず、流用されず、固定化されない新しい現象の創造〟に寄与するものである。[*33]だが、資本主義に抗うのがほんものの創造性であるなら、そうでないものすべてをどう呼べばいいのだろうか？　ポピュラーソングの作詞家やフードデリバリー・アプリの開発者は、創造的ではないのだろうか？[*34]　モールドは創造性自体が語る神話を信じているようだ——すなわち、創造性は本質的に商業とも政治とも無縁であり、もともとは資本主義とも企業倫理とも相容れないロマン主義的価値を持つものという神話を。

それがちがうことを、われわれは知っている。本書で示したように、創造性の概念が資本主義と無関係に存在したことはないし、そのことに別段驚いてはいない。資本主義はあたらしもの好きだ。資本主義が新しい考えを抑圧するという概念は、ひと昔前のもの、冷戦時代に個人が潰されることを懸念したリベラルな批評家たちが考え出したものだ。ほんとうのところ、創造性は平凡化されていないし、傷つけられてもいない。何かを生み出すためだけに使われてきたのである。

だからといって、創造性は本質的に資本主義的だと言っているのではない。創造性が持つ普遍性は、企業を惹きつけるのと同時に左派の人びとをも惹きつける。左派の人びとにも独自の事情があり、抑圧的な制度の中で個人が力を発揮し、芸術の境界線を曖昧にし、製造過程から製品へとシフトすることに関心を抱いている。[*35] 二〇一六年刊の人類学者キリン・ナラヤンの著書『Everyday Creativity（日常の創造性）』には、ヒマラヤ山脈に住む女性の創造性にまつわる歌が紹介されている。〝（創造性は）抑圧の最中に場所を取り戻し、制度を鍛え上げる〟。一九七〇年代以降に現れたアフリカ系アメリカ人の史書には、黒人たちが抑圧の最中、創造的かつ臨機応変にかぎられた自由を生み出したことが綴られている。ポスト構造主義者の文化研究者たちは、不確実性や流動性を強調しつつ、はたまたフランスの哲学者ジル・ドゥルーズの〝創造活動〟論を引き合いに出しつつ、人種やジェンダーや階級の苦悩を表現する文化的プロデューサーたちの奮闘ぶりを伝えている。一九六〇年代以降の急進的芸術が訴えたのは、資本主義者による商品化に抵抗するための〝商品より制作過程〟だった。ブランダイス大学の社会正義に特化した〝クリエイティビティ、ジ・アーツ、アンド・ソーシャル・トランスフォーメーション〟プログラムの指導教官であるシンシア・コーヘンは、こう語っている。〝芸術以上のものを意味する言葉が必要……なぜなら文化活動的実践（すなわち集合的表現形式）は必ずしも芸術の範疇に当てはまらないからです〟（そうは言いながらも、〝創造性〟には伝統芸術だけでなくデザインや起業家精神まで含むだけの〝曖昧さ〟というおまけがあるので、自分のプログラムは大学のビジネス志向の学生たちにも受けがいいのだ、と言い添えた）。[*36]

ようするに、創造性はわれわれの時代に特有の感性を形にしてくれるばかりか、戦後といまをつなぐ懸け橋でもある。創造性はきわめて現代的な価値を持つとも言える。つまり、独自の世界を作りあげる人間の能力を賞揚する価値なのである。同時に、きわめて脱近代主義的でもあるのだ。真理を授けるものではないし、進歩の目的因にも欠けている。脱工業化のユートピア主義を標榜しながらも、創造性擁護者たちは、すべての問題が解決された後の最終段階を提示してはおらず、世界をつねに問題が山積し、その解決にあくせくしつづけるものと見ている。最上の物語から醒め、変動と不確実さに波長を合わせているいまの知的風土に、これが合っているのだ。

創造性に人生を捧げた多くの人びとは、われわれと同様に、その時代が抱える様々な矛盾の解消をときに無意識に願い、それが原動力となっていた。それは、実用と超越、偉大なるものへのあこがれと日々の生活を敬う気持ち、手が届く仕事とやりたい仕事の相克だ。それは、もはや戦後でなくなった時代にとりわけ顕著になった矛盾である。リチャード・フロリダは世界と果敢に闘う中で失敗もしてはいるが、この時代の精神を〝創造的気風〟、と言い表したのは的を射ている。

まとめ　何をすべきか？

創造性の概念を丸裸にし、よく言えば不安定、悪く言えば悪しき制度に対する虚偽意識のベクトルであることがわかったところで、創造性の概念からひとまず離れてみたらどうだろう。そうすべきと言った人は何人かいるが、[*1] わたしはそこまで言いきれない。

創造性の概念はツールであり、いろいろなことができる。創造性崇拝のルーツは冷戦時の資本主義だと指摘はしたが、そのせいで創造性が堕落したとか、妥協の産物になったとか、創造性を内包する進歩的アジェンダは失敗する運命だとか言うつもりはない。わたしが言いたいのは、どこかに再生を待ち望む創造性の純粋な精神のようなものがあると考えるべきでないということだ。歴史的見地から言うと、そんなものは存在しないし、そう聞いても誰も驚かないはずだ。〝創造する能力〟は資本主義にとっても、ほかのどんなシステムにとっても重要なものだからだ。アブラハム・マズローの例でわかるように、功利主義や商品化に抵抗するために創造性を理論化することは可能だが、ビジネススクールで創造性を教えるなとは言えない。創造性の概念はそもそも資本主義と切り離せないのだとしたら、それを再生させようとすることは、創造性とは革新的パワーの源であるという考えを捨て去ること以上に意味のないことだ。だが、なにも拒絶しろと言っているのではない。

実を言えば、わたしはいまだに拘っている。何かを作ること、アイディアを形にすること、手の中で何かが形になっていくのを見ること、それは本書を執筆中にわたしが体験したことであり、美しくも謎めいていて、人生を肯定するものだった。そういうことを表すのに、創造性以外の言葉をわたしは知らない。本書を書きながら、型にはまっているとか専門的すぎると感じると、わたしは自分の創造性をどう解き放てばいいのか普通の人の助言が欲しくて、市場に出掛けたものだ。

創造性の出番となるような問題には、真摯に取り組む必要があるとも思っている。本書は、二〇世紀の半ばに制作作業から失われてしまったものに名前を付けようとした人びとの記録であり、それには耳を傾けるべきだと思う。一日四時間労働（なんなら週四時間労働）を阻む労働崇拝がわたしは大嫌いで、社会主義活動家ウィリアム・モリスの、仕事がうまくいけば楽しいと思うのが人間の性だ、という考え方に同感する。これからの働き方を考えるとき何より大事なのは、しっかり掌握し積極的に取り組めるような仕事にアクセスできるかどうかだ。最低賃金や最低所得保障を勝ち取るための闘いであろうと、仕事の質に目を向けるべきだ。それは物作りでも、問題解決でも、自分で決断をくだすのでも、〝創造的〟に分類されるものならなんでも同じだ。

創造性崇拝は、ますます幅をきかせつつある合理性へのひとつの答と言えるだろう。何でもかんでも数値化される世界では、科学とテクノロジーと工学と数学が、教育のあらゆるレベルで強化される一方で、芸術や文系の学問は切り捨てられる。ゆえに、芸術教育の機会を取り戻す試みは称賛されてしかるべきだ。技術者に美術館に足を運ぶよう勧め、科学的思考以外の物の見方の価値を訴えるのは、創造性擁護者ぐらいなものだ。

もっとも、創造性崇拝の批判書の中にも、わずかだがその手の主張は見られる。まず芸術についてだが、わたしには高尚な芸術と日常の文化の境界も、科学と芸術の境界すらも監視する趣味はない——現実の世界では境界線上の曖昧な部分に挑むことが多いからだ——が、創造性の概念であるすべてをひとまとめに扱うことの影響を懸念してはいる。なぜなら、芸術や若々しい自己表現のイメージを伴った創造性というものが、高級化や石油抽出といった疑わしい、あるいは興味を惹かない進歩の形を維持固定するのに利用されがちだからだ。そういった言行為が芸術の可能性そのものに蓋をしてしまうことを懸念している。われわれが芸術と創造性の同義性を認める場合、もっぱら新しいものを芸術と呼ぶという前提に立っている。創造性を芸術の源であると仮定する場合には、認識や伝達や古くからの知恵といった諸々の動機付けはひとまず忘れ、つねに差別化を必要とする知的財産としての価値を念頭に置いている。科学についても同様で、創造性を発見よりも上位に置く場合、あまり挑戦的でない倫理に属する好奇心や理解といった動機付けは二の次にしている。むろん創造性を擁護する人びとは、好奇心や伝達や配慮といったことも大事にするにちがいない。だが、そういったもののほうを目立たせて何の意味があるだろう？　美術館を宣伝するのに、〝好奇心〟ではなく〝意思疎通の強化〟あるいは〝概念宇宙の再構築〟を先に持ってくるだろうか？　発明家や起業家についてではなく、外交官や結婚カウンセラーについてのハウツー本や心理研究を流行らせようと思うだろうか？　むろんそれぞれに盲点や問題はあるだろうが、思考実験は、普通は議論の的にならない言語が内包する絶対的価値を知る手掛かりになるだろう。

もうひとつ、創造性崇拝が新しいアイディアの重要性に拘泥《こうでい》することに異を唱えたい。創造性擁護者たちは、世界の難問を解決するのに創造性が必要だと主張するが、はたしてそうなのだろうか？　まわりを見回せば、たいていの難問には数多の解決策が提示されているし、必要なテクノロジーがつぎからつぎへと開発され選ぶのに迷うほどだ。足りないのは政治家のやる気だ。われわれが苦慮しているのは、大きな問題を解決する大きな対策がないことではなく、起業家の出番となる小さな問題が山積していることだ。エフゲニー・モロゾフが示したように、シリコンバレーの〝破壊者たち〟は、あらゆる政府機関の上を行き、個々の問題に個々の解決策を提供するための規範を定めるのが仕事だと信じている。創造性についての話にはこの手の反制度的倫理がよく出てくるが、いかんせん技術的解決の範疇を逸脱している。革新崇拝と、世界を救うためには大胆で新しい考え方で取り組まなければならないという絶え間ないメッセージが結び付くと、理想主義の若者は自分を、変革のために進行中の共同プロジェクトの一員としてではなく、〝社会起業家〟とみなすようになる。たしかに組織の硬化は現実に起きており、外からやって来て迷わず再編成を進めるリーダーたちは、信じられないほど生産的になりうる（〝再編成〟が私物化や削減の婉曲話法でないかぎりにおいて）。しかし、〝世界を変える〟ということは、思慮深く入念な仕事ぶりで困難を乗り越えてきた、熟達者や専門家や活動家を貶めることであり、彼らの問題に対処する際の系統的分析や、系統的――つまり政治的――手段をないがしろにすることでもあり、これまで誰もやろうとしなかったというだけで急進的と呼ばれうる断片的な解決策を導入することになりうるのである。[*2]

創造性の概念は、どんな問題も心理学用語を用いて解明しようとした時代に、構造的問題の心理的解決策として利用された。われわれはいまだにそういう時代にいるのだ――社会に深く根差した孤独や鬱のような多くの人びとが抱える問題を、われわれは医学や神経学の観点から解明しようとしがちだ。自分とよりよい世界のあいだに立ち塞がるのが自身の〝創造的思考〟だと考えると、プレッシャーを感じるし、政治主体としての義務から逃れたくなるものだ。

最後に、創造性崇拝は――ごく狭い意味で――〝創造的仕事〟をする人びとの地位を安定させるが、それは創造的でない仕事をする人びとの犠牲の上に成り立っている。創造性とはわれわれを人間的にするものだという概念は、いたずらに曖昧でありながら、あまりにも限定的だ。もっとほかの人間的衝動――気遣うこと、持続すること、まとめること、再利用すること、真似ること、闘うこと、それに従うこと――と比べると、なおさら的外れに思える。

創造性崇拝の信条を思い浮かべざるをえない出来事がこの数年にあった。新型コロナウィルス感染症の世界的流行（パンデミック）によって、内面の成長と生産性を同等に扱うのをやめようとする動きが顕著になったのである。この数年で世に出た本のタイトル――『Do What You Love: And Other Lies About Success and Happiness（好きなことを仕事にしよう：成功と幸福にまつわる嘘）』、『Work Won't Love You Back（仕事はあなたの愛に報いない）』、『The Trouble with Passion（情熱に手を焼く）』、『No More Work（仕事はほどほどに）』――を見てわかるように、仕事に深い創造的達成感を求めろという上からの圧力に屈するなという内容のものばかりだ。愛する者たちからも社会的つながりからも切り離されてきた多くの人びとが、自分が何を生産したかによってではなく、社会的存在としての自分はどんな人間かによって決まる自己意識を取り戻そうとしはじめた。パンデミックはまた、自分にとってかけがえのない人間についてよく考える契機ともなった。創造的と考えられていなかった仕事をする人びと――鶏肉加工工場の労働者、食料品店の在庫担当者、看護師、配送運転手――が社会を支えていることを、みなが一様に思い知った。福祉や健康維持のためのインフラ――アイディアではなく――が、われわれの命を支えていることもわかった。

気候変動からマイクロプラスチックまで、加速する環境の変化によって、革新と成長と大変革崇拝が文字どおり人類を滅ぼすことが明らかになった。世界のいろいろな場所で、新自由主義が左派からも右派からも敬遠され、サービス産業でもホワイトカラー労働でも、組合労働者の若返りによって、共同プロジェクトが好まれ、戦後数十年は文化遺産だとみなされてきた個人主義を嫌う動きが一部の業種で出ている。

べつの理想は可能だろうし、必要ですらある。アーティストで作家のジェニー・オデルは、画面越しの仮想空間における創造と消費の衝動を、われわれの関心を買うための資本家の策略と見ている。あてもなくぶらつくことやバードウォッチング（鋭い感覚の持ち主、オデルは〝バードリスニング〟と呼ぶ）といった積極的な非創造的行動は、日々われわれを取り巻く〝成長のレトリックの解毒剤〟だ。何もしないことは環境にやさしい。建設的な社会的行動の概念を、斬新な物を作ることから〝メンテナンスとケア〟へと切り替えられれば、持続不可能で不公正なシステムのバランスを取り戻すための総意を構築できる、とオデルは記した。[*3]

科学と技術の研究者たちのグループ〝メンテナー〟もこれに賛成している。彼らの研究領域では、あまりにも長いあいだ〝イノベーション〟を闇雲に崇拝してきた。だが、リー・ヴィンセルとアンドリュー・ラッセルによれば、〝イノベーションの後に起こること〟のほうがもっと重要だ。〝維持修繕、インフラ建設、インフラを効率的に機能させるための日常業務は、人びとの日常生活に及ぼす影響という点で、たいていの革新よりもはるかに大きい〟。オデル同様、メンテナーたちも、維持作業に携わる人たちを維持することの重要性を認識している。既存のシステム維持に励む七割の一般技術者、それよりずっと数が多い看護師、商人、管理人、料理人、ゴミ収集人たちのおかげで、この世界は崩壊を免れているのだ。

真面目な経済学者たちもまた、成長を是とする総意に疑問を投げかけ、脱成長とドーナツ経済モデルを提案している。無駄を少なくするだけでなく、そもそも何を作るべきかについて話し合うことを科学者に求める経済モデルだ。イノベーションを謳う創造性談話は、そういった倫理的問題についてほとんど何も語っていない。〝イノベーションを語る人びとは変化をありがたがるが、誰が得するかや何のためかを問うことはめったにない〟と、ヴィンセルとラッセルは書いている。〝維持に注意を向ければ、自ずとテクノロジーに何を求めているのかを問うことになる。ほんとうは何が大切なのか？　どんな社会に住みたいと思っているのか？〟[*4]。

なにも新しいアイディアは不用だと言っているのではない。新しいテクノロジーは世界を救う一助にはならないと言っているのでもない。わざわざ〝創造的思考〟を促したり〝創造性はどのように働くのか〟を理解しなくても、アイディアやテクノロジーは生まれてくるものだと言いたいだけだ。テクノクラシーを妄信し、文化の厳格なヒエラルキーを再構築することはもうやめよう。少しだけ立ち戻って、共同目標が持つパワーやケアとメンテナンスの重要性を認識し、刺激を受けるつもりで芸術を愛で、綿密な研究と知識を尊重しようではないか。そして何より、新しければよいという考えに疑問を持つ余裕が、いまのわれわれには必要なのだと思う。

謝辞

過去一〇年間このプロジェクトに携わるあいだ、わたしは計り知れない恩義を受けてきました。創造性はみんなが議論したくなるトピックスのひとつだから、会議や飛行機の中やパーティーやセミナーでそれにまつわるいろいろな話を聞くことができ、じっくり考えることができました。ここにすべての方たちの名前は挙げられませんが、心からの感謝を捧げます。

このプロジェクトが始動したのは、サンディ・ジップ、スティーヴ・ルーバー、ロバート・セルフ、ジェイミー・コーヘン＝コールの含蓄のある助言があったればこそです。ブラウン大学のコミュニティーがどれだけ助けになったことか。アン・グレイ・フィッシャー、パトリック・チャン、アリシア・マガードは、草稿の段階で貴重で心強い感想を述べてくれました。わたしの同僚たち、ホレース・バラード、クリス・エリアス、マジダ・カーグボ、クリスタル・ナー、マイカ・サルカインド、それにサラ・マシーゼン、ベン・ホルツマン、ジョン・ローゼンバーグ、エリザベス・サーシー、サラ・ブラウン、オドニー・ヘルガドティア、コーネル・バン、ロビン・シュローダー、エレン・ゴンザレスは、すべての経験を価値あるものにしてくれました。キラ・ルシア、ブレトン・フォスブルック、マシュー・ホファアース、ヴィクトリア・ケイン、イーサン・ハット、マシュー・ウィズニオスキ、フレッド・ターナー、アラナ・ステイティの貴重なインプットと交友関係に感謝します。シェリー・ローネンとリー・ヴィンセルの尽きることのない熱意に特別の感謝を。リズ・サーシーは原稿を何度も手直ししてくれたし、ダニエル・プラットは初校から決定稿まで目を通し、本書の質をあげてくれました。

わたしの研究が可能になったのは、ブラウン大学ライブラリー・センターのデジタル奨学金と、ハーティトラスト・リサーチ・センター、ハグリー・ミュージアム・アンド・ライブラリー、エリック・ヒンツ率いるスミソニアン博物館レメルソン・センター・フォー・ザ・スタディ・オブ・インベンション・アンド・イノベーションの支援のおかげです。アメリカ歴史博物館のアーカイブ・センターの博識なスタッフ、SUNYバッファロー大学、ジョージア大学ハーグレット貴重書・写本図書館、ワシントンDCのアメリカ議会図書館、ブラウン大学のロックフェラー図書館の支援にも感謝します。創造性の世界には、熱心で寛大で知識が豊富な人びとがひしめいています。例えば、テレサ・アマビール、ボブ・ジョンストン、リオ・ブードロー、リチャード・ハリマン、カーヴァス・ボブハイ、ドリー・シャルクロス、ジョン・オズボーン。彼らの専門分野を探訪するわたしに、時間と知識とを惜しみなく与えてくれました。カリン・ヒブマとブルース・バーディック、アンディ・クレイマーのおかげで、貴重な古文書と回想録に目を通すことができました。

ペギー・フェランとマイケル・カハーン、それにスタンフォード・クリエイティブ・シティーズ・イニシアティブとスタンフォード・ヒューマニティーズ・センターのフェロー仲間と参加者がいなければ、本書は存在しませんでした。スタンフォードの歴史研究グループのメンバーたちの励ましと助言は、かけがえのないものでした。デルフト工科大学の同僚たち、ポール・ヘカート、ピーター・デスメット、アジャーン・ヴァン・ダー・ヘルム、ロイ・ベンダー、ジエツー・ヴァン・アクターバーグ、ヴィンセント・セルッチ、ミレヌ・ゴンサルベス、ヴィルマイン・ブラウワー、カトリーナ・ヘジェンは、専門家の立場から創造性に共感するとはどういうことか教えてくれました。この不思議な三年間、思いやり溢れる助言者で、挑発的対話者で、熱心なチアリーダーでありつづけてくれたブレッヒエ・ヴァン・イークレンにはいくら感謝してもしたりません。

担当編集者のティム・メネル、このプロジェクトとわたしを信じてくれてありがとう。同じくシカゴ大学プレスのスザンナ・エンストロム、カテリナ・マクリーン、エイドリアン・メイヤーズにも感謝します。エヴァン・ヤングはこのプロジェクトを忍耐強く支えてくれました。ハワード・ブリックと匿名の読者にも感謝します。かけがえのないフィードバックをありがとう。ダイアン・キャディ、キャサリン・オズボーン、アン・ホロヴィッツ、カリ・ハンデルマン、タナ・ウォジェイジュクは、言いたいことを言い表す的確な表現を見つけるという骨の折れる作業につきあってくれました。

これまでの人生で、あなたならできると力づけてくれる人に何度も巡り合いました。この本の執筆中も、もう無理だと弱気になるわたしを応援してくれる人たちがいました。アヴィ・デクター、メリッサ・マーテンズ、ラウリ・ハルダーマン、マーティン・シュワバカー、ドロシー・フィシュマン、アーレン・コーヘンは、距離と時間を超えて励ましつづけてくれました。わたしの両親、アンドリュー・フランクリンとオードリー・フィシュマン・フランクリンがいなかったら、これほどのプロジェクトをやり遂げる自信は持てなかったでしょう。ブルック・ランパードは上述の役割のほとんどを担ってくれました。まさに縁の下の力持ちです。愛と知恵と犠牲を捧げてくれて、心から感謝しています。

33. Oli Mould, *Against Creativity* (London: Verso, 2018), 11–12, 16.
34. Steven Poole, "*Against Creativity* by Oli Mould Review," *Guardian*, September 28, 2018, https://www.theguardian.com/books/2018/sep/26/ against-creativity-oli-mould-review.
35. 学生活動家運動「民主主義社会のための学生」の1962年の政治宣言ポート・ヒューロン声明にこうある。"所有と特権あるいは環境に根差した力を、愛と思慮深さと理性と創造性に根差した力と独自性に置き換えよう"
36. Kirin Narayan, *Everyday Creativity: Singing Goddesses in the Himalayan Foothills* (Chicago: University of Chicago Press, 2016), 29; Richard H. King, *Race, Culture, and the Intellectuals, 1940–1970* (Washington, DC: Woodrow Wilson Center Press, 2004), 125, 156; 以下を参照。Craig Lundy, *History and Becoming: Deleuze's Philosophy of Creativity* (Edinburgh: Edinburgh University Press, 2012).

まとめ　何をすべきか？

1. Thomas Osborne, "Against 'Creativity': A Philistine Rant," *Economy and Society* 32, no. 4 (November 1, 2003): 507–25, https://doi.org/10.1080/ 0308514032000141684.
2. Evgeny Morozov, *To Save Everything, Click Here: The Folly of Technological Solutionism* (New York: Public Affairs, 2013).
3. Jenny Odell, *How to Do Nothing: Resisting the Attention Economy* (Brooklyn, NY: Melville House, 2019), 25.
4. Andrew Russel and Lee Vinsel, "Innovation is Overvalued. Maintenance Often Matters More," *Aeon*, April 7, 2016, https://aeon.co/essays/innovation-is-overvalued-maintenance-often-matters-more; Andrew Russel and Lee Vinsel, *The Innovation Delusion: How Our Obsession With the New Has Disrupted the Work That Matters Most* (New York: Currency, 2020); Giorgos Kallis, Susan Paulson, Giacomo D'Alisa, and Federico Demaria, *The Case for Degrowth* (Cambridge, UK: Pol Polity, 2020).

24. Florida, 6.
25. Christopher Dreher, "Be Creative — or Die," *Salon,* June 7, 2002, https:// www.salon.com/2002/06/06/florida_22/.
26. 以下を参照。John Hartley, *Creative Industries* (Malden, MA: Blackwell, 2005); Kate Oakley, "Not So Cool Britannia: The Role of the Creative Industries in Economic Development," *International Journal of Cultural Studies* 7, no. 1 (2004): 67–77; Geert Lovink, *My Creativity Reader: A Critique of Creative Industries* (Amsterdam: Institute of Network Cultures, 2007); Gerald Raunig, Gene Ray, and Ulf Wuggenig, *Critique of Creativity: Precarity, Subjectivity and Resistance in the "Creative Industries"* (London: MayFlyBooks, 2011); Terry Flew, *The Creative Industries: Culture and Policy* (Newbury Park, CA: Sage Publications, 2012). アートの経済効果について論じたのが、New England Foundation for the Arts, "New England's Creative Economy: Nonprofit Sector Impact," September 2011, https://www.nefa.org/sites/default/files/documents/NEFANonprofitStudy_3-2010.pdf; SOHO に関しては以下を参照。Sharon Zukin, *Loft Living: Culture and Capital in Urban Change,* Johns Hopkins Studies in Urban Affairs (Baltimore, MD: Johns Hopkins University Press, 1982).
27. Doug Henwood, "Behind the News," May 10, 2018, http://shout.lbo-talk.org/lbo/RadioArchive/2018/18_05_10.mp3.
28. Garnham, "From Cultural to Creative Industries," 16.
29. Johannes Novy and Claire Colomb, "Struggling for the Right to the (Creative) City in Berlin and Hamburg: New Urban Social Movements, New 'Spaces of Hope'? Debates and Developments," *International Journal of Urban and Regional Research* 37, no. 5 (September 2013): 1816–38, https://doi.org/10.1111/j.1468-2427.2012.01115.x.
30. Angela McRobbie, *Be Creative: Making a Living in the New Culture Industries* (Cambridge: Polity Press, 2016); Tyler Denmead, *The Creative Underclass: Youth, Race, and the Gentrifying City,* illustrated edition (Durham, NC: Duke University Press, 2019).
31. "Mission," *Creative Class Struggle* (blog), accessed November 7, 2011, http://creativeclassstruggle.wordpress.com/mission.
32. Samuel Franklin, "'I'm Still an Outsider': An Interview with Richard Florida," 2022, https://arcade.stanford.edu/content/im-still-outsider-interview-richard-florida.

でアレックス・オズボーンの信奉者), Steven Jay Gould, Kitty Carlisle Hart, Eugene McCarthy, Oscar Peterson, David Riesman, Jonas Salk, Ravi Shankar, Benjamin Spock, Mark Strand, E. O. Wilson, and C. Vann Woodward, などがある。 Mihaly Csikszentmihalyi, *Creativity: Flow and the Psychology of Discovery and Invention* (New York: Harper Perennial, 1997), 373–91.

10. Csikszentmihalyi, 1.
11. Csikszentmihalyi, 1–10.
12. Beth A. Hennessey and Teresa M. Amabile, "Creativity," *Annual Review of Psychology* 61, no. 1 (January 2010): 570, https://doi.org/10.1146/annurev.psych.093008.100416.
13. Csikszentmihalyi, *Creativity*, 7
14. Hennessey and Amabile, "Creativity," 590.
15. Hennessey and Amabile, 571.
16. Hennessey and Amabile, 582.
17. Bruce Nussbaum, *Creative Intelligence: Harnessing the Power to Create, Connect, and Inspire* (New York: HarperBusiness, 2013), 6–7.
18. Robert J. Sternberg and Todd I. Lubart, *Defying the Crowd* (New York: The Free Press, 1995), vii.
19. この動きを牽引したのはハウツー本だけではなかった。創造性研究の先駆者 Margaret Boden 著 *The Creative Mind: Myths and Mechanisms* は天才を列挙することからはじまる。"シェイクスピア、バッハ、ピカソ、ニュートン、ダーウィン、バベッジ、シャネル、サーチ兄弟、グルーチョ・マルクス、ビートルズ……詩と科学から広告とファッションデザイナー、創造性豊かな人たち" が先頭をきると、後につづく車の修理といった "日常的" 行為にも創造性が求められるようになった。Margaret A. Boden, *The Creative Mind: Myths & Mechanisms* (New York: Basic Books, 1991).
20. Keith Negus and Michael J. Pickering, *Creativity, Communication, and Cultural Value* (London: SAGE Publications, Inc., 2004), 49.
21. Nicholas Garnham, "From Cultural to Creative Industries," *International Journal of Cultural Policy* 11, no. 1 (2005): 16; Ross, 15–52.
22. Sean Nixon, "The Pursuit of Newness," *Cultural Studies* 20, no. 1 (2006): 89–106, https://doi.org/10.1080/09502380500494877.
23. Richard Florida, *The Rise of the Creative Class: And How It's Transforming Work, Leisure, Community and Everyday Life* (New York: Basic Books, 2002), 8.

ズ・エアクラフト："研究の自由……手つかずの研究設備……より上を目指せる資金援助……これらが、ヒューズ研究開発研究所が創造的エンジニアリングと呼ぶものを支える柱である"；アメリカ・ラジオ会社 (RCA): "RCA を特徴づけるもの、それは創造的能力である……今日の防衛システムの設計に斬新なアプローチが求められることに鑑み、RCA の経営陣は一貫して創造性を重視してきた……きみたち自身の考えをぜひ聞かせて欲しい。翻ってきみたちは RCA の創造的雰囲気から刺激を受けるだろう"

第九章　創造性万歳

1. Andreas Reckwitz, *The Invention of Creativity: Modern Society and the Culture of the New* (Malden, MA: Polity, 2017).
2. Mark A. Runco and Steven R. Pritzker, *Encyclopedia of Creativity*, 2nd edition (Amsterdam: Academic Press/Elsevier, 2011), xxi.
3. Zigmunt Bauman, *Liquid Modernity* (Cambridge: Polity, 2000).
4. Luc Boltanski and Eve Chiapello, *The New Spirit of Capitalism*, trans. G. Elliot (London: Verso, 2005); Richard Sennett, *The Culture of the New Capitalism* (New Haven, CT: Yale University Press, 2006).
5. David Harvey, *The Condition of Postmodernity* (Cambridge, MA: Blackwell, 1989); Andrew Ross, *No-Collar: The Humane Workplace and Its Hidden Costs* (New York: Basic Books, 2003); Andrew Ross, *Nice Work If You Can Get It: Life and Labor in Precarious Times* (New York: NYU Press, 2009).
6. Cf. Teresa Amabile, *The Social Psychology of Creativity* (New York: Springer-Verlag, 1983). 創造性研究者たちは、経営者と教育者が重要視する創造性の社会的、環境的側面に当初から注目しており、1960年代後半から創造性研究は社会的志向を強めていった。例えばこれが最後となった1966年の第７回ユタ会議のテーマは "創造性を取り巻く環境" だった。Morris Stein の著作を参照のこと。
7. Amabile, *The Social Psychology of Creativity.*
8. Charles J. Limb and Allen R. Braun, "Neural Substrates of Spontaneous Musical Performance: An FMRI Study of Jazz Improvisation," *PLOS ONE* 3, no. 2 (February 27, 2008): e1679.
9. 話を聞いたのは次の方々。Mortimer Adler, Ed Asner, John Hope Franklin, John Gardner (第三章でお馴染みの IPAR 創造性研究の支持者で普及者であり、ロックフェラー兄弟基金の教育に関する報告書の著者), Robert Galvin (モトローラの CEO

17. Quoted in Wisnioski, "How the Industrial Scientist Got His Groove," 342.
18. J. J. O'Connor and E. F. Robertson, "Jacob Bronowski Biography," MacTutor, last update October 2003, accessed May 24, 2017, http://www-history.mcs.st-and.ac.uk/Biographies/Bronowski.html.
19. Saul Bass, "Creativity in Visual Communication," in *Creativity: An Examination of the Creative Process*, ed. Paul Smith (New York: Communication Arts Books, 1959), 130.
20. Jacob Bronowski, "The Creative Process," *Scientific American* 199, no. 3 (1958): 63.
21. Frank Barron, "The Psychology of Imagination," *Scientific American* 199, no. 3 (1958): 150–56.
22. Bronowski, "The Creative Process," 60.
23. David F. Noble, *America by Design: Science, Technology, and the Rise of Corporate Capitalism* (New York: Knopf, 1977), part 1; Steven Shapin, *The Sientific Life: A Moral History of a Late Modern Vocation* (Chicago: University of Chicago Press, 2008).
24. Dennis Flannagan, "Creativity in Science," in *Creativity: An Examination of the Creative Process*, ed. Paul Smith (New York: Communication Arts Books, 1959), 104.
25. Flannagan, 105.
26. Flannagan, 105.
27. Flannagan, 108.
28. アメリカ企業は美術を自己ならびに資本主義を表現するものとして受け入れてきた。Roland Marchand, *Advertising the American Dream: Making Way for Modernity, 1920–1940* (Berkeley: University of California Press, 1985); Neil Harris, *Art, Design, and the Modern Corporation: The Collection of Container Corporation of America* (Washington, DC: Smithsonian Institution Press, 1985); 軍事産業やテクノサイエンスに批判的な技術者がいかに芸術を受け入れ、創造性という言葉を頻繁に使うようになったかについては以下を参照。Matthew H. Wisnioski, *Engineers for Change: Competing Visions of Technology in 1960s America* (Cambridge, MA: MIT Press, 2012), esp. chapter 6.
29. 補足：アルゴンヌ国立研究所："文明と文化の継続的発展は創造性によるものであり……適切な環境と整った設備、ほかの科学者たちから受ける刺激、考える意欲、興味ある問題に取り組む機会――これらが創造的プロセスを育む"；ヒュー

vation, ed. Harold H. Anderson (New York: Harper & Brothers, 1959).

2. "You and Creativity," *Kaiser Aluminum News* 25, no. 3 (January 1968): 17.
3. Abraham H. Maslow, "Emotional Blocks to Creativity," in *The Farther Reaches of Human Nature,* An Esalen Book (New York: Viking Press, 1971), 85.
4. Jacques Ellul, *The Technological Society* (New York: Knopf, 1964).
5. Matthew H. Wisnioski, "How the Industrial Scientist Got His Groove: Entrepreneurial Journalism and the Fashioning of Technoscientific Innovators," in *Groovy Science: Knowledge, Innovation, and American Counterculture,* ed. David Kaiser and Patrick McCray (Chicago: University of Chicago Press, 2016), 341–42.
6. William G. Maas, quoted in Wisnioski, 342.
7. Steven Shapin, *The Scientific Life: A Moral History of a Late Modern Vocation* (Chicago: University of Chicago Press, 2008), 96.
8. William Whyte, *The Organization Man* (New York: Simon and Schuster, 1956), 8.
9. "Transcript of President Dwight D. Eisenhower's Farewell Address (1961)," National Archives, accessed July 14, 2020, https://www.archives.gov/milestone-documents/president-dwight-d-eisenhowers-farewell-address.
10. Fred Turner, *From Counterculture to Cyberculture: Stewart Brand, the Whole Earth Network, and the Rise of Digital Utopianism* (Chicago: University of Chicago Press, 2006); David Kaiser and Patrick McCray, eds., *Groovy Science: Knowledge, Innovation, and American Counterculture* (Chicago: University of Chicago Press, 2016).
11. John F. Sargent Jr., "The Office of Technology Assessment: History, Authorities, Issues, and Options," Congressional Research Service, April 14–19, 2020, https://www.everycrsreport.com/reports/R46327.html#_Toc38965552.
12. E. Finley Carter, "Creativity in Research," in *Creativity: An Examination of the Creative Process,* ed. Paul Smith (New York: Communication Arts Books, 1959), 113.
13. Carter, 119.
14. Carter, 115.
15. John E. Arnold, "Creativity in Engineering," in *Creativity: An Examination of the Creative Process,* ed. Paul Smith (New York: Communication Arts Books, 1959), 34.
16. John E. Arnold, *Creative Engineering,* ed. William J. Clancey (n.p.: William J. Clancey, 2016), 128.

19. Hudson, *Contrary Imaginations.*
20. Library of Congress, Nicholas E. Golovin Papers, Box 26, NYU Creative Science Program — Book Project — Chapter drafts by Blade, Coler, and Fox, 1961–1963.
21. Stephen Cole, "Review of *Essays on Creativity in the Sciences,* by Myron A. Coler," *Technology and Culture* 6, no. 1 (1965): 158–59, https://doi.org/10.2307/3100984.
22. Taylor, *Creativity,* 7.
23. Paul Smith, ed., *Creativity: An Examination of the Creative Process* (New York: Communication Arts Books, 1959), 54–55.
24. Mel Rhodes, "An Analysis of Creativity," *Phi Delta Kappan* 42, no.7 (1961): 305–10; Calvin Taylor and Robert L. Ellison, "Moving Toward Working Models in Creativity: Utah Experiences and Insights," in *Perspectives in Creativity,* ed. Irving A. Taylor and J. W. Getzels (Chicago: Aldine Publishing Co., 1975), 191.
25. Taylor, *Creativity,* 7.
26. Jack A. Chambers, "Creative Scientists of Today" *Science vol. 145* (American Association for the Advancement of Science).
27. Cox, *The Early Mental Traits of Three Hundred Geniuses,* quoted in Sternberg, *Wisdom, Intelligence, and Creativity Synthesized,* 95.
28. Taylor and Barron, eds., *Scientific Creativity: Its Recognition and Development,* 372.
29. Frank Barron, *Creative Person and Creative Process* (New York: Holt, Rinehart and Winston, 1969), 2.
30. その理由はいくつか考えられるが、創造性研究が既存の学術誌に相手にされなくなった経緯についてはさらなる研究が必要である。
31. Rosalie Deer Heart and Doris J. Shallcross, *Celebrating the Soul of CPSI* (Buffalo, NY: Creative Education Foundation, 2004), 143–54.
32. Howard E. Gruber, Glenn Terrell, and Michael Wertheimer, eds., *Contemporary Approaches to Creative Thinking: A Symposium Held at the University of Colorado* (New York: Atherton Press, 1962), x.
33. Hudson, *Contrary Imaginations.*

第八章　進歩から創造性へ

1. Carl R. Rogers, "Toward a Theory of Creativity," in *Creativity and Its Culti-*

Creativity: Progress and Potential (New York: McGraw-Hill, 1964); Frank Barron, *Creativity and Psychological Health* (Princeton, NJ: D. Van Nostrand Company, Inc., 1963); E. Paul Torrance, *Guiding Creative Talent* (Englewood Cliffs, NJ: Prentice-Hall, Inc., 1962); Calvin W. Taylor, ed., *Widening Horizons in Creativity: The Proceedings of the Fifth Utah Creativity Research Conference* (New York: Wiley, 1964).

5. Taylor, *Creativity,* 10.
6. Quinn McNemar, "Lost: Our Intelligence? Why?" *American Psychologist* 19, no. 12 (1964): 876.
7. R. L. Ebel, "The Future of Measurements of Abilities II," *Educational Researcher* 2, no. 3 (1973): 2.
8. Liam Hudson, *Contrary Imaginations: A Psychological Study of the Young Student* (New York: Schocken Books, 1966).
9. McNemar, 880.
10. Ray Hyman, "Creativity," *International Science and Technology,* August 1963, 52.
11. Robert L. Thorndike, "Some Methodological Issues in the Study of Creativity," in *Testing Problems in Perspective,* ed. Anne Anastasi (Washington, DC: American Council on Education, 1966), 448.
12. McNemar, "Lost: Our Intelligence?"; Michael A. Wallach and Nathan Kogan, *Modes of Thinking in Young Children: A Study of the Creativity-Intelligence Distinction* (New York: Holt, Rinehart and Winston, 1965); Michael A. Wallach and Nathan Kogan, "A New Look at the Creativity-Intelligence Distinction," *Journal of Personality* 33 (1965): 348–69.
13. Taylor, *Creativity,* 7.
14. Unidentified persons affiliated with the Creative Education Foundation, interview with E. P. Torrance.
15. Jerome Kagan, *Creativity and Learning* (Boston: Houghton Mifflin, 1967), vii.
16. Catharine M. Cox, *The Early Mental Traits of Three Hundred Geniuses* (Stanford, CA: Stanford University Press, 1926), quoted in Robert J. Sternberg, *Wisdom, Intelligence, and Creativity Synthesized* (Cambridge: Cambridge University Press, 2003).
17. John Baer, "Domain Specificity and the Limits of Creativity Theory," *Journal of Creative Behavior* 46, no. 1 (2012): 16.
18. Baer, 16.

33. John Kenneth Galbraith, *The Affluent Society* (Boston: Houghton Mifflin, 1958), 129.
34. Daniel Horowitz, *The Anxieties of Affluence: Critiques of American Consumer Culture, 1939–1979* (Amherst: University of Massachusetts Press, 2004), 52–53.
35. Betty Friedan, *The Feminine Mystique* (New York: W. W. Norton & Company, 2010), 300–301.
36. ドラッカーは、少年時代にディクターとサッカーをやったのを憶えていると語った。
37. Ernest Dichter, "Motivations," Newsletter, July-August 1957, Box 127, Ernest Dichter Papers, Hagley Museum & Library, Wilmington, Delaware.
38. Ernest Dichter, "Creativity: A Credo for the Sixties," unpublished manuscript, March 25, 1960, Box 173, Ernest Dichter Papers, Hagley Museum & Library, Wilmington, Delaware.
39. Box 175, Folder 8, Ernest Dichter Papers, Hagley Museum & Library, Wilmington, Delaware.
40. "Advertising's Creative Explosion," *Newsweek*, August 18, 1969. (The cover read "Advertising's Creative Revolution.")
41. Frank, *The Conquest of Cool*, 53–73.
42. Frank, 60.
43. Frank, 67.
44. Frank, 31.
45. Frank, 8.

第七章　創造性は死んだ……

1. *Machine Design*, May 27 and June 10, 1965.
2. "Putting Creativity to Work," in *The Nature of Creativity: Contemporary Psychological Perspectives* (Cambridge and New York: Cambridge University Press, 1988), 79.
3. Frank X. Barron, *Creativity and Personal Freedom* (New York: Van Nostrand, 1968), 7, quoted in Amy Ogata, *Designing the Creative Child* (Minneapolis: University of Minnesota Press, 2013), 19.
4. Calvin W. Taylor and Frank Barron, eds., *Scientific Creativity: Its Recognition and Development* (New York: John Wiley & Sons, 1963); Calvin W. Taylor,

10. Smith, 17–18.
11. Pierre D. Martineau, “The World Can Be Added to Me,” *Printers’ Ink,* April 2, 1961, 46.
12. “Report of Proceedings of the Second Annual Creative Problem Solving Institute,” Creative Education Foundation, 1956, Box 16, Alexander F. Osborn Papers, 1948–1966, University Archives, State University of New York at Buffalo.
13. “How to Keep a Creative Man Creative,” 51.
14. “The Creative Man: His Moods and Needs,” *Printers’ Ink,* June 13, 1958.
15. Paul Smith, “What Science Knows about Creative People,” *Printers’ Ink,* April 14, 1961.
16. *Printers’ Ink,* January 2, 1959, 17.
17. Quoted in Frank, *The Conquest of Cool,* 40.
18. Stephen R. Fox, *The Mirror Makers: A History of American Advertising and Its Creators* (New York: Morrow, 1984), 182.
19. Quoted in Frank, *The Conquest of Cool,* 56.
20. Carl Ally, a PKL defector, in 1966, quoted in Frank, 99.
21. Earnest Elmo Calkins, “My Creative Philosophy,” *Printers’ Ink,* March 18, 1960, 54.
22. Quoted in Frank, *The Conquest of Cool,* 96.
23. Frank, 57.
24. *Printers’ Ink,* January 2, 1959, 7.
25. Quoted in Fox, *The Mirror Makers,* 222.
26. “The Creative Man: His Moods and Needs,” 31.
27. Robert Alden, “Advertising: ‘Cult of Creativity’ Is Scored by Harper,” *New York Times,* October 28, 1960.
28. Alfred Politz, “The Dilemma of Creative Advertising,” *Journal of Marketing,* October 1960, 1–6.
29. ポリッツ。1950年代の“理由明示広告”の唱道者で有名なのがロッサー・リーブスで、ポリッツ同様、広告はアートではなく“エンジニアリングと同じく科学”だと信じていた。また、広告において最も危険な言葉は“オリジナリティ”であると考えた。(quoted in Fox, *The Mirror Makers,* 193).
30. “Display Ad 38,” *Wall Street Journal,* May 6, 1963.
31. “The Creative Man: His Moods and Needs,” 32.
32. *Printers’ Ink,* February 5, 1960, inside cover.

Harper & Brothers, 1961), 35.
18. David F. Labaree, "Public Goods, Private Goods: The American Struggle over Educational Goals," *American Educational Research Journal* 34, no. 1 (1997): 42.
19. Rockefeller Brothers Fund, *The Pursuit of Excellence*, v.
20. E. Paul Torrance, "Towards a More Humane Kind of Education," paper presented at the Annual Statewide Meeting of the Florida Association for Childhood Education, Tampa, Florida, October 5, 1963.
21. E. Paul Torrance, ed., *Education and the Creative Potential* (Minneapolis: University of Minnesota Press, 1963), 3–4.
22. Torrance, 3.
23. Torrance, 4.
24. E. Paul Torrance, "Is Creativity Research in Education Dead?" paper presented at the conference Creativity: A Quarter Century Later, Center for Creative Leadership, Greensboro, North Carolina, 1973.
25. M. K. Raina, *The Creativity Passion: E. Paul Torrance's Voyages of Discovering Creativity* (Westport, CT: Greenwood Publishing Group, 2000), 12.
26. "Various Parent Letters," n.d., MS3723— Torrance Personal Papers, Carton 4, University of Georgia Special Collections.

第六章　広告業界の革命

1. *Printers' Ink*, January 2, 1959, 17–19.
2. *Printers' Ink*, January 2, 1959, cover, 17–19.
3. "How to Keep a Creative Man Creative," *Printers' Ink*, April 11, 1958, 51.
4. *Printers' Ink*, January 2, 1959, 18–19.
5. Thomas Frank, *The Conquest of Cool: Business Culture, Counterculture, and the Rise of Hip Consumerism* (Chicago: University of Chicago Press, 1998), 35–36.
6. Draper Daniels, "Don't Talk Creativity — Practice It," *Printers' Ink*, May 26, 1961, 52.
7. Daniels, 52.
8. "Printers' Ink Predicts for 1959: More Creativity, Agency-Client Rapport, New Products and Marketing Pressures," *Printers' Ink*, January 2, 1959, 31–32.
9. Paul Smith, ed., *Creativity: An Examination of the Creative Process* (New York: Communication Arts Books, 1959), 16.

"有効性"、"天才" あるいは "知能" の範疇におさめられたままだったものに新しい呼び名がついた。トーランスは1930年代から創造性に注目していたと繰り返し述べていた、とのちの伝記に記されている。トーランスが強い影響を受けた1943年刊 Square Pegs sn Round Holes, そして1945年刊のキャリア心理学に関する Ideophorsa はどちらも "創造的想像力" を扱ったものだ。だが、トーランスが最初に系統的に創造性という言葉を使ったのは1950年代後半だった。

6. Robert Genter, "Understanding the Pow Experience: Stress Research and the Implementation of the 1955 US Armed Forces Code of Conduct," *Journal of the History of the Behavioral Sciences* 51, no. 2 (2015): 158, https://doi.org/10.1002/jhbs.21696.
7. Brossard, "The Creative Child," 113.
8. E. Paul Torrance, ed., *Creativity: Proceedings of the Second Minnesota Conference on Gifted Children, October 12–14, 1959* (Minneapolis: University of Minnesota Center for Continuation Study of the General Extension Division, 1959), 25.
9. Harold H. Anderson, ed., *Creativity and Its Cultivation* (New York: Harper & Brothers, 1959), 181–82.
10. E. P. Torrance, *Norms-Technical Manual: Torrance Tests of Creative Thinking* (Lexington, MA: Ginn and Company, 1974), 8.
11. Unidentified persons affiliated with the Creative Education Foundation, interview with E. P. Torrance.
12. 当初は the Minnesota Tests of Creativity Thinking と呼ばれていたが、トーランスがミネソタを去りジョージア大学に移ったため1966年に名称が変わり、以後は the Torrance Tests of Creative Thinking で通っているので、本書では馴染みのあるこちらを使った。
13. Philip E. Vernon, *Creativity: Selected Readings* (Harmondsworth, UK: Penguin, 1970), 339.
14. Calvin W. Taylor, *Creativity: Progress and Potential* (New York: McGraw-Hill, 1964), 178.
15. Arthur M. Schlesinger, *The Vital Center: The Politics of Freedom* (Boston: Houghton Mifflin Company, 1962).
16. Rockefeller Brothers Fund, *The Pursuit of Excellence: Education and the Future of America* (Garden City, NY: Doubleday & Company, Inc., 1958), 205.
17. John W. Gardner, *Excellence: Can We Be Equal and Excellent Too?* (New York:

23. Gordon, *Synectics: The Development of Creative Capacity,* 10.
24. Box 29, Folder 8, United Shoe Machinery Corporation Records, Archives Center, National Museum of American History, Washington, DC.
25. Prince to Overly, June 21, 1962, Box 29, Folder 8, United Shoe Machinery Corporation Records, Archives Center, National Museum of American History, Washington, DC.
26. "Synectics' Art of Analogy Makes Creativity a Science," *Executive's Bulletin,* October 30, 1965.
27. John E. Arnold, *Creative Engineering,* ed. William J. Clancey (n.p.: William J. Clancey, 2016), 115.
28. Peter Vanderwicken, "USM's Hard Life as an Ex-Monopoly," *Fortune,* October 1972, 124.
29. Pamphlet, "An Intensive Course on Creative Problem Solving," 1963, Box 29, Folder 8, United Shoe Machinery Corporation Records, Archives Center, National Museum of American History, Washington, DC.
30. Tolly, "The Creativity Review."

第五章　創造的子ども

1. Diane Ravitch, *The Troubled Crusade: American Education, 1945–1980* (New York: Basic Books, 1985), 231.
2. Quoted in Chandler Brossard, "The Creative Child," *Look,* November 7, 1961, 113.
3. Teresa Amabile, *Creativity in Context: Update to "The Social Psychology of Creativity"* (Boulder, CO: Westview Press, 1996), 24.
4. 戦後アメリカの創造性と子ども時代については以下を参照。Amy Ogata, *Designing the Creative Child* (Minneapolis: University of Minnesota Press, 2013).
5. Kristie L. Speirs Neumeister and Bonnie Cramond, "E. Paul Torrance (1915–2003)," *American Psychologist* 59, no. 3 (April 2004): 179; unidentified persons affiliated with the Creative Education Foundation, Interview with E. P. Torrance, videotape, c. 1989, Box 34, E. Paul Torrance Papers, MS 2344, Hargrett Rare Book and Manuscript Library, University of Georgia Libraries. トーランスが"創造性"という言葉を取り入れたのが、いわゆるギルフォード効果によるものかどうかは不明。アメリカ心理学会会長が創造性は研究に値するものだと言ったことが少なからぬ研究者を奮い立たせたことはたしかだ。おかげで、"想像力"、

8. William J. J. Gordon, quoted in Eugene Raudsepp, "Intuition in Engineering: Learn to Play," *Machine Design*, April 15, 1965.
9. William J. J. Gordon, "How to Get Your Imagination Off the Ground," *Think*, March 1963; Gordon, quoted in Raudsepp, "Intuition in Engineering."
10. 戦後の科学的管理のレガシーと変遷に関しては以下を参照。Stephen P. Waring, *Taylorism Transformed: Scientific Management Theory since 1945* (Chapel Hill: University of North Carolina Press, 1991); テイラーとギルブレス夫妻および科学的管理法については以下を参照。Nikil Saval, *Cubed: A Secret History of the Workplace* (New York: Doubleday, 2014).
11. Carter to Abel, June 22, 1962, Box 29, Folder 8, United Shoe Machinery Corporation Records, Archives Center, National Museum of American History, Washington, DC.
12. "Reaction to Discussion on Synectics," Jackson to Goodchild, June 22, 1962, Box 29, Folder 8, United Shoe Machinery Corporation Records, Archives Center, National Museum of American History, Washington, DC.
13. Goodchild to Prince, March 8, 1963, Box 29, Folder 8, United Shoe Machinery Corporation Records, Archives Center, National Museum of American History, Washington, DC.
14. Tape transcript as reproduced in Tom Alexander, "Invention by the Madness Method," *Fortune*, August 1965.
15. Alexander, 165.
16. William J. J. Gordon, *Synectics: The Development of Creative Capacity* (New York: Harper & Row, 1961), 8.
17. *20/20*, date unknown.
18. Prince to Overly, June 21, 1962, Box 29, Folder 8, United Shoe Machinery Corporation Records, Archives Center, National Museum of American History, Washington, DC.
19. "Synectics' Art of Analogy Makes Creativity a Science," *Executive's Bulletin*, October 1965.
20. Chris Argyris, *Personality and Organization: The Conflict between System and the Individual* (New York: Harper & Row, 1957); Douglas McGregor, *The Human Side of Enterprise* (New York: McGraw-Hill, 1960).
21. McGregor, *The Human Side of Enterprise.*
22. McGregor, 22.

49. Maslow, "Creativity in Self-Actualizing People."
50. Maslow, "The Creative Attitude," 59.
51. Maslow, "Emotional Blocks to Creativity" (1971), 83.
52. Donald W. MacKinnon, "The Nature and Nurture of Creative Talent," *American Psychologist* 17, no. 7 (1962): 484–95.
53. Nathan Kogan, "Creativity and Sex Differences," *Journal of Creative Behavior* 8, no. 1 (1974): 4–6.
54. Quoted in Nicholson, "'Giving Up Maleness,'" 80.
55. Nicholson, "'Giving Up Maleness.'"
56. Abraham H. Maslow, *Maslow on Management,* ed. Deborah C. Stephens and Gary Heil (New York: John Wiley, 1998).
57. Nadine Weidman, "Between the Counterculture and the Corporation: Abraham Maslow and Humanistic Psychology in the 1960s," in *Groovy Science: Knowledge, Innovation, and American Counterculture,* ed. David Kaiser and Patrick McCray (Chicago: University of Chicago Press, 2016), 109; 企業活動における創造性についてのマズローの考えを知るには、Brouillette, *Literature and the Creative Economy.*
58. Maslow, *Maslow on Management,* 243.

第四章　ザ・シューにおけるシネクティクス

1. George M. Prince, *The Practice of Creativity: A Manual for Dynamic Group Problem Solving* (New York: Harper & Row, 1970), 3.
2. Dean Gitter, quoted in "Synectics' Art of Analogy Makes Creativity a Science," *Executive's Bulletin,* October 1965.
3. "Synectics' Art of Analogy Makes Creativity a Science," *Executive's Bulletin,* October 1965.
4. Prince, *The Practice of Creativity.*
5. Tom Alexander, "Invention by the Madness Method," *Fortune,* August 1965, 190.
6. "Synectics: A New Method for Developing Creative Potential," n.d., Box 29, Folder 8, United Shoe Machinery Corporation Records, Archives Center, National Museum of American History, Washington, DC.
7. DeWitt O. Tolly, "The Creativity Review," 1963, Box 11, Alexander F. Osborn Papers, 1948–1966, University Archives, State University of New York at Buffalo.

31. Abraham H. Maslow, "The Need for Creative People," in *The Farther Reaches of Human Nature,* An Esalen Book (New York: Viking Press, 1971), 94–95.
32. Brewster Ghiselin, *The Creative Process: A Symposium* (New York: New American Library, 1955), 3.
33. May, *The Courage to Create,* 12.
34. Maslow, "The Need for Creative People," 94.
35. Maslow, "The Creative Attitude," 57.
36. Frank Barron, "The Disposition Toward Originality," in *Scientific Creativity: Its Recognition and Development,* ed. Frank Barron and Calvin W. Taylor (New York: John Wiley & Sons, 1963), 151.
37. Jamie Cohen-Cole, "The Creative American: Cold War Salons, Social Science, and the Cure for Modern Society," *Isis* 100 (2009): 226–30.
38. Barron, "The Disposition Toward Originality," 150.
39. アメリカに於ける好みと階級の歴史的考察については以下を参照。Lawrence Levine, *Highbrow/Lowbrow: The Emergence of Cultural Hierarchy in America* (Cambridge, MA: Harvard University Press, 1990); Michael Kammen, *American Culture, American Tastes: Social Change and the Twentieth Century* (New York: Knopf, 1999).
40. Barron, "The Disposition Toward Originality," 150.
41. Barron, 151.
42. Barron, "The Psychology of Imagination," 163.
43. Frank Barron, "The Needs for Order and for Disorder as Motives in Creative Activity," in *Scientific Creativity: Its Recognition and Development,* ed. Calvin W. Taylor and Frank Barron (New York: John Wiley & Sons, 1963), 158, emphasis in original; Barron, "The Disposition Toward Originality," 151.
44. Maslow, "The Creative Attitude," 58–59.
45. Michael F. Andrews, ed., *Creativity and Psychological Health* (Syracuse, NY: Syracuse University Press, 1961).
46. Maslow, "Creativity in Self-Actualizing People," 94; Arthur Koestler, *The Act of Creation* (New York: Macmillan, 1964).
47. Victor Lowenfeld, "What Is Creative Teaching?" in *Creativity,* Second Minnesota Conference on Gifted Children (Minneapolis: University of Minnesota Press, 1959), 43.
48. Maslow, "The Creative Attitude," 55.

12. Maslow, "Emotional Blocks to Creativity" (1971), 83.
13. Maslow, 80–81, 86, 90.
14. Darrin M. McMahon, *Divine Fury: A History of Genius,* 1st edition (New York: Basic Books, 2013), 165, 169.
15. Fred Turner, *From Counterculture to Cyberculture: Stewart Brand, the Whole Earth Network, and the Rise of Digital Utopianism* (Chicago: University of Chicago Press, 2006); Grogan, *Encountering America.*
16. Quoted in Alfonso Montuori, "Frank Barron: A Creator on Creating," *Journal of Humanistic Psychology* 43 (April 1, 2003): 8, https://doi.org/10.1177/ 00221678022 50582.
17. Frank Barron, *Creativity and Psychological Health* (Princeton, NJ: D. Van Nostrand Company, Inc., 1963), 1–2.
18. Donald W. MacKinnon, "The Highly Effective Individual," in *Explorations in Creativity,* ed. Ross Lawler Mooney, 1st edition (New York: Harper & Row, 1967), 65.
19. Frank Barron, "The Psychology of Imagination," *Scientific American* 199, no. 3 (1958): 150–56.
20. Barron, 164.
21. Barron, *Creativity and Psychological Health,* 5.
22. Maslow, "The Creative Attitude," 55.
23. Maslow, "Emotional Blocks to Creativity" (1971), 62.
24. Maslow, "The Creative Attitude," 59–65.
25. Barron, "The Psychology of Imagination," 163.
26. Timothy Leary, "The Effects of Test Score Feedback on Creative Performance and of Drugs on Creative Experience," in *Widening Horizons in Creativity: The Proceedings of the Fifth Utah Creativity Research Conference,* ed. Calvin W. Taylor (New York: Wiley, 1964), 87–111.
27. Maslow, "Emotional Blocks to Creativity" (1962), 80.
28. Maslow, *The Maslow Business Reader,* 185.
29. Maslow, "A Holistic Approach to Creativity," 70.
30. Quoted in Sarah Brouillette, *Literature and the Creative Economy* (Stanford, CA: Stanford University Press, 2014), 69, originally in "See No Evil, Hear No Evil: When Liberalism Fails," in *Future Visions: The Unpublished Papers of Abraham Maslow,* ed. Edward L. Hoffman (Thousand Oaks, CA: Sage Publications, 1996).

Behavior 1, no. 1 (1967): 12–13.
60. Osborn, *Applied Imagination,* 3rd revised edition.

第三章　自己実現としての創造性

1. Carl R. Rogers, "Toward a Theory of Creativity," in *Creativity and Its Cultivation,* ed. Harold H. Anderson (New York: Harper & Brothers, 1959), 72.
2. Rogers, 69–70.
3. 戦後のビジネスと文化における人間性心理学については以下を参照のこと。Jessica Grogan, *Encountering America: Sixties Psychology, Counterculture and the Movement that Shaped the Modern Self* (New York: Harper Perennial, 2012).
4. Harold H. Anderson, ed., *Creativity and Its Cultivation* (New York: Harper & Brothers, 1959); Carl R. Rogers, "Toward a Theory of Creativity," *ETC: A Review of General Semantics* 11, no. 4 (1954): 249–60; Rollo May, *The Courage to Create* (New York: W. W. Norton and Company, Inc., 1975); Abraham H. Maslow, "Emotional Blocks to Creativity," in *A Source Book for Creative Thinking,* ed. Sidney J. Parnes and Harold F. Harding (New York: Charles Scribner's Sons, 1962), 93; Abraham H. Maslow, "Creativity in Self-Actualizing People," in *Creativity and Its Cultivation,* ed. Harold H. Anderson (New York: Harper & Brothers, 1959), 83; Abraham H. Maslow, *The Maslow Business Reader,* ed. Deborah C. Stephens, 1st edition (New York: John Wiley & Sons, 2000), 21.
5. Abraham H. Maslow, "Emotional Blocks to Creativity," in *The Farther Reaches of Human Nature,* An Esalen Book (New York: Viking Press, 1971), 78.
6. マズローの "Hierarchy of Needs" 1943年の初版には "創造性" は記されていないが、後の版には登場する。
7. Abraham H. Maslow, "A Holistic Approach to Creativity," in *The Farther Reaches of Human Nature,* An Esalen Book (New York: Viking Press, 1971), 69.
8. Abraham H. Maslow, "The Creative Attitude," in *The Farther Reaches of Human Nature,* An Esalen Book (New York: Viking Press, 1971), 66.
9. Maslow, "A Holistic Approach to Creativity," 71–73.
10. Quoted in Ian A. M. Nicholson, "'Giving Up Maleness': Abraham Maslow, Masculinity, and the Boundaries of Psychology," *History of Psychology* 4, no. 1 (2001): 82, https://doi.org/10.1037//1093-4510.4.1.79.
11. Quoted in Nicholson, 80.

こと。David F. Labaree, "Public Goods, Private Goods: The American Struggle over Educational Goals," *American Educational Research Journal* 34, no. 1 (1997): 39–81.

50. Osborn, "Is Education Becoming More Creative?"

51. Aaron Lecklider, *Inventing the Egghead: The Battle over Brainpower in American Culture* (Philadelphia: University of Pennsylvania Press, 2013); Richard Hofstadter, *Anti-Intellectualism in American Life* (New York: Knopf, 1963).

52. James Gilbert, *A Cycle of Outrage: America's Reaction to the Juvenile Delinquent in the 1950s* (New York: Oxford University Press, 1988).

53. ブレクヒア・ヴァン・イークレンがそれ以前にブレインストーミングをカーニバル的と述べている。(van Eekelen, *The Social Life of Ideas*: Economies of Knowledge (University of California)).

54. Richard P. Youtz, "Psychological Foundations of Applied Imagination," in *A Sourcebook for Creative Thinking*, ed. Sidney J. Parnes and Harold F. Harding (New York: Charles Scribner's Sons, 1962), 193–215.

55. Arnold Meadow and Sidney J. Parnes, "Evaluation of Training in Creative Problem-Solving," *Journal of Applied Psychology* 43, no. 3 (1959): 189–94; Arnold Meadow and Sidney J. Parnes, "Influence of Brainstorming Instructions and Problem Sequence on a Creative Problem-Solving Test," *Journal of Applied Psychology* 43 (1959): 413–16; Sidney J. Parnes and Arnold Meadow, "Effects of 'BrainStorming' Instructions on Creative Problem-Solving by Trained and Untrained Subjects," *Journal of Educational Psychology* 50, no. 4 (1959): 171–76; Sidney J. Parnes and Arnold Meadow, "Evaluation of Persistence of Effects Produced by a Creative Problem-Solving Course," *Psychological Reports* 7 (1960): 357–61; Sidney J. Parnes, "Effects of Extended Effort in Creative Problem-Solving," *Journal of Educational Psychology* 52, no. 3 (1961): 117–22.

56. Alex F. Osborn, "Developments in Creative Education, as Reported to the Sixth Annual Creative Problem-Solving Institute at the University of Buffalo," 1960, Box 13, Alexander F. Osborn Papers, 1948–1966, University Archives, State University of New York at Buffalo.

57. Osborn, 25.

58. Untitled document, c. 1963, Box 11, Alexander F. Osborn Papers, 1948–1966, University Archives, State University of New York at Buffalo.

59. J. P. Guilford, "Creativity: Yesterday, Today, and Tomorrow," *Journal of Creative*

Scribner, 1962).

33. W. A. Peterson, "Groups Don't Create: Individuals Do," *Printers' Ink*, October 26, 1956; Mildred Benton, *Creativity in Research and Invention in the Physical Sciences* (Washington, DC: US Naval Research Laboratory, 1961).
34. William Whyte, *The Organization Man* (New York: Simon and Schuster, 1956), 51.
35. Quoted in Stephen R. Fox, *The Mirror Makers: A History of American Advertising and Its Creators* (New York: Morrow, 1984), 181.
36. Paul Smith, ed., *Creativity: An Examination of the Creative Process* (New York: Communication Arts Books, 1959), 180.
37. Saul Bass, "Creativity in Visual Communication," in *Creativity: An Examination of the Creative Process*, ed. Paul Smith (New York: Communication Arts Books, 1959), 123.
38. Bass, 126.
39. Bass, 126–27.
40. Smith, *Creativity: An Examination of the Creative Process*, 198.
41. Osborn, *Your Creative Power*, 7.
42. "Report of Proceedings of the Second Annual Creative Problem Solving Institute," Creative Education Foundation, 1956, 6, Box 16, Alexander F. Osborn Papers, 1948–1966, University Archives, State University of New York at Buffalo.
43. Alex F. Osborn, *Applied Imagination*, 3rd revised edition (New York: Charles Scribner's Sons, 1963), 12.
44. Osborn, 10. オズボーンはただ安閑としていたわけではない。計画を知ってもらおうと政府に働きかけたことを1960年の報告書に記している。"われわれは公共問題で成果をあげていた。ただし、創造的な対処法を外交問題に組み込むようワシントンを説得することはできなかった" Osborn, "Developments in Creative Education," 18.
45. Osborn, *Applied Imagination*, 28.
46. Alex F. Osborn, "High Lights of the First Five Months in My Endeavor to Encourage Education to Include Indoctrination in Creativity," 1954, Box 11, Alexander F. Osborn Papers, 1948–1966, University Archives, State University of New York at Buffalo.
47. Osborn, "Developments in the Creative Education Movement."
48. Osborn, "Is Education Becoming More Creative?"
49. 昔ながらの職業訓練との比較で人文科学を評価することに関しては以下を参照の

1958, Box 13, Alexander F. Osborn Papers, 1948–1966, University Archives, State University of New York at Buffalo.

21. Rosalie Deer Heart and Doris J. Shallcross, *Celebrating the Soul of CPSI* (Buffalo, NY: Creative Education Foundation, 2004), 10.
22. Heart and Shallcross, 10.
23. John E. Arnold, *Creative Engineering*, ed. William J. Clancey (n.p.: William Clancey, 2016), 20.
24. Charles S. Whiting, *Creative Thinking* (reinhold publishing corporation new york), 2.
25. Kyle VanHemert, "Creative Complex: Brainstorming in American Business in the 1950s" (unpublished paper, May 22, 2017), 15. デュポンにおけるブレインストーミングの話を本書に盛り込めたのは、カイル・ヴァンヘマートが未発表の論文に目を通すことを許してくれたおかげだ。
26. Memorandum, "Pilot Brainstorming Session," July 13, 1956, Box 27, Folder 6, E. I. Du Pont de Nemours & Co. Advertising Department, Hagley Museum and Library, Wilmington, Delaware.
27. Memo from James H. McCormick to V. L. Simpson, March 5, 1956 [likely date from context March 5, 1957], Box 28, Folder 7, E. I. Du Pont de Nemours & Co. Advertising Department, Hagley Museum and Library, Wilmington, Delaware.
28. VanHemert, "Creative Complex," 5.
29. M. R. Hecht, "Brainstorming — Bunk or Benefit," *Canadian Chemical Process*, September 11, 1956; "Brainstorming: Cure or Curse?" *Business Week*, December 29, 1956; Harry Stockman, "The Limits of Brainstorming," *Proceedings of the Institute of Radio Engineers*, October 1957; B. B. Goldner, "Why Doesn't Brainstorming Always Seem to Work?" *Sales Management*, October 5, 1956.
30. Donald W. Taylor, Paul C. Berry, and Clifford H. Block, "Does Group Participation When Using Brainstorming Facilitate or Inhibit Creative Thinking?" *Administrative Science Quarterly* 3, no. 1 (June 1, 1958): 42.
31. Heart and Shallcross, *Celebrating the Soul of CPSI*, 10. おそらくマスコミのブレインストーミング批判のせいで、1958年には参加者が200人にまで減ったが、1963年には500人にまで回復して以後30年間その水準を保った。
32. Taylor, Berry, and Block, "Does Group Participation When Using Brainstorming," 23–47; "'Brainstorming' for Ideas Criticized," *New York Herald Tribune*, January 20, 1958; Sidney J. Parnes, *A Source Book for Creative Thinking* (New York:

10. Harold A. Littledale, “Imagination Yea — Shyness Nay,” *New York Times,* November 7, 1948, 131.
11. Osborn, *How to Think Up.*
12. Bregje F. Van Eekelen, “Uncle Sam Needs Your Ideas: A Brief History of Embodied Knowledge in American World War II Posters,” *Public Culture* 30, no. 1 (January 1, 2018): 113–42, https://doi.org/10.1215/08992363-4189191.
13. 以下を参照。Catherine L. Fisk, *Working Knowledge: Employee Innovation and the Rise of Corporate Intellectual Property, 1800–1930* (Chapel Hill: University of North Carolina Press, 2009); Harry Braverman, *Labor and Monopoly Capital: The Degradation of Work in the Twentieth Century* (New York: Monthly Review Press, 1975); David F. Noble, *America by Design: Science, Technology, and the Rise of Corporate Capitalism* (New York: Knopf, 1977); David F. Noble, *Forces of Production: A Social History of Industrial Automation* (New York: Knopf, 1984).
14. Osborn, *How to Think Up,* 32.
15. “Brainstorming: More Concerns Set Up Free-Wheeling ‘Think Panels’ to Mine Ideas — Ethyl Gets 71 Ideas in 45 Minutes: Reynolds Metals Develops Marketing Plans,” *Wall Street Journal,* New York, December 5, 1955, 1.
16. “Federal ‘Brains’ Brace for Storm: Apostle of Madison Avenue Technique to Try to Stir Up Sluggish Thinkers,” *New York Times,* May 20, 1956; Jhan and June Robbins, “129 Ways to Get a Husband,” *McCall’s,* January 1958.
17. Alex F. Osborn, “Developments in the Creative Education Movement,” Creative Education Foundation, 1962, 3, Box 13, Alexander F. Osborn Papers, 1948–1966, University Archives, State University of New York at Buffalo; C. M. Mullen, “G. & C. Merriam Company to Sidney J. Parnes,” October 9, 1962 (unprocessed), Alex Osborn Creative Studies Collection, Archives & Special Collections Department, E. H. Butler Library, SUNY Buffalo State.
18. Dr. Daniel Pursuit to Alex Osborn, quoted in Alex F. Osborn, “Is Education Becoming More Creative?” Creative Education Foundation, 1961, Box 16, Alexander F. Osborn Papers, 1948–1966, University Archives, State University of New York at Buffalo.
19. Various letters, Box 11, Alexander F. Osborn Papers, 1948–1966, University Archives, State University of New York at Buffalo.
20. “The Third Year: Current Developments in the Movement for the Encouragement of a More Creative Trend in Education,” Creative Education Foundation,

the American Management Association, Chicago, March 1958, cited in Calvin W. Taylor and Frank Barron, *Scientific Creativity: Its Recognition and Development* (New York: John Wiley & Sons, 1963). この学派の例は第二章を参照のこと。

72. Gary A. Steiner, ed., *The Creative Organization* (Chicago: University of Chicago Press, 1965), Introduction.
73. Steiner, 10.
74. Steiner, 14.
75. Steiner, 21.
76. Ayn Rand, *The Fountainhead* (New York: Signet, 1943).
77. Steiner, *The Creative Organization*, 11–12.
78. Steiner, 13.
79. Eugene Von Fange, *Professional Creativity* (Hoboken, NJ: Prentice Hall, 1964), 2.
80. Von Fange, 218.

第二章　ブレインストーミング誕生

1. "BBDO Worldwide (Batten, Barton, Durstine & Osborn)," *AdAge Encyclopedia*, September 15, 2003, http://adage.com/article/adage-encyclopedia/bbdo-worldwide-batten-barton-durstine-osborn/98341/.
2. Alex F. Osborn, *How to Think Up* (New York: McGraw-Hill, 1942), 29.
3. Phillip E. Norton, "Thinking Unlimited: More Companies Adopt Unorthodox Techniques for Generating Ideas," *Wall Street Journal*, September 13, 1962.
4. Alex F. Osborn, *Your Creative Power: How to Use Imagination* (New York: C. Scribner's Sons, 1948); title brainstorm list from Box 1, Alexander F. Osborn Papers, 1948–1966, University Archives, State University of New York at Buffalo.
5. Alex F. Osborn, *Wake Up Your Mind: 101 Ways to Develop Creativeness* (New York: Scribner, 1952), front matter.
6. Alex F. Osborn, *The Gold Mine Between Your Ears* (New York: Ticonderoga Publishers, 1955), 4.
7. Alex F. Osborn, *Applied Imagination: Principles and Procedures of Creative Problem-Solving* (New York: Scribner, 1953), 36.
8. Osborn, *How to Think Up*, v, 3, 5.
9. Osborn, 5.

(New York: Random House, 1960), 13.

55. Shulamith Firestone, *The Dialectic of Sex* (New York: Bantam Books, 1970), 91.

56. Friedan, *The Feminine Mystique*, 541.

57. Friedan, 479.

58. Friedan, 458.

59. Friedan, 436–37.

60. Hubert E. Brogden and Thomas B. Sprecher, "Criteria of Creativity," in *Creativity: Progress and Potential*, ed. Calvin W. Taylor (New York: McGraw-Hill, 1964), 162, 158.

61. Morris I. Stein, "Creativity and Culture," *The Journal of Psychology* 36 (1953): 311.

62. Harold H. Anderson, "Comments on Viktor Lowenfeld's 'What Is Creative Teaching?'" in *Creativity: Proceedings of the Second Minnesota Conference on Gifted Children, October 12–14, 1959*, ed. E. Paul Torrance (Minneapolis: University of Minnesota Center for Continuation Study of the General Extension Division, 1959).

63. Taylor, *Creativity*, 6.

64. Anne Roe, "Psychological Approaches to Creativity in Science," in *Essays on Creativity in the Sciences*, ed. Myron A. Coler (New York: New York University Press, 1963), 153–82.

65. Brogden and Sprecher, "Criteria of Creativity," 176.

66. Abraham H. Maslow, "The Creative Attitude," in *The Farther Reaches of Human Nature*, An Esalen Book (New York: Viking Press, 1971), 58.

67. Brogden and Sprecher, "Criteria of Creativity," 156.

68. Brewster Ghiselin, "Ultimate Criteria for Two Levels of Creativity," in *Scientific Creativity: Its Recognition and Development*, ed. Calvin W. Taylor and Frank Barron (New York: John Wiley & Sons, 1963), 30–31.

69. Taher A. Razik, "Psychometric Measurement of Creativity," in Ross Lawler Mooney, *Explorations in Creativity* (New York: Harper & Row 1967), 302.

70. 第二章の産業と創造性研究の関係については以下も参照のこと。Michael Bycroft, "Psychology, Psychologists, and the Creativity Movement: The Lives of Method Inside and Outside the Cold War," in *Cold War Social Science: Knowledge Production, Liberal Democracy, and Human Nature*, ed. Mark Solovey and Hamilton Cravens (New York: Palgrave Macmillan, 2012).

71. J. H. McPherson, "How to Use Creative People Effectively," paper presented at

(New York: Knopf, 1999).
37. Frank Barron, *Creativity and Psychological Health* (Princeton, NJ: D. Van Nostrand Company, Inc., 1963), 2–3.
38. Cohen-Cole, *The Open Mind.*
39. X, "WOMAN's QUALITIES; Not Dependable for Creative, Judicial, and Executive Labors," *New York Times,* April 7, 1909; 女性が就いていた職業を示す"ピンクカラー"や"ホワイトブラウス"労働に関しては以下を参照のこと。Nikil Saval, *Cubed: A Secret History of the Workplace* (New York: Doubleday, 2014), chapter 3.
40. "Women in Business," *Fortune,* July 1935.
41. Nancy MacLean, *The American Women's Movement, 1945–2000: A Brief History with Documents,* illustrated edition, The Bedford Series in History and Culture (Boston: Bedford/St. Martin's, 2009), 72.
42. McMahon, *Divine Fury,* 114.
43. McMahon, 22, 71.
44. Taylor, *Creativity,* 384.
45. Cohen-Cole, *The Open Mind,* 44.
46. John Riddick, "Boys Predominate in Creativity Beginning at Age of Puberty," *Tucson Daily Citizen,* May 26, 1962, 2.
47. Nathan Kogan, "Creativity and Sex Differences," *Journal of Creative Behavior* 8, no. 1 (1974): 1.
48. Kogan, 11.
49. Jerome Kagan, *Creativity and Learning* (Boston: Houghton Mifflin, 1967), ix.
50. Kogan, "Creativity and Sex Differences," 12.
51. Betty Friedan, *The Feminine Mystique* (New York: W. W. Norton & Company, 2010), 472.
52. Phyllis Schlafly, "What's Wrong with 'Equal Rights' for Women?" in *Debating the American Conservative Movement: 1945 to the Present,* ed. Donald T. Critchlow and Nancy MacLean, Debating 20th Century America (Lanham, MD: Rowman & Littlefield, 2009), 200.
53. Israel Shenker, "Spock Still Cares about Babies, Wishes More Women Did," *New York Times,* January 28, 1970, sec. Archives, https://www.nytimes.com/1970/01/28/archives/spock-still-cares-about-babies-wishes-more-women-did.html.
54. Paul Goodman, *Growing Up Absurd: Problems of Youth in the Organized System*

16. Guilford, "Creativity," 447.
17. Carson, *The Measure of Merit*, 260–63.
18. 以下を参照。David A. Varel, *The Lost Black Scholar: Resurrecting Allison Davis in American Social Thought* (Chicago: University of Chicago Press, 2018).
19. Calvin W. Taylor, ed., *Climate for Creativity: Report of the Seventh National Research Conference on Creativity* (New York: Pergamon Press, 1972), viii.
20. Taylor and Barron, *Scientific Creativity: Its Recognition and Development*, 6.
21. Guilford, "Creativity," 3.
22. Guilford, 445.
23. Guilford, 446.
24. L. L. Thurstone, "Creative Talent," in *Testing Problems in Perspective*, ed. Anne Anastasi (Washington, DC: American Council on Education, 1966), 414.
25. Guilford, "Creativity," 446.
26. Howard E. Gruber, Glenn Terrell, and Michael Wertheimer, eds., *Contemporary Approaches to Creative Thinking: A Symposium Held at the University of Colorado* (New York: Atherton Press, 1962), x.
27. ギルフォードはゴルトンより保守的であり、真に創造的偉業を成し遂げたのは二〇〇万人に一人と見積もった。Guilford, "Creativity," 445.
28. Quoted in Herman, *The Romance of American Psychology* 46.
29. Serraino, *The Creative Architect*, 10.
30. Serraino, 100–101.
31. Serraino, 61.
32. Anne Roe, *A Psychological Study of Eminent Biologists* (Washington, DC: American Psychological Association, 1952); Anne Roe, *The Making of a Scientist* (New York: Dodd, Mead, 1953); Anne Roe, *A Psychological Study of Eminent Psychologists and Anthropologists, and a Comparison with Biological and Physical Scientists* (Washington, DC: American Psychological Association, 1953).
33. Taylor, *Creativity*, 13.
34. Serraino, *The Creative Architect*, 55.
35. Cohen-Cole, *The Open Mind*, 45.
36. アメリカにおける好みと階級の歴史的解釈については以下を参照のこと。Lawrence Levine, *Highbrow/Lowbrow: The Emergence of Cultural Hierarchy in America* (Cambridge, MA: Harvard University Press, 1990); Michael Kammen, *American Culture, American Tastes: Social Change and the Twentieth Century*

Journal of Creative Behavior 1, no. 1 (1967): 52.

3. Calvin W. Taylor, *Creativity: Progress and Potential* (New York: McGraw-Hill, 1964), 3.
4. J. P. Guilford, "Creativity: Yesterday, Today, and Tomorrow," *Journal of Creative Behavior* 1, no. 1 (1967): 6.
5. Guilford, "Creativity," 444.
6. Taylor, *Creativity,* 6.
7. Jamie Cohen-Cole, *The Open Mind: Cold War Politics and the Sciences of Human Nature* (Chicago and London: University of Chicago Press, 2014), 5–6; Ellen Herman, *The Romance of American Psychology: Political Culture in the Age of Experts* (Berkeley: University of California Press, 1995).
8. Calvin W. Taylor and Frank Barron, eds., *Scientific Creativity: Its Recognition and Development* (New York: John Wiley, 1963), xiii.
9. Liam Hudson, *Contrary Imaginations: A Psychological Study of the Young Student* (New York: Schocken Books, 1966), 220.
10. Calvin W. Taylor, ed., *Widening Horizons in Creativity: The Proceedings of the Fifth Utah Creativity Research Conference* (New York: Wiley & Sons, 1964), preface.
11. John Carson, *The Measure of Merit: Talents, Intelligence, and Inequality in the French and American Republics, 1750–1940* (Princeton, NJ: Princeton University Press, 2007).
12. Guilford, "Creativity," 445.
13. Irving A. Taylor, "The Nature of the Creative Process," in *Creativity: An Examination of the Creative Process,* ed. Paul Smith (New York: Communication Arts Books, 1959), 21.
14. Quoted in Darrin M. McMahon, *Divine Fury: A History of Genius,* 1st edition (New York: Basic Books, 2013), 174.
15. ゴルトンは実用的な理由から研究対象をイギリス人に絞ったが、イタリア人やユダヤ人にも関心を持っていた。それは“どちらも高い知能の血筋に恵まれているように思える”からだった。フランス人に関心を示さなかったのは“革命とギロチンのせいで優秀な家系が絶えてしまった”からだ。Francis Galton, *Hereditary Genius: An Inquiry into Its Laws and Consequences* (London: Macmillan and Co., 1869), quoted in Pierluigi Serraino, *The Creative Architect: Inside the Great Midcentury Personality Study* (New York: Monacelli Press, 2016), 100–101.

Publishers, 2009); Walter Lippmann, *Drift and Mastery: An Attempt to Diagnose the Current Unrest* (Madison: University of Wisconsin Press, 2015). 革新的感覚については以下を参照のこと。Robert H. Wiebe, *The Search for Order, 1877–1920* (Westport, CT: Greenwood Press, 1980); Andrew Delano Abbott, *The System of Professions: An Essay on the Division of Expert Labor* (Chicago: University of Chicago Press, 1988). 専門職と専門家気質の擡頭については以下を参照のこと。David F. Noble, *America by Design: Science, Technology, and the Rise of Corporate Capitalism* (New York: Knopf, 1977).

33. Rockefeller Brothers Fund, *Prospect for America: The Rockefeller Panel Reports* (Garden City, NY: Doubleday, 1961).

34. Jerome Bruner, "The Conditions of Creativity," in *Contemporary Approaches to Creative Thinking: A Symposium Held at the University of Colorado*, ed. H. E. Gruber, G. Terrell, and M. Wertheimer (New York: Atherton Press, 1962), 2–3.

35. アメリカの中産階級の自我を理解する助けとなったのは、Wilfred M. McClay, *The Masterless: Self and Society in Modern America* (Chapel Hill: University of North Carolina Press, 1993).

36. Betty Friedan, *The Feminine Mystique* (New York: W. W. Norton & Company, 2010), 472; 以下も参照。Daniel Horowitz, *Betty Friedan and the Making of the Feminine Mystique: The American Left, the Cold War, and Modern Feminism* (Amherst: University of Massachusetts Press, 2000).

37. Daniel Immerwahr, "Polanyi in the United States: Peter Drucker, Karl Polanyi, and the Midcentury Critique of Economic Society," *Journal of the History of Ideas* 70, no. 3 (2009): 446; Nelson Lichtenstein, *American Capitalism: Social Thought and Political Economy in the Twentieth Century* (Philadelphia: University of Pennsylvania Press, 2006); Howard Brick, *Transcending Capitalism: Visions of a New Society in Modern American Thought* (Ithaca, NY: Cornell University Press, 2006).

第一章　凡庸と崇高のはざまで

1. Kenneth Rexroth, "Vivisection of a Poet," *Nation* 185, no. 20 (December 14, 1957): 450–53.

2. J. P. Guilford, "Creativity," *The American Psychologist* 5, no. 9 (1950): 444, 451; Sidney J. Parnes and Eugene A. Brunelle, "The Literature of Creativity (Part I),"

照のこと。Jean-Christophe Agnew, "A Touch of Class," *Democracy* 3 (1983): quote on 61; Lawrence Peter King, *Theories of the New Class: Intellectuals and Power* (Minneapolis: University of Minnesota Press, 2004); Robert D. Johnston, *The Radical Middle Class* (Princeton, NJ: Princeton University Press, 2003), esp. chapter 1; Barbara Ehrenreich and John Ehrenreich, "The Professional-Managerial Class," *Radical America* 11, no. 2 (April 1977): 7–31.

28. Theodore Roszak, *The Making of a Counter Culture: Reflections on the Technocratic Society and Its Youthful Opposition* (Garden City, NY: Anchor Books, 1969), 13. 大衆社会に関する主要な批評は以下の通り。James Burnham, *The Managerial Revolution* (Westport, CT: Greenwood Press, 1972); Mills, *White Collar*; David Riesman, Nathan Glazer, and Reuel Denney, *The Lonely Crowd: A Study of the Changing American Character* (Garden City, NY: Doubleday, 1953); William Whyte, *The Organization Man* (New York: Simon and Schuster, 1956); Paul Goodman, *Growing Up Absurd: Problems of Youth in the Organized System* (New York: Random House, 1960); David Riesman, *Abundance for What?* (New Brunswick, NJ: Transaction Publishers, 1993); Herbert Marcuse, *One-Dimensional Man* (Boston: Beacon Press, 1964); Jacques Ellul, *The Technological Society* (New York: Knopf, 1964). 進歩の概念が第一次大戦後にぶれたのは周知のごとくで、それは概念を史実化しようとしたことでも明らかだ。J. B. Bury, *The Idea of Progress: An Inquiry into Its Origin and Growth* (London: Macmillan, 1920); b だが、両大戦間の世論でも政治論争でもキーワードでありつづけた。Christopher Lasch, *The True and Only Heaven: Progress and Its Critics* (New York: W. W. Norton, 1991).

29. O. Hobart Mowrer, quoted in William J. Clancey, "Introduction," in John E. Arnold, *Creative Engineering*, ed. William J. Clancey (n.p.: William J. Clancey, 2016), 43.

30. William H. Whyte, "Groupthink," *Fortune*, March 1952.

31. James Livingston, *Pragmatism, Feminism, and Democracy: Rethinking the Politics of American History* (New York: Routledge, 2001).

32. John J. Corson, "Innovation Challenges Conformity," *Harvard Business Review* 40, no. 3 (June 1962): 67. 秩序と組織の理想については以下を参照のこと。Max Weber, *The Protestant Ethic and the Spirit of Capitalism* (New York: Routledge, 2001); Thorstein Veblen, *The Engineers and the Price System* (New Brunswick, NJ: Transaction Publishers, 1990); Adolf A. Berle and Gardiner C. Means, *The Modern Corporation and Private Property* (New Brunswick, NJ: Transaction

16, no. 2 (September 2010): 49–74. この分野の創造性研究の年代記がこちら。Runco and Albert, "Creativity Research."

19. "有用さ"の基準を考えた人々が芸術を除外したのは、"新しくかつ適切"という定義には当てはまらないし、テレサ・アマビールが言うところの"適切で役にたち、正しく、あるいは貴重なもの"からもはずれるからだ。いずれにせよ目的は同じだ。元々は内部現象であった創造性を、"表現可能"で何かを創り出すものであり、あてずっぽうでも奇抜でも運任せでもなく、創造者の外部コミュニティーのために"働く"ものにすることだった。
20. Rollo May, *The Courage to Create* (New York: W. W. Norton and Co., 1975), 40.
21. Carl R. Rogers, "Toward a Theory of Creativity," *ETC: A Review of General Semantics* 11, no. 4 (1954): 249–60.
22. William J. J. Gordon, *Synectics: The Development of Creative Capacity* (New York: Harper & Row, 1961).
23. Isaac Asimov, "Published for the First Time: A 1959 Essay by Isaac Asimov on Creativity," *MIT Technology Review*, October 20, 2014, http://www.technologyreview.com/view/531911/isaac-asimov-asks-how-do-people-get-new-ideas/.
24. Hugh Lytton, *Creativity and Education* (New York: Schocken Books, 1972), 2.
25. *Fortune* 43, no. 2 (February 1951).
26. Robert M. Collins, *More: The Politics of Economic Growth in Postwar America* (New York: Oxford University Press USA, 2002). 大量消費主義については以下を参照のこと。Lizabeth Cohen, *A Consumers' Republic: The Politics of Mass Consumption in Postwar America* (New York: Vintage Books, 2003); Charles McGovern, *Sold American: Consumption and Citizenship, 1890–1945* (Chapel Hill: University of North Carolina Press, 2006); Gary S. Cross, *An All-Consuming Century: Why Commercialism Won in Modern America* (New York: Columbia University Press, 2000).
27. Warren Weaver, "The Encouragement of Science," *Scientific American* (September 1958): 172–73; Daniel Bell, *The Coming of Post-Industrial Society: A Venture in Social Forecasting* (New York: Basic Books, 1973), 17. ホワイトカラー層に関しては以下を参照のこと。C. Wright Mills, *White Collar: The American Middle Classes* (New York: Oxford University Press, 1951). 本書では"ホワイトカラー"、"中産階級"それに"専門職"を厳密に使い分けるつもりだったが、これらはたがいに重複する曖昧な概念だ。カール・マルクス以降の、"中産階級"、"新階級"あるいは"専門的管理階級"を理論づける伝統とその問題点に関しては以下を参

てこない。

17. 戦後のアメリカの芸術には、いろいろな意味で本書に登場する心理学者やビジネスマンが抱く不安が投影されている。戦後の芸術家も批評家も、1950年代に、それぞれのイデオロギー的理由もあるが、冷戦期のリベラルな資金提供者（CIA も含む）の顔色を窺いつつ、政治とは関係なく個人的に方向転換を余儀なくされた —— cf. Frances Stoner Saunders, *The Cultural Cold War: The CIA and the World of Arts and Letters* (New York: New Press, 2000); Mark McGurl, *The Program Era: Postwar Fiction and the Rise of Creative Writing* (Cambridge, MA: Harvard University Press, 2009); Eric Bennet, *Workshops of Empire: Stegner, Engle, and American Creative Writing During the Cold War* (Iowa City: University of Iowa Press, 2015). B ハロルド・ローゼンバーグがその時代の芸術について語った忘れがたいフレーズ“新しい伝統”は、それ以前にエズラ・パウンドが言った“新しくせよ”と同様、現代の芸術家が目標とすべき革新を過度に重要視したものだろう。徹底した個人主義が最高潮に達した1960年代には、すでに多くの芸術家が独創性崇拝に異議を唱えはじめ、作者名が表に出ないプロジェクトを受け入れて、自らを神聖な創造者ではなく、アートワーカー、リプロデューサー、ファシリテーターとみなすようになった —— Michael North, *Novelty: A History of the New* (Chicago: University of Chicago Press, 2013).

18. 戦後、数人の学者が創造性の概念について書いているので挙げておく。Jamie Cohen-Cole, “The Creative American: Cold War Salons, Social Science, and the Cure for Modern Society,” *Isis* 100 (2009): 219–62; Jamie Cohen-Cole, *The Open Mind: Cold War Politics and the Sciences of Human Nature* (Chicago and London: University of Chicago Press, 2014); Michael Bycroft, “Psychology, Psychologists, and the Creativity Movement: The Lives of Method Inside and Outside the Cold War,” in *Cold War Social Science: Knowledge Production, Liberal Democracy, and Human Nature,* ed. Mark Solovey and Hamilton Cravens (New York: Palgrave Macmillan, 2014), 197–214; Amy Fumiko Ogata, *Designing the Creative Child: Playthings and Places in Midcentury America* (Minneapolis: University of Minnesota Press, 2013); Bregje F. van Eekelen, “Accounting for Ideas: Bringing a Knowledge Economy into the Picture,” *Economy and Society* 44, no. 3 (2015): 445–79; Sarah Brouillette, *Literature and the Creative Economy* (Palo Alto, CA: Stanford University Press, 2014); Andres Reckwitz, *The Invention of Creativity* (Malden, MA: Polity Press, 2017); Camilla Nelson, “The Invention of Creativity: The Emergence of a Discourse,” *Cultural Studies Review*

より生成的傾向を表すものだった——例えば "God's creativeness" あるいは "the creativity of the Renaissance"。それに比べ、いまわれわれが「あの人は創造的アイディアの持ち主だ」と言う場合、アイディアそのものが何かを生み出すのではなく、われわれが創造性と名付けた能力やプロセスによって生み出されるものを意味している。R. W. Burchfield, ed., *A Supplement to the Oxford English Dictionary*. Vol. 1. (Oxford: Clarendon Press, 1972).

12. Jess M. Stein, ed., *The Random House Dictionary of the English Language*, (New York: Random House, 1966).
13. Paul Oskar Kristeller, "'Creativity' and 'Tradition,'" *Journal of the History of Ideas* 44, no. 1 (1983): 105.
14. Jean-Baptiste Michel et al., "Quantitative Analysis of Culture Using Millions of Digitized Books," *Science* 331, no. 6014 (January 14, 2011): 176–82. 他にも様々な言語資料に同様の記述が見られる。例えば the Corpus of Historical American English at Brigham Young University, ProQuest Historical Newspapers. "creative" "creativeness" それに "creativity" がどんなふうに使われてきたかを調べるのに次の資料を参照した。Samuel W. Franklin, "The Cult of Creativity in Postwar America" (PhD diss., Brown University, 2018).
15. 好例として次を参照のこと。Vlad Petre Glaveanu, ed., "Revisiting the Foundations of Creativity Studies," in *The Creativity Reader* (Oxford and New York: Oxford University Press, 2019), 5–12; Robert Weiner, *Creativity & Beyond: Cultures, Values, and Change* (Albany: State University of New York Press, 2000); John Hope Mason, *The Value of Creativity: The Origins and Emergence of a Modern Belief* (Aldershot, Hampshire, England, and Burlington, VT: Ashgate, 2003); Pope, *Creativity: Theory, History, Practice*; Mark A. Runco and Robert S. Albert, "Creativity Research," in *The Cambridge Handbook of Creativity*, Cambridge Handbooks in Psychology (Cambridge: Cambridge University Press, 2010); James Engell, *The Creative Imagination: Enlightenment to Romanticism* (Cambridge, MA: Harvard University Press, 1981).
16. Dorothy Parker, *The Portable Dorothy Parker*, ed. Marion Meade, deluxe edition (New York: Penguin Classics, 2006), 567. たしかに芸術家は創造性や創造的プロセスについて頻繁に質問を受けるが、一大理論を展開する気はそもそもないのだ。ジェイムズ・ボールドウィンは Creative America と題された本に載せる "The Creative Process" に関するエッセイを頼まれると、題材を変えて、社会に於ける芸術家の役割について書いた。"creativity" も "the creative process" もいっさい出

Intelligence Having Fun," *Quote Investigator,* accessed November 10, 2021, https://quoteinvestigator.com/2017/03/02/fun/.

8. Mihalyi Csikszentmihalyi, *Creativity: Flow and the Psychology of Discovery and Invention* (New York: Harper Perennial, 1997), 1–2.
9. Beth A. Hennessey and Teresa M. Amabile, "Creativity," *Annual Review of Psychology* 61, no. 1 (January 2010): 570, https://doi.org/10.1146/annurev.psych.093008.100416.
10. 1990年代にイギリスの新労働党政権が教育と経済発展政策文書に創造性を盛り込んだ際、この用語には7つの異なる概念が含まれていることを学者のグループが見つけた。それは高尚な芸術から都市に住むティーンエージャーのストリート・カルチャー、小学生の創作遊びに至るまでの、個人の特性や社会現象に見られる様々なものだ。以下を参照のこと。Shakuntala Banaji, Andrew Burn, and David Buckingham, *The Rhetorics of Creativity: A Review of the Literature,* revised edition (London: Creativity, Culture and Education, 2010); 創造性の意味を巡る有益な議論はほかにもある。see Mark Readman, "What's in a Word? The Discursive Construction of 'Creativity'" (PhD diss., Bournemouth University, 2010); Rob Pope, *Creativity: Theory, History, Practice* (New York: Routledge, 2005); Keith Negus and Michael Pickering, *Creativity, Communication and Cultural Value* (London and Thousand Oaks, CA: Sage Publications, 2004).
11. "creativity" はかなり新しい言葉だが、"creative" は何世紀にもわたり普通に使われていたので、多くの学者たちが創造性の概念は古くから存在していたと考えた。しかし、"creative" の意味は今日のそれとは異なる。1900年に「あの人は創造的だ」と言ったら、それは「神の創造する力」と同様に何かを創り出すという意味だった――想像的や賢いという意味よりも建設的という意味にちかい。20世紀初頭のある時点から "creative" は "artistic" にちかい第二の意味を持つようになる。それは自然と触れ合う手段だった芸術が20世紀になって新しいアイディアの源とみなされるようになったからだ。だが、創造的な芸術家とか詩人の創造的イマジネーションのような言い方をしても、その意味はやはり何かを創り出すことだった。1890年の経済学の教科書に創造的産業として列記されていたのは、農業、建築業、製造業、輸送業、小売業など、新しい何かを創り出すもの――地主と金貸しを除くすべてだった。1940年代になってようやく、ヨーゼフ・シュンペーターが創造的破壊という言葉を使い、マーティン・ルーサー・キング・ジュニアが創造的抵抗と記した。どちらにも芸術的イマジネーションの意味はない。"creativity" あるいは "creativeness" は歴史文献にまれに登場するものの、個人の能力という

原　註

はじめに

1. Daniel H. Pink, *A Whole New Mind: Why Right-Brainers Will Rule the Future* (New York: Riverhead Books, 2006); David Brooks, *Bobos in Paradise: The New Upper Class and How They Got There* (New York: Simon & Schuster, 2000); Rich ard Florida, *The Rise of the Creative Class: And How It's Transforming Work, Leisure, Community and Everyday Life* (New York: Basic Books, 2002); Ken Robinson, *Out of Our Minds: Learning to Be Creative* (New York: Capstone, John Wiley, 2001); Kimberly Seltzer and Tom Bentley, *The Creative Age* (London: Demos, 1999).
2. Austin Carr, "The Most Important Leadership Quality for CEOs? Creativity," *Fast Company*, May 18, 2010.
3. "This Is the One Skill that Will Future-Proof You for the Jobs Market," *World Economic Forum*, October 22, 2020, https://www.weforum.org/agenda/ 2020/10/andria-zafirakou-teacher-jobs-skills-creativity/.
4. Norman Jackson et al., eds., *Developing Creativity in Higher Education: An Imaginative Curriculum* (London and New York: Routledge, 2006), xviii.
5. Scott Barry Kaufman and Carolyn Gregoire, *Wired to Create: Unraveling the Mysteries of the Creative Mind*, reprint edition (New York: Tarcher Perigee, 2016); Jonah Lehrer, *Imagine: How Creativity Works* (Boston: Houghton Mifflin Harcourt, 2012).
6. Christopher Peterson and Martin E. P. Seligman, *Character Strengths and Virtues: A Handbook and Classification* (New York: Oxford University Press, 2004), 4.
7. 創造性専門家が好んで引用するこの言葉はアルバート・アインシュタインが言ったとされているが、ほかの多くの引用とおなじで彼の言葉だという確証はなく、もともとは創造性ではなく想像力について言及したもののようだ。"Creativity Is

サミュエル・フランクリン
Samuel W. Franklin

文化史家。デルフト工科大学講師。スミソニアン協会のレメルソン発明・イノベーション研究センター、ハグレー博物館と図書館、ハティ・トラスト・リサーチ・センター、スタンフォード芸術研究所、ブラウン大学デジタル・スカラーシップ・センターなどから賞およびフェローシップを受ける。アメリカ自然史博物館、国立9.11記念博物館などの展覧会を企画。

加藤洋子（かとう・ようこ）

翻訳家。日本ユニ・エージェンシー翻訳教室講師。カーマ・ブラウン『良妻の掟』（集英社）、ケイト・クイン『戦場のアリス』『亡国のハントレス』『ローズ・コード』『狙撃手ミラの告白』（以上ハーパーBOOKS）、レスリー・シモタカハラ『リーディング・リスト』（北烏山編集室）など多数。

クリエイティブという神話
私たちはなぜそれを崇拝するのか

2024年 9 月20日　初版印刷
2024年 9 月30日　初版発行

著　者　サミュエル・フランクリン
訳　者　加藤洋子
装　丁　大倉真一郎

発行者　小野寺優
発行所　株式会社河出書房新社
〒162-8544　東京都新宿区東五軒町2-13
電話　03-3404-1201（営業）
03-3404-8611（編集）
https://www.kawade.co.jp/

組　版　株式会社創都
印　刷　光栄印刷株式会社
製　本　加藤製本株式会社

Printed in Japan　ISBN978-4-309-22934-8